한국인이 잘 모르는 현대 일본의 속살을 보다

레이와令和 시대 일본 탐험

이하원 지음

박영사

이 책은 중견 언론인들의 모임인 관훈클럽의 지원을 받아 출간됐습니다.

글을 시작하며

1. 조선일보 특파원으로 2018년부터 3년간 도쿄에서 근무할 때 기사의 홍수 속에서 살았다. 1965년 수교 이후 최악의 한일관계, 8년 만의 아베 신조 총리 경질, 하계 올림픽 사상 최초로 연기, 700명이 동시에 코로나에 감염된 크루즈선 사태, 카를로스 곤 전 닛산 회장의 일본 탈출…. 특파원 부임 시에는 기사가 없을까 봐 걱정했는데 터무니없는 기우(杞憂)였다.

2019년 7월 반도체 소재 등에 대한 일본의 수출규제로 양국 간 '전쟁'이 터졌을 때는 "어떤 기사, 무슨 인터뷰라도 모두 보내라"는 지시를 받았다. 두 달간 밤낮으로 어깨에 통증을 느껴가며 기사를 송고했다. 도쿄 한 복판에서 "종군기자가 된 것 같다"는 느낌이 들었다. 일본인들이 재일 한국인을 보는 시선이 따가워지자 야근할 때는 사무실의 문을 걸어 잠그고 일했다.

최근 논란이 커진 방사능 오염수를 저장하고 있는 후쿠시마 제1발전소를 찾아 취재하기도 했다. 방호복에 얼굴 전체를 덮는 특수 마스크, 장갑 3개, 양말 3개를 착용하고 ALPS(다핵종제거설비) 내부에 들어갔었다. 최북단의 홋카이도에는 지진으로 인한 대규모 정전 사태 취재를 위해, 최남단의 오키나와는 유엔사 후방기지를 기

1

사화하기 위해 찾아갔었다. 3년간 일본 열도의 곳곳을 뛰어다닌 덕분에 일본을 다양한 각도에서 관찰할 기회가 많았다.

2. 특히 30년 만에 아키히토(明仁) 일왕이 물러나고 아들인 나루히토(德仁) 즉위를 일본에서 목격하고 기사화한 것은 특별한 경험이었다. 2019년 나루히토의 즉위는 아키히토 선왕 때와는 사뭇 다른 분위기에서 거행됐다. 히로히토(裕仁)의 병사로 아키히토가 왕위에 오를 때는 무겁고 어두운 분위기였는데, 이번에는 축제 분위기 속에 실시됐다. 일본의 TV와 신문이 다양한 특집과 기획을 통해 미래로 가자는 메시지를 반복해서 전달했다.

일본은 여전히 헌법에 의해 일왕이 상징적으로 통치하는 나라다. 자신들을 히로히토의 쇼와(昭和)세대, 아키히토의 헤이세이(平成)세대로 구분하기를 좋아한다. 나루히토가 상징적으로 통치하는 레이와(令和·REIWA·일본의 새 연호) 시대는 어떤 모습으로 구현될까. 일본에서 근무할 때부터 레이와 시대의 일본은 어떻게 변하고, 한국과는 어떤 관계를 갖는지 지속적으로 관심을 가져왔다.

3. 이번에 펴내는 '레이와 시대 일본 탐험'은 나루히토 시대를 전후로 일본에서 정치, 사회, 경제, 문화적으로 어떠한 일이 벌어지고 있는지를 기자의 시각에서 담았다. 레이와 시대에 필자가 쓴 기사와 체험에 기반해서 일본이라는 나라와 일본인을 사회, 문화적으로 비교, 분석해보려고 했다. 취재과정에서 벌어진 일이나 도쿄의 일상생활에서 경험한 얘기, 필자의 일본인 친구들이 보기에 기분

나쁠 수 있는 얘기도 담았다.

이 책은 지난해 출간한 '사무라이와 양키의 퀀텀점프-아베 신조와 미·일 동맹의 도약' 속편 격이다. '사무라이와 양키의 퀀텀점프'는 비약하는 미일동맹을 분석, 한미동맹에 교훈을 주려는 목적에서 출간했다면 '레이와 시대 일본 탐험'은 레이와 시대의 일본 사회가 어디로 가고 있는지에 대한 나침반을 제공한다는 의미로 쓰게 됐다. 개인적으로는 2018년 뒤늦게 일본에 뛰어든 후, 전력을 다해 달려온 지난 5년을 정리했다고 할 수 있다.

4. 아버지가 한국인, 어머니가 일본인인 백진훈 전 일본 국회의원은 일본을 이해하는 데 많은 도움을 줬다. 그는 자신의 인생 체험에 기반, "한국인과 일본인은 얼굴이 똑같이 닮아서 서로 상대가 자신과 같은 감각을 갖고 있을 것"이라고 믿는 것이 양국이 싸우는 원인이라고 본다. 그는 "한국인은 하고 싶은 말의 120% 정도를 하는데 일본인은 70% 정도까지만 말하고 만다"라고도 했다. 백 전 의원의 말대로 '같은 얼굴 다른 나라'의 한일이 진심으로 화해한다면 서로 이상적인 이웃이 될 수 있지 않을까. 그러기 위해서는 한국인과 일본인이 서로를 알기 위해 노력해야 하지 않을까. 평소의 이런 문제의식도 작용했다.

5. 책을 마무리할 때 미 대통령 별장 캠프 데이비드에서 모인 한미일 정상이 3국 협력체 결성에 합의했다는 소식이 들려왔다. 많은 책임이 따르겠지만, 대한민국이 한 단계 더 도약하는 의미 있는

합의임에 틀림없다.

한미일 3국 협력 체제가 영속하기 위해서는 그 밑변에 해당하는 한일 관계가 굳건해야 한다. 한일 관계가 다시는 과거사 문제로 좌초하지 않도록 하는 것이 중요하다.

이 책에는 같은 얼굴을 가진 두 나라 국민이 과거는 잊지 않으면서도 미래를 위해 더 이상 싸우지 않고 힘을 모으기를 바라는 뜻도 담겨있다.

6. 필자의 6번째 저서 '레이와 시대 일본 탐험' 역시 31년째 재직 중인 조선일보라는 든든한 토대가 있었기에 가능했다. 세계 뉴스의 중심지인 워싱턴, 도쿄의 특파원으로 글로벌 차원의 고민을 하고, 사고(思考)하는 힘을 기를 수 있었던 것은 조선일보 방상훈 사장님과 선배들의 배려, 후배들의 성원 덕분이었다. 고개 숙여 감사드린다. 일본을 탐색하고 네트워크를 넓혀가는 과정에서 세토포럼, 도쿄포럼, 한일미래포럼의 큰 도움을 받았기에 감사의 기록을 남긴다.

매일 성경을 필사(筆寫)하며 기도하는 어머니(박순엽 여사)와 아내 최유미, 아들 이지민에게도 고마움을 전하고 싶다. 부족하나마 이 책으로 인해 받는 기쁨과 은혜가 있다면 온전히 하나님께 드리고 싶다.

2023년 8월

이하원

4

일러두기

- 이 책에 나오는 인물의 직책이 문맥에 따라서 다를 수 있다. 예를 들어 고노 다로의 경우 외무상, 방위상 등으로 다르게 나온다.
- 일본 헌법 제1조에 명시된 '일본국의 상징'인 천황은 한국 사회의 관례에 따라 일왕으로 표기했다.
- 가급적 우리 국민에게 익숙한 명칭을 그대로 사용했다. 가령, 올해 100주년을 맞는 관동(關東) 대지진은 일본어 발음으로 할 경우 간토대지진이 맞으나 관동대지진으로 썼다. 이는 필자의 주관적인 판단이다.
- 이 책에 쓰인 사진은 대부분 필자가 찍었다. 일본에서 취재를 나갔다가 혹은 거리를 걷다가 TV를 보다가 찍어서 보관 중인 사진을 주로 썼다. 정치인들의 홍보용 SNS에서 가져온 사진도 있다.

차례

02 막 오른 레이와(令和) 시대

03 같으면서도 다른 한국과 일본

01

新 아날로그 사회

01

팩스(FAX) 재패니즈

"질문지는 팩스로 보내주세요"

코로나 바이러스가 전 세계를 휩쓸던 2020년 10월에 겪은 일이다. 조선일보 도쿄지국이 있는 건물에서도 코로나 환자가 잇달아 발생했다. 바로 위층의 민간 기업 직원들이 확진 판정을 받았다. 하는 수 없이 재택근무를 시작했다.

히가시 신주쿠(東新宿)역 인근의 집에서 일하는 도중 일본의 중견 A의원과 인터뷰할 일이 생겼다. A의원 사무실에 전화를 거니 명함을 교환했던 비서관이 "질문지를 팩스로 보내달라"고 했다.

이런 답변은 도쿄에서 근무하면서 일상적으로 겪어왔기에 놀라지 않았다. 다만, 집에 팩스와 프린터가 없는 것이 문제였다. 정중한 일본어로 부탁했다. "죄송하오나 코로나 때문에 재택근무 중이므로 이메일로 질문지를 보낼 수 있도록 배려해 주신다면 대단히 감사하겠습니다."

비서관은 친절했으나 예외를 인정하지 않았다. "그렇다면 편의점에 가서 팩스로 보내주세요." 아무런 설득이 통하지 않았다. 머리끝까지 화가 났으나 방법이 없었다.

한국에서 팩스를 10년 이상 보낸 적이 없었기에 컴퓨터를 이용해 팩스를 보내는 인터넷 프로그램도 갖고 있지 않았다. 결국 여러 가지 생각한 결과 국제 팩스를 이용하기로 했다.

한국의 후배 기자에게 연락해 사정을 설명했다. 서울로 이메일 발송→조선일보 편집국에서 질문지 인쇄→도쿄로 팩스 발송하는 3단계 방법을 사용했다. 하지만 A의원 팩스가 수신되지 않았다고 했다. A의원 사무실의 여직원이 그제야 이메일을 알려줬다. 이메일을 그쪽에 보내고 답신을 받는 데는 5분도 채 걸리지 않았다. 간단하게 끝날 일이 질문지가 동해(東海)를 수차례 오간 후에야 완료됐다.

일본에서의 특파원 생활은 한국에서는 사라져 가는 팩스와의 동행(同行)이라고 해도 과언이 아니었다. 일본 관공서에 연락하면 대부분 팩스로 요망 사항을 보내 달라고 했다. 국회의원 사무실은 말할 것도 없었다. 당시 니혼게이자이신문 사설에 일본 공무원들의 86%가 의원들과의 업무는 팩스로 한다는 조사가 실리기도 했다.

일본 외무성이 리셉션을 개최할 때도 마찬가지다. 도쿄 주재 외교관과 특파원이 팩스로 답신하는 것이 매뉴얼이다. "이메일로 하면 안 되겠느냐"고 문의했다가 역시 친절한 목소리의 공무원에게 거절당했다.

일본은 지구에서 3억㎞ 떨어진 소행성에 탐사선을 보낼 정도의 과학기술력을 가진 나라다. 달에 우주비행사를 보내는 미국의 아르테미스 프로젝트엔 핵심 파트너로 참가했다. 이런 나라에서 팩스를 고집하는 부조화(不調和)에는 현기증이 난다. 일본인들은 '팍스 재패니즈(Pax Japanese·일본에 의한 평화)'를 꿈꿔왔는데 그 대신에 팩스를 애용하는 '팩스(Fax) 재패니즈' 제국을 만드는 데 성공한 것 같다.

팩스는 보내는 사람은 힘들지만, 수신인은 즉각 문서를 집어서 볼 수 있다는 특징이 있다. 이 때문에 아날로그 시대의 갑을(甲乙) 관계를 상징하는 물건이라고 할 수 있다. 일본 사회는 여전히 자민당이라는 거대 정당과 관(官)이 막강한 힘을 갖고 있다 보니 자신들에게만 편리한 팩스를 고집하는 경향이 있다. 일본 사회는 '강한 자에게는 약하고, 약한 자에게는 강하다'는 의미의 강약약강(强弱弱强) 문화가 잔존해 있다는 비판을 받아왔다. 이런 것들이 을(乙)의 처지를 배려하지 않는 팩스 문화로 나타나는 것이 아닐까.

코로나 사태 나자 팩스로 환자 집계

일본의 팩스 문화는 코로나 바이러스 사태로 사회적 문제가 됐다. 2020년 코로나가 확산되는 상황에서 도쿄도(都)가 팩스 2대로 1400만 도민의 건강 상태를 취합하는 것이 알려져 논란이 일었다. 특히 감염자 111명이 누락되고, 35명을 중복해서 집계한 것이 보도되면서 비난받았다. 도내 보건소로부터 팩스로 코로나 감염자를 보고받다가 '쨈'이 걸리는 바람에 중복 집계 현상이 발생한 것이다.

당시 아사히신문 보도에 따르면 도쿄도청 30층의 코로나 대책 본부는 팩스 2대를 중심으로 움직였다. 도내 31개 보건소에서 보내는 '코로나 발생 신고'가 쉬지 않고 들어왔다. 감염자 1명당 A4 용지 1장을 사용한 보고서가 매일 수북이 쌓였다.

도쿄도가 당시 매일 발표하는 1일 감염자 수는 전날 오전 9시부터 당일 오전 9시까지 본부에 팩스로 보고된 인원 수다. 모두 수작업으로 하다보니 도쿄도민이 양성으로 판명된 날로부터 환자 명단에 포함되기까지는 3단계를 거쳐 3일이 소요됐다.

의사가 환자 정보를 적은 발생 신고서를 작성해 관할 보건소에 팩스로 보내면 보건소는 기재 내용에 이상이 없는지 확인한다. 이어서 개인 정보를 지운 뒤 도쿄도로 팩스를 보내면 이를 취합해 발표하는 방식이다 보니 시간이 많이 걸릴 수밖에 없었다.

마이니치신문은 2020년 7월 "일본 국내 첫 감염자가 1월 16일 확인됐지만 반년이 지나도록 전국적인 정보 집약 시스템이 확립되지 않았다"고 지적했다. 일본 정부는 코로나 정보 파악 시스템인 하시스(HER-SYS)를 만들어 전국에 보급했지만 제대로 작동하지 않는다고 했다. 하시스는 중앙정부·지자체·의료기관이 감염자 정보를 공유할 수 있게 한 시스템이다. 하지만 당시 현재 보건소가 설치된 155개 지자체 가운데 25%인 39개 지자체가 하시스 이용을 시작하지도 않은 것이 밝혀졌다. 심각한 코로나 상황에서도 매일 팩스로 문서를 송신하고 받는 데 적지 않은 시간을 쓴 것이다.

일본 언론은 확립된 매뉴얼 없이는 기존 시스템을 쉽게 바꾸지 않는 일본 사회 구조를 문제점으로 지적했다. "모든 업무를 디지털화해 중앙집중식으로 처리하면 팩스 담당 공무원은 어떻게 하느냐"는 반론도 있었다고 한다. 지방분권 전통이 강해 중앙정부가 지시해도 일사천리로 바꾸지 않는 문화가 원인이라고 말하는 이들도 있었다.

일본 아사히 신문의 2021년 여론조사에 따르면, 팩스는 여전히 일본 사회에 뿌리 깊게 자리 잡고 있다. '팩스를 쓰고 있다'는 응답이 55%였다. 일본인 두 명 중 한 명이 아직도 팩스를 사용하고 있는 것이다. 일본 정부는 뒤늦게 디지털청을 만들어 일본 사회의 디지털화를 추진중이다.

일본 전통된 도장 찍는 문화

도쿄 부임 당시 첫 번째 문화 충격은 은행에서였다. "통장을 만들 때 도장이 필요하다"는 설명에 "이게 무슨 말인가" 싶었다. 서울에선 도장을 써 본 기억이 가물가물한 탓에 귀를 의심했다. 납득하기 어려웠지만 달리 방법이 없었다. 사전 준비가 미숙해 도장을 가지고 오지 않았음을 자책했다. 한국보다 5배는 더 비싼 돈을 주고 급히 도장을 손에 넣었다. 도쿄에 체재하는 동안 그 도장 가게 앞을 지날 때마나 아쉬운 생각이 들었다.

그 후 도쿄의 식당, 문방구, 서점, 쇼핑센터에 갈 때마다 일본의 도장 문화에 관심을 갖고 들여다봤다. 영수증에 정성스럽게 자신의 도장을 찍어주는 종업원들을 경이롭게 봐 왔다. 21세기 디지털 사회에서도 도장을 찍어서 자신의 존재를 확인하는 일본인들…. 누군가 "일본 문화를 상징하는 가장 작은 물건이 무엇이냐"고 물으면 즉각 도장이라고 답하고 싶다. 이어령 전 이화여대 교수는 베스트셀러인 '축소지향의 일본인'을 쓰면서 왜 일본인의 도장 사랑을 넣지 않았는지 모르겠다는 생각이 들었다.

그 도장 문화가 2020년 코로나 바이러스 사태로 필요성이 대두된 재택근무의 가장 큰 벽으로 등장했다. 니혼게이자이신문은 계약 서류에 도장을 찍기 위해 코로나 사태 속에서도 출근해야 하는 비합리성이 일본에 존재한다고 보도했다. 이 신문에 따르면 한국에 뿌리를 둔 LINE도 "디지털 기업 이미지가 강하지만 (여전히) 계약은 종이와 도장이 기본"이다. 일본의 LINE 법무실장은 1개월에 도장을 찍는 계약서가 1000통을 넘는다.

이후, 도장을 찍기 위해 코로나 사태에서도 출근하는 것이 사회문제화되자 스가 요시히데(菅義偉) 내각에서 규제 개혁을 총괄하는 고노 다로(河野太郎) 행정개혁 담당상이 '도장 없애기'에 적극 나섰다. 그는 모든 중앙 행정기관에 공문서에 도장을 사용하지 말라며 업무상 날인(捺印)이 필요하다고 판단되면, 그 이유를 자신에게 회신하라고 통보하는 강수를 뒀다. 하지만 일본 국회엔 '일본의 인장(印章) 제도와 문화를 지키는 의원 연맹'이 존재할 정도로 도장 문화가 견고하게 뿌리내려서 도장을 찍는 관행이 사라지기까지는 시간이 걸릴 전망이다.

여전히 중요한 내용은 이메일보다 우편을 선호하는 문화도 재택근무의 적(敵)으로 등장했다. 도쿄의 다국적기업에서 근무하는 한 지인(知人)은 2주 만에 감염자가 5000명으로 뛰어 올랐을 때도 변함없이 출근했다. "첨단 정보를 다루는 일본의 거대 기업도 물건을 주문할 때는 반드시 우편으로 한다. 주문서가 담긴 우편물을 받아서 처리해야 하기에 회사에 나갈 수밖에 없다"고 했다.

일본에서는 코로나 사태가 장기화되자 그제서야 재택근무가 대기업을 중심으로 확산하기 시작했다. 재택근무를 원칙으로 하면서 예외적으로 출근하는 회사도 생겨났다. 직원이 약 18만명인 NTT는 총무와 기획 부문 등은 출근 직원을 50% 이하로 하는 재택근무를 시행하기도 했다.

일본은 IT가 발달하지 않은 나라도 아니다. 도쿄 도심의 인터넷 스피드는 한국에 견줄 정도로 빠르다. 시부야(澁谷)에 가면 전자로봇이 응대하는 카페가 있을 정도다. 그럼에도 일본 생활 중심은 여전히 대면(對面)문화다. 좋고 나쁘고를 떠나 '아날로그적'이라는 느낌이다.

일본 외무성은 2~3개월마다 광역 지자체와 함께 지방 홍보 행사를 개최한다. 이때마다 외무성은 우편으로 두꺼운 초대장을 보내오고 있다. 어깨가 아파 찾아가는 병원에서는 신용카드를 받지 않는다. 그 병원 1층에 있는 약국에선 "현금만 받습니다"라는 말이 돌아온다. 우체국도 마찬가지다.

세계는 코로나 사태 이전의 BC(Before Corona)와 그 이후의 AC(After Corona)로 나뉘고 있다. AC 시대는 사회 전체가 좀 더 날렵하고, 유연한 사회가 되도록 요구받는다. 그러기 위해선 낯선 문

화로의 이행이 필수적인데, 일본은 '익숙한 것과의 결별'을 아쉬워
하는 것 같다.

의외로 확산된 재택근무

전대미문의 코로나 바이러스 사태가 변화를 싫어하는 보수적
인 일본 사회를 변화시키는 걸까. 일본 사회에서 2020년 4월 코로
나 긴급사태 발령으로 시작된 재택근무를 '뉴노멀(새로운 표준)'로
삼으려는 움직임이 나타났다.

일본 경제계는 그동안 디지털화가 진행된 다른 선진국과는 달
리 '같은 장소에 모여 함께 일을 하는 방식'을 선호해왔다. 하지만
코로나 집단감염을 막기 위해 굳이 출근하지 않으면서 생산성을 올
리는 방안을 채택하는 기업들이 속속 늘어났다.

일본에서 재택근무의 선두주자는 전자업체 히타치(日立)제작소
다. 히타치는 2020년 5월 가능하면 출근하지 않고 집에서 근무하
는 것을 표준으로 삼기로 했다. 재택근무가 가능한 직원 3만여 명
은 앞으로 집에서 일하다가 회사 출근이 필요하면 1주일에 2, 3일
만 출근하면 된다.

이 회사는 코로나가 확산하자 초·중·고 자녀를 둔 직원 1만
명을 재택근무로 전환했다. 그러다가 4월 긴급 사태 발령을 계기로
사무직 근로자의 70%가 집에서 머물며 근무하도록 했다. 전사적으
로 재택근무를 실시한 결과, 직원들의 반응이 괜찮고 생산성이 저
하되지 않았다는 판단하에 재택근무를 표준시스템으로 채택했다.

이를 위해 히타치 제작소는 업무 시스템을 전면 재편, 근무시간을 업무 성과의 평가 기준에서 사실상 배제했다. "업무 성과만 달성되면 근무시간에 어디에서 무엇을 하든 회사가 관계하지 않는다"는 '히타치 독트린'이 만들어진 것이다.

일본의 정보통신기업 후지쓰(富士通·FUJITSU)도 재택근무를 원칙으로 하는 새로운 시스템을 채택했다. 재택근무를 원칙으로 하고 일할 장소와 시간대를 스스로 선택할 수 있도록 하는 것이 핵심이다.

후지쓰는 공장을 제외한 일반 사원의 출근율을 25% 이하로 만드는 것을 목표로 했다. 코로나 사태 이후 국내 약 8만명의 사원 중 80%가 재택근무를 했는데, 앞으로도 이를 표준으로 삼겠다는 것이다. 출근을 의무화하는 '코어 타임'을 없애고 자신이 좋아하는 시간대에 일할 수 있도록 하는 유연 근무제를 전사원으로 확대했다.

후지쓰의 새로운 시스템에서는 소규모의 거점을 대거 늘리는 한편 본사 사무실 면적은 반으로 줄였다. 재택근무로 인한 커뮤니케이션의 부족을 보완하기 위해서 사내외 회의나 고객을 접대하는 '허브 오피스'와 화상회의 등의 통신 설비를 갖춘 소규모의 '새틀라이트(위성) 오피스'를 늘렸다.

일본은 2020년 초까지만 해도 재택근무가 확산하지 않고 있었다. 당시 IT 기업 구글이 코로나 사태와 재택근무 연관성을 조사했더니 미국에선 직장 출근이 38% 줄었다. 일본은 9% 감소하는 데 그쳤다. 일본 후생노동성이 LINE과 함께 8300만명을 대상으로 실시한 조사에서도 "텔레워크(재택근무)하고 있다"는 비율은 5.6%에 불과했다.

그랬던 일본 사회에서 재택근무를 채택하는 기업들이 늘어나는 가장 큰 이유는 코로나 사태의 장기화 때문이다. 일본 기업들은 언제 코로나 바이러스가 다시 확산할지 모르는 상황에서 직원들이 회사에 모여서 근무하다가 집단감염되는 것을 경계했다. 이는 일본 사회가 가장 중요한 덕목으로 생각하는 '책임'과 관계가 있다. 집단감염이 발생할 경우 회사가 도의적 책임은 물론 법적 책임을 져야 할 수도 있다.

일본 사회가 대중교통을 이용한 출퇴근 시간이 선진국에서는 가장 긴 나라 중의 하나인 것도 영향을 미쳤다. 일본에서는 샐러리맨들의 출퇴근에 3시간가량 걸리는 것도 드물지 않다. 회사 측은 종업원들이 전철을 타고 출퇴근하다가 무증상 환자들에 의해 코로나에 감염되는 것을 우려했다.

코로나 사태를 계기로 기업들의 체질을 바꿔보자는 분위기도 재택근무의 확산에 기여하고 있다. 전 세계적으로 주(週) 4일 근무제가 논의되는 상황에서 주어진 업무 목표를 달성하면 회사에 굳이 출근하지 않아도 되는 시스템을 이번 기회에 구축하는 것이 낫지 않으냐는 것이다.

히타치 제작소, 후지쯔 등은 재택근무를 정착시키기 위해 결재 서류는 간소화하고 줌(ZOOM)을 이용한 회의는 늘렸다. 재택근무를 하는 직원들에 대한 회사 지원도 신설했다. 히타치제작소는 직원들이 집에 머무는 시간이 늘어나면 전기료 등이 증가하기 때문에 1인당 월 3000엔을 더 지원하기로 했다. 후지쯔도 재택근무 비용으로 전 직원에게 월 5000엔을 정액 지급한다.

기업들은 재택근무를 실시, 코로나 바이러스 감염을 막으면서도 사무실 유지비용과 각종 수당을 줄일 수 있다고 판단했다. 일본 업계는 직원들의 출퇴근 비용을 전액 지원한다. 도쿄 외곽에 사는 직원들에게 매월 5만엔 가량의 전철비용을 지급하는 것도 드물지 않았는데 이번 결정으로 이를 대폭 줄일 수 있게 됐다.

골절 후 300m 기어서 완주한 여자 선수

2018년 10월 21일 일요일이었다. 여느 일요일처럼 조선일보 도쿄 지국 사무실에서 TV를 켜 놓고 근무 중이었다. 일본 후쿠오카(福岡)현 무나카타(宗像)시 일대에서 열린 전일본 여자실업 역전 마라톤 예선 대회가 중계되고 있었다. 42.195㎞를 6개 구간으로 나눠서 이어 달리는 이 경기에 모두 27개 팀이 출전했다. 상위 14개 팀만 본선에 진출하는 경기였다.

당시 이와타니(岩谷)산업 소속 이이다 레이(飯田怜·19) 선수가 3.6㎞ 거리의 제2구간을 달리다가 갑자기 쓰러졌다. 구간 종점 약 300m를 남기고 넘어지면서 오른쪽 발에 골절상을 입었다. 충격으로 걷는 것조차 불가능했다. 경기를 포기할 것으로 생각했다. 그런데, 믿기 어려운 광경이 벌어졌다.

이이다 선수가 두 손과 맨 무릎으로 아스팔트 도로 가장자리의 흰색 교통선을 따라서 기어가기 시작했다. 무릎은 금세 피로 물들었다. TV 카메라에 잡힌 얼굴은 고통으로 일그러져 있었다. 그래

역전 마라톤 경기 중 골절상을 입은 후 기어가고 있는 이이다 레이 선수. 이 모습은 일본 전역에 생중계됐다.

도 왼손은 다음 주자에게 넘겨 줄 빨간색 어깨띠(배턴)를 꽉 쥐고 있었다. 그가 기어갈 때마다 하얀색 선 위에 두 개의 핏줄기가 그어졌다.

　이 상황을 TV로 지켜보던 이와타니산업의 히로세 히사카즈(広瀬永和) 감독은 대회 본부에 "그만 달리게 해 달라"고 요청했다. 기권하겠다고 한 것이다. 현장에서 이를 전달받은 심판이 이이다를 말리려고 했다. 그러나 그녀는 고개를 저었다. "반드시 끝까지 가겠다"는 의지를 강하게 피력했다. 경기를 지켜보던 이들은 "힘내라"고 응원하기 시작했다.

　이이다의 경기 속행 의지를 전달받은 심판이 본부에 이 상황을 보고했다. 그러자 히로세 감독이 재차 기권하겠다는 의사를 다시 본부에 전했다. 감독의 뜻이 본부를 거쳐서 현장에 다시 전달됐을 때는 구간 종점에 불과 15m밖에 남지 않았다. 이와타니산업 소속의 다음 주자는 눈물을 흘리며 이이다의 분투를 바라보고 있었다. 이이다는 기어이 무릎으로 300m를 기어서 완주한 후, 어깨띠를 넘겨줬다. 이와타니산업은 이날 27개 팀 중 21위의 성적으로 결선 진출에는 실패했다.

병원으로 실려간 이이다는 최소한 3~4개월 치료가 필요한 중상을 입은 것으로 판명됐다. 이이다는 병원을 찾은 히로세 감독에게 연방 고개를 숙이며 사죄했다. "죄송합니다."

이이다의 투혼은 대회를 중계 중이던 TBS TV를 통해서 일본 전역에 알려졌다. 큰 논란을 낳았다. "이것이야말로 야마토다마시(大和魂·집단을 중시하는 일본 정신)다!" "그녀의 근성(根性)에 경의를 표한다." 그녀가 무릎으로 기어서라도 책임을 완수한 데 대한 칭송이 나왔다.

이에 대한 거부감을 표현하는 이도 적지 않았다. "감동했다고 하는 사람들 때문에 과로사가 없어지지 않는다" "상처보다도 감동을 중시하는 풍조"라며 반발하기도 한다.

결국 이 사건 이후, 협회는 부상을 당한 선수가 속행 의지를 표명해도 심판의 판단으로 기권시킬 수 있도록 규정을 개정했다.

일본 사회에서는 이 사건이 단체 경기가 주는 중압감 때문에 발생했다고 해석 하는 분위기가 있었다. 일본에서 시작된 역전 경기는 전국에서 연중 쉬지 않고 대회가 개최될 정도로 인기가 많은 종목이다. 자신이 속한 지역과 단체 이름을 가슴과 등에 달고 달리기 때문에 부담감이 크다. 마이니치 신문은 "역전 경기는 한 사람이 기권하면 1년간의 노력이 수포로 돌아가기에 실격하거나 포기한 선수들은 선수 생활을 그만두는 경우도 드물지 않다"고 전했다.

　이 사건의 함의가 과연 스포츠 경기에만 한정된 것이냐는 의문이 들었다. 무릎으로라도 기어서 완주하도록 하는 일본 사회의 '공기(空氣)'가 원인은 아니었을까. 개인보다는 집단을 중시하고, 실패의 책임을 지는 데에 민감한 일본 사회가 바뀌지 않는 한 유사한 사건은 언제든지 다시 발생할 수 있을 것 같다.

코로나 환자 양성한 일본 크루즈선

　2020년 초 전 세계 56개국의 승객, 승무원 3711명을 태운 크루즈선에서 발생한 코로나 바이러스 사태는 긴급 사태에 일본이 유연하게 대응하지 못한 대표적 사례다. 사태 초기에 신속하게 전원 하선(下船)시키는 조치를 취했더라면 700명 이상의 확진자가 나오는 사태는 막을 수 있지 않았을까.

　아베 신조 당시 총리는 이번 사태에 대해 안이한 상황 판단과 뒤늦은 대책으로 리더십을 의심받았으며 이 사건이 결국 같은 해 8월 사임의 단초가 됐다는 분석도 나왔다.

　호화 크루즈선 다이아몬드 프린세스는 승객 2666명, 승무원 1045명 등 총 3711명을 태우고 1월 20일 요코하마항을 출발했다. 여기엔 한국인 승객 9명, 승무원 4명도 포함돼 있었다. 25만~130만엔을 내고 탑승한 2주간 가고시마 (22일)~홍콩(25일)~베트남 다낭(27일)~베트남 카이랑(28일)~타이베이(31일)~ 오키나와 나하(1일)를 여행할 계획이었다.

　승객 중에 유독 기침을 많이 하는 홍콩 출신의 80대 남성 A씨가 포함된 것은 불행의 예고편이었다. 이 남성은 비행기로 일본에 도착 후 후지산을 관광하고 크루즈선에 탑승했다. 그는 배에 타기 전부터 기침 증상이 있었던 것으로 알려졌다. 그는 1월 25일 홍콩에서 내렸다.

요코하마항 귀환을 앞두고 있던 다이아몬드 프린세스가 홍콩 정부로부터 긴급 통보를 받은 것은 2월 2일이었다. 기침과 발열 증세가 심한 A씨가 코로나 확진 판정을 받았다는 것이 확인되자 다이아몬드 프린세스는 예정보다 하루 앞당겨 2월 3일 요코하마 앞 바다에 들어왔다. 일본 정부는 검역관을 파견해 이 배의 탑승자에 대한 검사를 실시했다. 검역관들이 체온을 재고 문진을 실시했다. '수퍼 환자' A씨와 자주 접촉하거나 발열, 기침증세가 있는 승객 승무원을 우선적으로 추려서 관련 검사를 시작했다. 이틀 뒤인 5일 이들 중에서 먼저 10명이 감염된 것이 확인되면서 아베 내각의 악몽이 시작됐다.

이에 놀란 아베 내각은 감염 확대를 막기 위해 탑승객 하선을 불허하고, 2주간 선내에 머물도록 하는 조치를 내렸다. 그 순간부터 초호화 크루즈선은 물위에 떠 있는 '거대한 감옥'으로 변했다. 승객들은 객실 밖으로 나가는 것도 원칙적으로 금지됐다. 식사도 이날부터 식당을 이용하지 못하고 '룸서비스'로 바뀌었다.

물자 부족으로 음료수, 술, 간식 서비스는 모두 중단됐다. 수건과 이불도 제대로 교체해주지 않았다. 식수는 매일 한 사람당 500㎖ 물 한 병씩 제공하는 데 그쳤다. 다이아몬드 프린세스에서 일하는 일본인 의사는 TV 인터뷰에서 "마치 유령 도시 같다. 아무도 객실 밖으로 나갈 수 없다. 사람을 보기 어렵다"고 전했다. 바람을 쐴 수 있는 발코니가 딸린 객실은 그래도 나은 편이지만, 창문이 없는 객실은 견디기 쉽지 않았다고 한다.

다이아몬드 프린세스에서 하선하지 못한 채 격리 생활을 해야 하는 3700여 명의 탑승객, 승무원들은 불안과 초조함으로 시간을 보내야 했다. 이 배의 탑승객 중에서 코로나 환자가 매일 증가하면서 공포감도 커졌다. 승객들은 "하루속히 모든 승객에 대해 관련 검사를 해 달라"고 요구했으나 일본 정부는 이를 묵살했다.

아베 내각의 이번 사태에 대한 대응 실패는 크루즈선 자체가 거대한 '바이러스 배양접시'가 됐을 가능성을 무시했기 때문이었다. 다이아몬드 프린세스가 요코하마 앞바다에 들어온 후에도 승객들에게 별다른 조치를 취하지 않고 자유롭게 다니도록 내버려 뒀다. 이에 따라 승객들은 10명의 감염환자가 처음 확인되기 전인 3~4일에도 식당을 함께 이용하고 극장에서 쇼를 관람했다. 무증상(無

症狀) 환자가 다이아몬드 프린세스에 다수 탑승, 이들에 의해 바이러스가 더 확산됐을 가능성도 염두에 두지 않았다.

아베 총리는 국회에서 이번 사태에 대해 "승객과 승무원의 건강 상태 확인을 최우선으로 하면서 감염 확대 방지를 위한 만반의 대책을 강구하겠다"고 했다. 하지만 실제로는 도쿄 올림픽을 앞두고 있는 상황에서 일본 정부에 책임이 돌아오는 것을 의식, 소극적이었다는 관측이 유력하다. 도쿄 올림픽에 좋지 않은 영향을 미칠 것을 우려, 일본 정부가 위험성을 축소하는 데 급급했다는 것이다. 아베 내각은 이번 사태 초기부터 일본 정부가 책임을 져야 하는 문제가 아니라는 입장을 시사했다. 이 배에서 발생한 코로나 환자를 '일본에서 발생한 환자' 통계에 넣지 않겠다는 입장을 밝히기도 했다.

일본정부가 긴박하게 움직이기 시작한 것은 하루에만 감염이 44명 늘어 전체 환자가 200명을 넘은 2월 13일이었다. 이날 감염 환자가 218명으로 증가하자 아베 내각은 긴급조치에 착수했다. 80대 이상 고령자, 몸에 특별히 이상이 있는 승객, 창문이 없는 객실 이용자 등에 해당하는 이들을 추려서 하선시켰다.

다이아몬드 프린세스에서 200명이 넘는 확진자가 나오자 세계보건기구(WHO)가 일본 정부에 적절한 조치를 요구할 정도로 국제적인 사태로 발생했다. 결국 최종적으로 700명의 환자가 확인되는 대참사로 발전했다. 세계에서 위생과 보건 수준이 가장 높다고 자부하는 나라의 국제적 망신은 아베 내각이 자초한 것과 다름없다는 지적이 나왔다.

02
외국인들이 놀라는 여성차별

사우나의 여성 '투명인간'

3년간의 도쿄 근무 기간에 건강 유지를 위해 피트니스 센터를 다녔다. 이곳에 갈 때마다 작은 소원이 하나 있었다. 운동 후, 여기에 딸린 작은 목욕탕을 이용할 때 청소를 하는 여성 종업원이 들어오지 않기를 바랬다. 벌거벗은 상태에서 목욕하고 있는데 중년의 여성 청소부가 들어올 때마다 나는 적잖게 당황했다. 일본 남성들은 어떤지 모르겠지만, 외국인인 나는 몹시도 불편했다.

1997년 홋카이도 여행 당시에 온천에서 여성 종업원을 마주하는 첫 경험을 한 적이 있다. 홋카이도의 유명한 관광지 노보리베츠의 '지옥온천'에 여행갔을 때였다. 이때 중년 여성이 청소를 하러 들어왔다. 당시의 너무 놀랐던 기억이 오랫동안 뇌리에 남았다. 20년 넘게 지났기에 남성들이 목욕 중 여성 종업원이 청소하는 전통은 일본에서 사라진 줄 알고 있었지만 그렇지 않았다.

2021년 마이니치 신문의 요청으로 1개면에 걸쳐 외국인이 본 '일본의 남녀차별'을 기고했다.

　중년 남성이 목욕탕에서 여성 종업원을 만나는 것은 결코 유쾌한 경험이 아니다. 이때마다 나의 대응책은 한 가지 방법밖에 없었다. 그 여성을 투명인간 취급하는 것이었다. 가만히 살펴보니 나뿐만이 아니었다. 다른 모든 일본인 남성도 마찬가지였다. 3년간 그곳을 이용했지만 어느 남성도 목욕탕 내에서 여성 종업원과 대화하는 것을 보지 못했다.

　2020년 10월 일본의 여행 진흥정책 'GO TO travel'의 도움으로 홋카이도에 여행 갔을 때도 비슷한 경험을 했다. 일본에서도 유명한 후라노(富良野) P 호텔의 온천은 훌륭했다. 온천욕을 마치고 탈의실로 나왔을 때다. 맙소사! 이번에 문을 열고 들어온 여성은 20대 여성이었다. 그 순간 역시 도쿄에서 취하던 방법을 다시 쓸 수밖에 없었다. 그녀를 투명인간처럼 대하고, 마치 그녀를 없는 듯이 대하면서 서둘러서 옷을 입고 나왔다.

나는 2021년 마이니치 신문의 요청으로 이런 내용을 칼럼으로 써서 기고했다. 그 후 이 문제를 도쿄에서 알고 지내던 여성 기자, OL(사무직 여성) 들에게 제기했다. 일본 사회에서 이런 전통을 없애려는 노력은 없는 것인지 궁금하기도 했다.

그러나 내 얘기를 들은 일본 여성들은 이를 대수롭지 않게 여겼다. 빙긋 웃는 여성도 있었다. "외국인들이 볼 때 그럴 수 있겠다"는 응답들이 나왔다. 한 일본 여성은 "여성이 남탕에 들어가는 것은 문제가 되지 않는다. 그러나 그 반대는 절대 허용되지 않는다"고 했다. 일본인들과 이 문제를 몇 차례 얘기한 후, 나는 더 이상 이를 거론하지 않았다. 일본사회에서 이 문제를 그다지 심각하게 느끼지 않는다는 것을 깨달았기 때문이다.

남편 성(姓) 따라서 개명하는 일본 여성들

일본은 결혼 후, 신부가 신랑의 성(姓)을 따라서 개명하는 것이 일반화된 나라다. 현행 일본 민법 750조는 일본인끼리 결혼을 하면 남편 또는 아내의 성을 따른다고 규정돼 있다. 이에 근거해 일본에선 기혼 여성 95% 이상이 남편의 성을 쓰고 있다.

이런 관습을 바꾸려는 움직임이 정치권에서 가시화된 것은 2020년 1월 일본 정기 국회였다. 일본 제2야당인 국민민주당의 다마키 유이치로(玉木雄一郎) 대표는 중의원 '대표 질의' 때 결혼율 제고를 위해 선택적 부부별성제를 채택해야 한다고 주장했다. 그래야만 결혼율은 물론 출산율도 증가할 수 있다는 것이다.

그는 "젊은 남성으로부터 '교제중인 여성으로부터 성을 바꾸어야 하기 때문에 결혼할 수 없다'고 들었다"며 이같이 제안했다. "법률적으로 부부동성제를 택하는 나라는 (전 세계에서) 일본밖에 없어서 결혼에 장애가 되고 있다"고도 했다. 그는 "부부별성제로 결혼율을 올리는 것이 저출산 국난(國難) 돌파 대책"이라며 아베 신조 총리에게 이와 관련한 입장을 질의했다.

그런데 이때 일본 언론의 주목을 받는 사건이 발생했다. 다마키 대표의 연설 때 자민당 의석에서 여성 목소리로 "부부별성제가 문제라면 결혼하지 않아도 돼"라는 '야지(일본 정치권에서 주로 쓰이는 말로 야유를 의미)'가 나왔다. 연설 도중 이를 들은 다마키 대표는 야유 내용을 공개하며 이에 대해 유감을 표명했다.

그러자 일본의 신문·방송 기자들이 나서서 선택적 부부별성제 주장에 대해 야유한 여성 의원을 찾아냈다. 문제의 의원은 자민당의 스기타 미오(杉田水脈) 의원으로 지목됐다. 그는 자민당 여성국 차장을 맡고 있는 재선의원이었다. 일본 기자들은 스기타 의원으로부터 해명을 들으려 했지만, 그는 아무런 입장 표명을 하지 않은 채 도망다니다가 결국 "말할 것은 아무것도 없다. 죄송하다"라고 사과했다.

아사히 신문이 이 문제를 적극적으로 부각시켰다. 아사히 신문은 정기 여론조사를 실시하면서 선택적 부부별성제에 대한 질문을 포함시켰다. 그 결과 선택적 부부별성제에 대해 찬성 69%, 반대 24%로 나와 자민당이 여론의 직격탄을 맞고 있는 것이 드러났다. 부부 별성제에 대한 아사히 신문의 2015년 12월의 조사에서는 찬성 49%, 반대 40%였다. 2017년 4월의 조사에서는 찬성 58%, 반대 37%였는데 이번 논란을 겪으면서 격차가 크게 벌어진 것이다.

이번 조사에서 부부별성제에 대해선 자민당 지지층에서도 63%가 찬성했다. 반대는 31%에 불과했다. 남성도 66%가 찬성했다. 50대 이하 여성은 80% 이상이 찬성이라고 답변했다.

야당 대표의 연설과 자민당 여성의원의 야유가 촉발시킨 부부동성제는 메이지(明治) 정부의 근대화 유산이다. 메이지 정부는 1898년 영미계 국가의 부부동성제를 그대로 받아들여 이를 법제화했다. 최근 시구에서는 여권(女權)이 신장되면서 선택적 부부별성제가 보편화됐다. 하지만 한번 정한 것을 잘 바꾸지 않는 일본에서는 사회적 문화로 정착됐다. 일본 최고재판소는 2015년에도 이어 2021년에도 "부부동성제는 일본 사회에 정착된 것으로 가족의 호칭 통일은 합리성이 있다"며 합헌 결정을 내렸다.

최근 일본 여성의 사회적 지위가 상승하면서 부부동성제에 대한 문제제기가 거세지고 있다.

여성이 결혼하면 운전면허증, 예금통장 등을 모두 새 이름으로 갱신해야 하는 데 대한 불만이 커졌다. 이혼율 증가와 함께 재혼히면 다시 성을 바꿔야 하는 것에 내해 문제가 있다는 공감대가 형성되고 있다. 부부별성제 도입이 결혼율 제고로 즉각 연결되지는 않지만, 이 같은 문제로 결혼을 주저하는 여성에겐 유인책이 될 수 있다는 관측이 나오는 것이 현실이다.

일본에서는 부부동성제로 인해 결혼을 망설였다는 여성을 만나는 것은 어렵지 않다. 2018년 니혼 TV가 부부동성제를 꺼리는 여성이 '사실혼' 관계로 지내는 것을 선호한다는 특집방송을 하기도 했다. 이 때문에 2019년 참의원 선거에서는 야당뿐만 아니라 연립여당인 공명당도 부부별성제 도입을 주장했다. 하지만, 보수성향의 자민당은 사실상 반대입장이다. 자민당은 "부부동성제는 일본의 가족제도와 깊이 관련이 있다. 국민 사이에 여러 가지 의견이 있으므로 신중하게 대응하겠다"며 사실상 거부 입장이다.

"여성은 아이 셋 낳아라"

"우리 부부도 아이가 없다. 아이를 가질지 말지는 각자가 선택하는 것이다." 2018년 6월 아베 신조 당시 일본 총리는 국회에서 야당 대표와의 '당수(黨首) 토론'에서 이런 입장을 밝혀야 했다. "우리가 (여성 출산에 대한) 의견을 말해선 안 된다"고도 했다.

아베 총리 발언은 전날 자신의 자민당 총재 3선(選) 연임을 지지하는 니카이 도시히로(二階俊博) 간사장의 설화(舌禍)를 수습하는 과정에서 나왔다. 니카이 간사장은 강연 중, "아이를 낳지 않는 것이 행복하지 않느냐고 자기 멋대로 생각하는 사람이 있다"고 해 논란을 낳았다. "모두가 행복해지려면 아이를 많이 낳아야 국가도 번영할 것"이라고 했다. 특히 "여성은 세상을 위해서 세 명은 낳으라"고 한 것이 논란을 증폭시켰다. 야당에서 당장 반발이 나왔다. 여성을 인격체가 아닌 출산 수단으로 보는 발언이라는 것이다. 국민민주당의 다마키 유이치로 공동대표는 자민당을 '아저씨 정당'이라고 부르며 "특정 가족관, 가치관을 강요하는 것은 잘못된 것"이라고 비판했다.

자민당에서 이런 발언이 나온 것은 처음이 아니다. 같은 해 자민당의 다른 의원도 여성 출산을 강요하는 발언을 했다. 가토 간지(加藤寬治) 의원은 "아이를 적어도 세 명은 낳아야 한다", "아이를 더 낳지 않으면 국가에 부담이 된다"고 했었다. 맥락은 다르지만 하기우다 고이치(萩生田光一) 자민당 간사장대행이 "남녀 공동 참여 사회, 남자도 육아를 해야 한다고 멋있게 말하지만, 아이에게는 좋지 않다"고 말한 것도 논란을 불렀다.

"하이힐 벗어던지자"… Ku Too 운동

일본에서 남녀차별을 이슈화시키려는 노력이 없었던 것은 아니다. 전 세계적으로 '미투(Me Too) 운동(나도 당했다)'이 퍼져 나가는 중에 일본 여성들이 하이힐을 벗어던지는 'Ku Too' 운동을 2019년 6월 시작했다. 직장 여성들에게 하이힐과 펌프스(앞부분이 둥글게 파인 굽이 있는 구두)를 신도록 강제하는 관습을 없애기 위한 운동이다. 'Me Too'에 빗대 일본어로 구두를 의미하는 구쓰(靴), 고

통을 의미하는 구쓰우(苦痛)의 첫 글자를 따와 'Ku Too'로 불렸다.

Ku Too 운동을 시작한 여배우 이시카와 유미(石川優実)는 여성 1만 8800명의 서명이 들어간 건의서를 후생노동성에 제출했다. 이들은 "기업이 하이힐 펌프스 착용을 여성에게 강요하는 것은 성차별에 해당하므로 이를 금지하는 법 규정을 만들어 달라"고 요청했다. 이시카와는 장례식장에서 아르바이트할 때 굽이 높은 구두를 강제로 신으면서 문제 의식을 가졌다. 익숙하지 않은 '힐 5~7cm의 검은색 펌프스'를 의무적으로 신은 채 일을 하는 바람에 발가락에서 피가 날 정도였다. 남성 동료들이 가벼운 구두를 신고 일하는 것을 보고 부럽다는 생각이 들어서 트위터에 '여성들이 건강에 좋지 않은 하이힐이나 펌프스를 강요당하는 현실을 바꾸고 싶다'는 글을 올렸다. 그러자 순식간에 공감하는 여성들이 인터넷상에 모이기 시작했다. 아예 서명 사이트 'Change.org'를 만들어 활동하기 시작했다.

이 사이트에는 '재해 대국인 일본에서 하이힐 펌프스의 상시 착용은 인명 경시'라는 글들이 올라왔다. 한 여대생은 니혼게이자이신문에 "(취업 활동을 위해) 하루에도 여러 차례 회사를 방문하지만 펌프스가 맞는지 의문을 품고 있다. 이것은 성차별 문제이기도 하고 건강을 해친다는 것을 알았으면 한다"고 말했다.

2017년 프리랜서 저널리스트 이토 시오리(伊藤詩織)가 일본 TBS방송 워싱턴지국장으로부터 성폭행당한 사실을 공개하면서 미투 운동이 불붙는 듯했다. 그러나 오히려 이를 폭로한 이토 시오리에게 싸늘한 시선이 돌아오며 한국처럼 큰 폭발력을 갖지 못했다.

그녀는 5년 만인 2022년 최고재판소에서 최종 승소했으나 일본 사회의 관심은 크지 않았다. Ku Too 운동 역시 확산하지 못한 채 사그라들고 말았다.

女지원자 점수 깎아 탈락시킨 도쿄의대

도쿄의과대가 2011년부터 8년간 신입생을 선발할 때 여성 수험생들의 점수를 일률적으로 감점, 남성들의 합격률을 높인 것으로 드러났다. 요미우리신문은 도쿄의과대가 2010년 입시에서 여성 합격자가 69명으로 전체 합격자 181명의 38%를 차지하자 학교 차원에서 다음 해 입시부터 모든 여성 수험생의 점수를 일률적으로 감점했다고 보도했다.

도쿄의과대는 그동안 400점 만점의 1차 시험과 100점 만점의 2차 시험 점수를 합산해서 합격자를 선정해왔다. 도쿄의과대는 배점이 많은 1차 시험에서 여성 수험생의 점수를 조작, 여성 합격을 억제하는 방법을 사용했다. 2018년에 남성 1596명, 여성 1018명이 응시했는데 점수 조작을 통해서 남성은 303명(합격률 18%), 여성은 148명(14%)이 1차 시험을 통과했다. 2차 시험을 거쳐 남성 141명, 여성 30명이 최종합격자 명단에 이름을 올렸다. 남성의 최종 합격률은 8.8%, 여성 합격률은 2.9%로 3배 차이가 났다.

대학 측은 점수 조작까지 하며 여성 수험생 입학을 제한한 이유에 대해 "대학 발전을 위해 불가피했다"고 했다. 학생들이 졸업 후에는 계열 병원에 근무하는 경우가 많은데 여의사는 결혼·출산

등으로 일을 그만두는 경우가 많아 병원 인력 수급에 문제가 있다
는 것이다.

한국 같으면 어땠을까. 심각한 입시부정 사건으로 규정돼 여
성단체가 학교 앞에서 시위를 하며 큰 사회적 문제가 됐을 것이다.
학교 관계자들의 구속돼 재판 받는 것은 시간 문제였을 것이다. 하
지만, 이런 일은 일어나지 않았다. 한국과 달라도 많이 다르다는
것을 부임 초기에 깊게 느낀 사건이었다.

03
초고령화 사회와 의욕 잃은 젊은 세대

5명 중 1명은 70세 이상 고령자

2018년 9월 15일은 일본 고령화 역사에서 새로운 기록을 세운 날이다. 일본에서 70세 이상의 고령자가 전체 인구에서 차지하는 비율이 이날 처음으로 20%를 넘었다. 일본은 매년 9월 셋째 주 월요일을 경로(敬老)의 날로 지키며 각종 고령화 통계를 발표한다. 일본의 총무성 발표에 따르면 2018년 경로의 날을 기준으로 70세 이상이 전년보다 100만명 증가한 2618만명을 기록했다. 일본 총인구 1억 2642만명의 20.7%로 0.8%포인트 증가했다.

일본에서는 1947~1949년 베이비붐 시대에 태어나 인구 구성면에서 두드러져 보이는 연령대를 '단카이(団塊·덩어리라는 뜻) 세대'라고 부른다. 이들이 2017년부터 고희(古稀)를 맞기 시작하면서 70세 이상이 크게 늘기 시작했다.

고령자 중 80세 이상은 1104만명, 90세 이상은 219만명으로 각각 총 인구의 8.7%, 1.7%를 차지했다. 이에 앞서 후생노동성이 발표한 백세인(百歲人 · 100세 이상)은 6만 9785명으로 전체 인구의 0.05%를 기록했다.

고령화사회를 말할 때 가장 많이 쓰이는 65세 이상의 고령자 통계도 사상 최다를 기록했다. 65세 이상 남녀는 3557만명(28.1%)으로 나타났다. 이 중에서 여성은 2012만명, 남성은 1545만명으로 65세 이상 여성은 처음으로 2000만 명을 넘었다. 아사히 신문은 유엔의 통계와 비교해 일본의 65세 이상 고령화율이 이탈리아 (23.3%), 포르투갈(21.9%), 독일(21.7%), 핀란드(21.6%)보다 높다고 보도했다. 일본 후생노동성 산하의 국립사회보장 · 인구문제연구소 는 65세 이상 고령자 비율이 2040년경에는 35.3%에 이를 것으로 전망했다.

고령화 · 장수화 · 소자화(少子化 · 출생률 저하)가 빠르게 진행됨에 따라 일본은 고용 가능 연령 조정을 비롯한 각종 대책을 마련 중이다. 일본정부는 공적 연금 수급개시 연령을 70세 이후로 늦추는 것이 가능토록 제도 수정을 추진 중이다. 현재 원칙적으로 65세부터 수급하는 연금을 고령자가 월급을 받는 경우 70세 이후로 늦춰서 원래보다 더 많이 받게 하겠다는 것이다. 그러자 "정부가 고령화를 이유로 연금 수령 개시 시기를 일률적으로 늦추기 위한 사전조치가 아니냐"는 반발도 나오고 있다.

심각해지는 간병살인

일본 후쿠이(福井)현 츠르가(敦賀)시의 71세 여성 키시모토 마사코가 3명을 목졸라 죽인 살인범이 된 것은 2019년 11월이다. 키시모토씨는 이날 90대의 시아버지, 시어머니와 70대 남편을 살해한 혐의로 경찰에 체포됐다. 그는 경찰 조사에서 "시부모와 남편 3명을 간병하는 것이 너무 힘들었다"고 했다.

키시모토씨는 건설회사를 운영하는 남편과 함께 살면서 거동이 불편한 93세의 시아버지와 95세의 시어머니를 보살펴왔다. 70대에 접어든 여성에게 쉽지 않은 일이었다. 그러던 중 남편마저 뇌경색 판정을 받아 걸어다니는 것이 불편해졌다. 하루아침에 시부모는 물론 남편까지 돌봐야 하는 상황이 펼쳐졌다.

그뿐만이 아니었다. 낮에는 남편이 운영하는 회사에도 나가근무해야 했다. 회사와 집을 오가면서 가족 세 명을 간병하는 것은 견디기 어려운 고행이었다. 그 결과 자신도 따라 죽을 결심을 하고 시부모와 남편의 목을 차례로 졸랐다.

같은 해 3월엔 구미모토(熊本)현에서 91세의 어머니를 모시고 살던 64세의 딸 미야자키 가즈요 씨가 어머니를 살해했다. 가즈요 씨는 어머니가 10년 전 대장암을 앓고 치매 증상을 보이면서 간병해왔다. 매일 인공항문을 갈아주며 어머니를 돌보다가 어느 순간 지쳐 버렸다. 어머니가 한밤중에 소리를 지르는 일이 잦아지자 주변에 폐를 끼치지 않을까 걱정했다. 그는 "엄마, 오늘을 (내가 돌보는) 마지막 날로 해요"라며 목을 졸랐다. 이어서 그는 "(나이 든 환자와) 함께 사는 가족의 스트레스가 얼마나 큰지 모른다"는 유서를 남기고 자살을 기도했다가 재판을 받았다.

일본에서 '간병살인(介護殺人)'이라고 부르는 끔찍한 사건이 끊이지 않고 있다. 나이 든 아버지, 어머니, 남편, 아내를 간병하다가 지친 나머지 살인을 저지르는 끔찍한 사건이 연발한다. 간병살인은 '인생 100세 시대' 부작용의 결정판이다. 일본 법무성은 간병살인 사건을 저지른 이들이 장래를 비관, 분노, 생활 곤란 등의 이유로 살인을 저지른다고 분석한다.

간병살인만 심각한 것이 아니다. 일본 내각부(內閣府) 통계에는 2007년부터 간병피로를 이유로 한 자살이 매년 수백 건씩 기록돼 있다. 도쿄에서 남편과 시어머니를 간호하던 여성이 동반자살을 하기 위해 방화하는 사건도 발생했다. 도쿄 인근의 요양원 직원이 체력이 약해진 노인 3명을 살해, 일본 사회를 경악시킨 사건도 있었다. 일본이 간병살인의 문제점을 심각하게 인식하기 시작한 것은 2008년이다. 이때부터 매년 살인 원인 분석에 '간병살인' 항목을 포함시키고 있다. 2011년에는 간병 살인이 전체 살인 사건의 5.7%를 기록하기도 했다.

일본 사회는 간병과 관련한 이런 사건에 이미 만성이 된 듯한 분위기다. '70세 여성의 가족 3명 살인' 등의 사건이 빈발하다보니 언론의 큰 주목을 받지 못하고 있다.

재판부도 간병살인에 대해선 비교적 관대하다는 인상을 준다. 2016년 치매에 걸린 86세의 어머니를 살해한 혐의로 재판을 받은 여성에 대해 재판부는 집행유예를 선고했다. 당시 이 여성은 재판정에서 "어머니를 숨지게 했지만, 다시 태어나도 엄마의 딸로 태어나고 싶다"며 울먹였고, 방청객은 물론 판사도 눈물을 흘렸다. 부인을 간병하다가 살해한 후, 재판을 받은 70대 남성도 집행유예로 풀려났다. 간병살인은 일본에서 아이들은 줄고 노인이 늘어나는 '소시고레이카(少子高齡化)'가 심화되면서 나타나는 현상이다. 일본은 국민 5명 중 1명이 70세 이상인 초고령화 국가다. 특히 심각한 것은 고령자가 고령자를 돌보는 '노노(老老) 간병'이다. 이미 2016년에 65세 이상의 노노간병이 54.7%를 차지했다. 75세 이상의 '초(超)노노간병'도 30%를 넘었다. 일본 정부의 '고령사회 백서'는 75세 이상 4명 중 한 명꼴로 동거 가족이 간병하거나 요양을 돌본다고 했다. 또 간병이 필요한 사람이 나올 경우, 동거하는 가족이 담당하는 비율이 60%였다. 이처럼 고령화가 빠르게 진행되면서 나타나는 사회현상을 바탕으로 극단적인 선택을 하는 사건도 빈발하고 있는 것이다.

마이니치 신문은 간병살인을 기획 기사로 수차례에 걸쳐서 다룬 후, 이와 관련된 책을 출간하기도 했다. 이 책에서 간병살인 44건을 정밀 분석한 결과 간병인의 수면 부족에 의한 간병살인이 많았다. 가족들이 피간병인을 돌볼 때 심각한 수면 부족에 시달리다가 우발적으로 살인을 저지르는 경우가 많다는 것이다.

가족을 간병하는 730명에 대한 여론조사 결과도 충격적이다. 응답자의 55%가 "살인하고 싶은 마음이 일어나는 것이 이상하지 않다"고 했다. 93%는 간병인이 몸과 마음이 피곤해지는 것을 느낀다고 했다. 응답자들인 야간이나 비상시 제때 대응할 수 있는 시스템이 절실하다고 했다.

풀뿌리 민주주의 흔드는 고령화

일본의 고령화가 심각한 사회문제화된 가운데 지방선거에서 무표 당선되는 단체장과 의원이 늘어나고 있다. 2019년 4월 기초단체 초(町), 무라(村) 121개 지역 단체장을 뽑는 선거에서 55개 지역에서 1명의 후보가 출마, 무투표 당선이 확정됐다. 선거를 실시하는 기초단체 중 절반에 육박하는 45.5% 지역에서 '후보등록=당선'이 된 것이다.

홋카이도에서는 선거가 실시되는 35개 지자체 중에서 21곳에서 무투표 당선이 결정됐다. 4233명의 기초단체 의원을 뽑는 선거에 출마한 4775명 중 988명도 무투표 당선됐다. 의원들의 무투표 당선율은 23.3%로, 4명 중 한명 꼴로 아무런 부담없이 기초 의회에 입성했다. 구마모토(熊本)현의 쯔나기초를 비롯한 8개 지역의 의회는 정원을 채우지 못해 의석이 줄어들었다. 이 같은 비율은 일본 총무성이 체계적으로 자료를 집계한 1951년 이후 가장 높은 수치다.

일본 인구는 2011년 이후 매년 줄어들고 있는데, 특히 지방의 인구 감소가 심각하다. 아키타(秋田)현의 경우, 2019년에 전년보다 1.47% 인구가 줄어들어 비상이 걸렸다. 이러다 보니 지방 도시의 경우 단체장과 의원 후보를 찾기 어려워 공무원들이 나서기도 한다.

나가노(長野)현 다쓰노초의 의회는 후보가 부족해 공무원들이 백방으로 뛰었지만, 결국 14명 정원이 붕괴됐다. 이 지역에서 3차례 당선된 75세 의원은 건강 문제로 재출마를 포기했다. 그가 "이젠 무리다. 다리가 저리고 귀도 잘 들리지 않는다"며 출마하지 않은 것이 아사히 신문에 보도됐다.

나가사키(長崎) 현 오지카초는 젊은층의 입후보를 촉진하기 위해서 월 18만엔의 의원 월급 규정에 특례조치를 만들어 50세 이하 의원에게는 30만엔을 주는 조례를 제정하기도 했다.

지자체에서 선출직 후보들을 확보하기 위해 제도를 개선하는 움직임도 나오고 있다. 고치(高知)현 오오가와 무라에서는 의원들이 겸업할 수 있도록 조례를 개정했다. 그 결과 8년 만에 선거가 치뤄질 수 있었다. 겸업 의원들을 위해 의회를 주말에 개최하는 방안도 나오고 있다.

치매환자 금융자산 2030년에 230조엔

80대 아버지가 치매에 걸려 요양병원에 입원 중인 일본 남성 회사원 A씨. 그가 아버지 명의의 예금 60만엔을 찾으러 도쿄 시내의 신용금고를 찾았다. 아버지의 치료비에 쓸 목적으로 인출할 생각이었다. 하지만 신용금고 측은 "본인의 의사 확인이 불가능한 상태에서 돈을 내 드릴 수 없다"고 거절했다. 이 같은 일은 최근 빈번하게 나타나고 있다.

니혼게이자이신문의 2021년 보도에 따르면 일본 치매 환자가 보유한 금융자산은 2030년에는 230조 엔에 이를 것으로 전망됐다.

다이이치생명(第一生命) 경제연구소에 따르면, 2020년 치매 환자가 안고 있는 금융자산은 156조엔이었다. 이는 39세 이하 가구의 금융자산액 117조엔을 웃도는 규모다. A씨 아버지처럼 치매 환자가 자산 처리에 대한 의사를 표명하기 어려운 상황이 곳곳에서 발생, 돈이 돌지 않는 상황이 올 수도 있다. 고령화 사회가 수반하는 치매 문제가 일본 경제를 위협할 수도 있다는 것이다.

일본 정부의 통계에 따르면, 금융자산의 65% 이상은 60세 이상의 고령자가 보유 중이다. 일본 내 치매 환자는 2015년 520만명이었는데, 2030년에는 전체 인구의 7%인 830만명까지 올라갈 것으로 예측돼 금융자산의 '돈맥경화'도 심화될 가능성이 크다. 치매 질환자 본인의 의사가 확인되지 않을 경우엔 은행 계좌에서 돈을 인출하기가 어렵기 때문이다.

이런 문제를 해결하기 위해 '성년(成年) 후견인제' 활성화가 필요하다는 의견이 제기되고 있다. 성년 후견인제는 치매 등으로 판단 능력이 불충분해 의사결정이 어려운 피후견인의 재산을 지켜주면서 이들이 필요한 곳에 재산을 사용하는 제도다.

이케부쿠로 고령자 폭주 사건

87세의 이이즈카 코오조오(飯塚幸三) 씨는 남들이 부러워할 만한 경력을 지녔다. 도쿄대 공학박사로 구(舊) 통산성의 공업기술원장을 역임했다. 경제계로 나가서는 유명 농기계업체 부사장이 됐다. 일본 계량진흥협회장, 국제계측연합 회장 직함도 가졌다. 아들이 결혼 후에는 부인과 함께 도쿄도 네리마(練馬)구에서 노년의 삶을 즐겼다. 성공한 일본인의 표상 같은 그의 인생은 2019년 4월 19일 반전됐다.

그날 도쿄 이케부쿠로(池袋)에서 시속 100km로 달려온 승용차가 횡단보도를 건너던 시민을 덮친 사건이 있었다. 녹색신호를 받아 건너던 자전거가 이 차에 부딪혀 공중으로 떠올랐다가 빠르게 추락했다. 자전거가 두 동강이 나면서 31살, 3살의 모녀(母女)가 즉사했다. 다른 8명도 크게 다쳤다. 이이즈카 씨는 일본 사회가 '이케부쿠로 폭주' 사건으로 명명한 이 사건의 범인이다. 그가 사고 직전까지 자가용 브레이크를 밟은 흔적이 없다는 점에서 중대과실치사로 재판을 받았다.

이 사고 5일 뒤 아내와 딸을 잃은 32살의 남성이 보도진 앞에 나왔다. 가족을 잃은 충격으로 정면을 응시하지 못한 그는 "며칠 동안 앞으로 살아갈 의미가 있느냐고 자문자답했다"고 했다. 이어서 간단하면서도 묵직한 메시지를 던졌다. "가족 중에 운전이 불안하신 분이 있다면, 이번 사고를 생각해주면 좋겠습니다."

사고 후, 일본 언론의 취재로 이이즈카 씨의 운전이 불안했다는 증언이 잇달아 나왔다. 그가 주차공간에 차를 넣지 못해 수차례 직진과 후진을 반복하다가 부인의 도움을 받아 겨우 차를 세우는 장면이 목격됐었다. 그의 한 이웃은 "이젠 운전을 그만 해야겠다"고 말한 것을 들었다고 했다. 그럼에도 그는 일본 정부가 조건을 강화한 고령자 운전면허 갱신 검사를 단번에 통과한 것이 문제로 지적됐다.

일본은 이 사건을 계기로 고령자 운전에 대한 제도 보완에 나섰다. 고령자 왕국 일본은 이 사건 이전부터 도로교통법을 개정, 75세 이상의 운전자에 대한 규제를 강화했다.

1998년부터 70세 이상의 고령 운전자는 인지(認知)기능 검사와 고령자 강습을 받도록 했지만, 눈에 띄게 심각한 경우가 아니면 운전면허를 갱신하는 데 큰 문제가 없었다. 일본은 2017년부터 75세 이상의 운전자를 3단계로 분류해 판단하는 것을 의무화했다. '기억력, 판단력이 저하'된 제1분류로 판정되면, 의사의 진단을 받도록 했다. 병원에서 치매라고 판단하면 더는 운전을 할 수 없도록 했다.

기억력, 판단력이 약간 저하'로 판명된 제2분류는 3시간의 강도 높은 고령자 강습을 받아야 한다. 검사 결과 아무런 문제가 없다는 제3분류에 해당되면 2시간 강습을 받도록 했다. 하지만 이케부쿠로 폭주 사건은 이런 제도가 완전하지 않아 고령자 운전으로 인한 대형 사고 문제가 곳곳에 도사리고 있음을 보여줬다고 할 수 있다.

노인 기저귀도 골칫거리

고령화 사회에 대한 대응이 세계 최고 수준인 일본이 예상하지 못했던 문제에 부딪히고 있다. 요미우리 신문은 2018년 11월 일본의 지방자치단체가 노인들이 사용한 기저귀를 어떻게 처리해야 할지 몰라 고심하고 있다고 보도했다. 일본의 위생재료공업연합

회 통계에 따르면 성인용(노인용) 기저귀 생산량은 2007년 33억장에서 2017년 78억장으로 크게 늘었는데 계속 증가추세다. 일부 지자체에서는 성인용 기저귀가 전체 쓰레기에서 차지하는 비중이 20~30%에 이르고 있다.

노인들이 사용한 기저귀는 유아용에 비해서 크고 수분을 많이 함유, 잘 타지 않아 문제가 심각하다. 일본에서는 현재 약 400종류의 다양한 기저귀가 판매되고 있는데 흡수량이 1000cc를 넘는 것도 있다.

가고시마(鹿兒島)현의 노인 요양 시설 카주엔(賀寿園)에서 배출되는 쓰레기의 90%가 기저귀다. 이곳의 복지사 마츠야마 야스시는 "가능하면 기저귀에 의지하지 않으려 하지만, 기저귀 쓰레기는 계속 늘고 있다"고 말했다.

문제는 일본에서 기저귀가 필요한 노인들이 빠른 속도로 늘어난다는 것이다. 일상생활에서 도우미가 필요한 노인은 2015년에는 450만명이었으나 2030년에는 670만명으로 크게 증가할 것으로 전망된다.

노인용 쓰레기 문제가 심각해지자 일본 환경성은 지자체, 기저귀 제조사, 재활용 회사가 참여하는 회의를 열어 대책을 만들기도 했다. 기저귀 처리 및 회수와 관련한 '기저귀 재활용 가이드라인'을 만들어 각 지자체에 배포했다.

일부 지자체는 기저귀를 연료나 건축자재로 재활용하는 기술을 개발해 활용하고 있다. 돗토리(鳥取)현 호키초(伯耆町)는 기저귀를 고체형 연료로 만드는 기술을 도입했다. 기저귀 메이커 '유니차무'는 사용한 기저귀를 소독, 세정해 다시 사용하는 시스템을 가동하고 있다.

폐기물공학을 전공한 키타큐슈(北九州)시립대의 이토 히로시 교수는 "인구 감소로 모든 쓰레기가 줄어드는 가운데, 고령화에 따른 어른용 기저귀는 새로운 쓰레기 문제가 될 수 있다"고 지적했다.

"유학 가고 싶어요" 한국 66%, 일본 32%

"한국 젊은 층은 유학 가고 싶어 하고, 일본 젊은 층은 일본에서 계속 살고 싶어 한다." 일본 정부의 2019년 6월 발표에서 이런 결과가 나왔다. 7개 주요 국가의 10~20대를 상대로 한 조사에서 해외 유학을 희망하는 젊은 층은 한국이 가장 많았고, 일본은 가장 적게 나타났다. 일본 내각부는 2018년부터 일본을 비롯, 한국·미국·프랑스·영국·독일·스웨덴 등 7개 국가의 13~29세 남녀 1000명을 대상으로 인터넷 조사를 실시했다. 그 결과 한국의 젊은 층은 단기 유학을 포함해 해외 유학을 희망하는 비율이 65.7%로 가장 높았다. 조사 대상 3명 중 2명꼴로 유학을 희망한 것이다. 미국이 그 다음으로 한국과 비슷한 65.4%였다. 이어서 프랑스·영국·독일·스웨덴 순으로 높았으며 일본은 한국의 절반에도 못 미치는 32.3%를 기록했다.

'외국에 유학하고 싶지 않다'는 비율도 일본은 53.2%인 반면, 한국은 22%로 조사 대상국 중 가장 낮은 수치를 기록했다. 일본은 1년 이상 또는 외국에 영구히 살고 싶다는 비율도 19.4%로 나타났다. 니혼게이자이는 이번 조사 결과에 대해 "일본의 10~20대가 다른 나라에 비해 국내 지향이 강한 실태가 드러났다"고 분석했다.

일본의 젊은이들이 해외로 나가는 것을 꺼리자 일본에서는 '와카모노(若者·젊은층) 해외 보내기 프로젝트를 추진하고 있다. 문부과학성, 관광청과 여행업계 인사들이 모여서 어떻게 하면 20~30대 젊은이들을 외국에 내보낼지에 대해서 머리를 맞댄 것이다. 일본 정부는 민관 협의회를 통해 대학생을 비롯한 젊은 층이 해외를 쉽게 방문할 수 있는 환경을 구축하도록 지원한다는 방침이다.

청년을 해외로 보내기 위한 민관 협의회에서 거론되는 정책 중 파격적인 것은 대학생이 학기 중에 해외여행을 하면 이를 출석으로 간주하거나, 수업을 이수한 것으로 인정하는 방안이다. 대학생이 항공 요금이 비싼 방학 중이 아니라 저렴한 학기 중에 여행할 수 있도록 함으로써 해외여행을 늘리겠다는 발상이다. 일본의 잘나가는 기업들과 연계해 해외 인턴십제를 활성화하는 방안, 해외자원봉사 활동을 통한 체험형 여행상품 지원도 거론된다.

일본인들의 해외 안 나가기는 젊은 층만의 문제는 아니다. 일본을 찾는 여행객 관련 그래프는 코로나 시대를 제외하고는 매년 상승했지만 '아웃 바운드(해외 출국)' 시장은 정체돼 있다. 일 외무성 통계에 따르면, 일본인 중 약 4분의 1만 여권을 보유하고 있다.

이 중에서도 특히 청년들이 해외 여행을 하지 않는 분위기는 더 심각해지고 있다. 일본의 해외 출국자 수는 1996년 1669만명에서 2016년 1712만명으로 약간 증가했다. 그러나 20대 일본인의 출국자 수는 같은 기간에 463만명에서 300만명으로 줄어들었다. 20

년 동안 35%가 줄어든 것이다. 일본의 장년 세대는 외국으로 유학 가는 일본인들도 현격하게 줄고 있다고 걱정하고 있다. 젊은 층의 폐쇄적 경향이 궁극적으로 일본의 발전을 저해하고, 국제적으로 활동할 수 있는 인재 만들기에 부정적으로 작용한다는 것이다.

일본 20~30대 젊은 층은 '삿토리(さとり·득도) 세대'로 불리며 이전 세대와는 분명히 다른 특징을 보이고 있다. 이들은 일본의 버블 경제가 붕괴된 후, 어려운 시기에 자라다 보니 현실을 냉정하게 인식하고 현실에 안주하는 성향이 강해졌다. 그래서 시니컬한 느낌이 드는 득도(得道) 세대로 불리는 것이다. 아사히 신문은 삿토리 세대의 특징을 필요 이상으로 돈을 벌겠다는 의욕이 없고, 해외여행에 대한 관심이 적다고 분석한 바 있다. 일본 생산성 본부가 전국 신입사원 1644명을 대상으로 한 조사에서 앞으로 "사장까지 올라가고 싶다"는 응답이 10.3%로, 1969년 조사 시작 이래 역대 최저치를 기록한 결과가 나오기도 했다.

일본 젊은이들 "지금 행복하니 날 내버려 둬 달라"

2020년 일본에서 주목받은 책은 '피크 재팬(Peak Japan), 마지막 정점을 찍은 일본'이라는 책이었다. 이 책은 일본이 2008년부터 금융 위기, 정권 교체, 중·일 영토 분쟁, 동일본 대지진의 대형 쇼크를 잇달아 겪으면서도 변화하는 데 실패, 앞으로 내리막길을 걸을 것이란 전망을 담고 있다. 당시 김종인 미래통합당(현 국민의힘) 비상대책위원장이 당 의원들에게 "한국도 일본과 비슷한 길을 갈지 모른다"며 나눠줘 화제가 됐다. 저자 브래드 글로서먼은 미 전략국제문제연구소(CSIS) 퍼시픽포럼 선임고문으로 오랫동안 동북아에 대해 연구했다. 일본 다마(多摩)대학교 룰형성전략연구소(CRS) 부소장으로 일하고 있는 그를 인터뷰했다.

- 일본은 왜 장래가 어둡다고 보나.

"2017년 도쿄에 다시 와 보니 살기는 더 좋아졌더라. 빌딩 숲은 커졌고, 쾌적한 생활이 가능했다. 그런데 아베 총리는 7년이 넘는 장기 집권 기간에 개혁하지 않았다. 인구·경제 침체 등 구조적인 문제가 심각하다. 일본이 개혁을 통해 다시 태어날 가능성은 없다. 무엇보다 젊은 세대가 이를 바라지 않는다. 그들은 국가 발전이라는 정책 과제를 수행하며 살아온 아버지 세대가 행복하다고 보지 않는다. 젊은이들은 지금이 행복하니 그냥 날 내버려 달라고 한다. 일종의 고립주의다."

- 일본 문화의 문제는 없을까.

"일본은 실패를 잘 받아들이지 않는다. 안전하게만 하려고 한다. 2011년 동북부 대지진으로 국내총생산(GDP)의 5%가 사라졌다. 그것도 일본의 변화를 촉진하는 데는 부족했다."

- 코로나 사태 이후 당신이 지적한 일본의 문제가 더욱 본격화하는 것인가.

"그럴지도 모른다. 아베는 1년마다 바뀌던 전임자들보단 낫다.

그러나 결론적으로 개혁에 실패, 윗사람 눈치를 보는 손타쿠(忖度·윗사람 등의 뜻을 읽어서 행동함)가 만연하고, 파벌 정치가 더 활성화 됐다."

- 19세기 일본은 메이지유신을 통해 신속하게 국가를 개조, 빠르게 강대국 반열에 올랐다.

"메이지 시대를 열기 위해 노력했던 사카모토 료마(坂本龍馬) 붐이 일 정도로 인기 있었던 때가 있었다. 지금은 아니다. 개혁하려는 에너지가 부족하다. '우리는 행복하니 건드리지 말라'는 분위기다."

- 한국이 일본의 뒤를 따라갈 것으로 보나.

"인구는 줄고 경제가 침체하는 구조적 상황은 비슷하다. 그러나 한국은 일본과 다른 점이 있다."

- 무엇이 다른가.

"한국은 집권 세력을 견제하는 강한 대안 세력이 있다. 당파적이라는 것이 문제지만…. 또, 한국은 일본처럼 개혁하지 않아도 될 만큼 부유하지 않다. 한국 젊은이들이 대학·직장 등에서 매우 야심이 크고 열심히 일한다는 점도 다르다."

- 한국이 일본의 실패를 따라가지 않으려면.

"한국을 더욱 디지털 사회로 만들어 모두가 좋은 기회를 갖도록 해야 한다. 실패를 벌주지 말고 혁신을 장려해야 한다. 여성을 배려하는 것도 중요하다. 일본은 여성 정책에서 실패했다."

04
정년·국적 없는 시대 열다

정년 연장 조치 시행

2021년 4월 1일 70세 정년퇴직 시대가 일본에서 시작됐다. 이날부터 일본에서는 모든 민간 기업이 종업원의 정년을 현행 65세에서 70세로 연장하거나 다른 업체로의 재취업, 창업 지원을 위해 노력해야 하는 '신(新)고령자고용안정법'이 시행됐다. 이는 강제 사항은 아니다. 하지만 일본에서는 이 법을 70세 정년이 일반화하는 신호탄으로 받아들이고 있다. 아사히신문은 "고용 연장은 우선 벌칙 없는 조항으로 출발하나 정부는 장래에 의무화하는 것을 고려하고 있다"고 보도했다. 니혼게이자이신문은 "70세 정년 도입을 검토하는 기업이 많아질 것"으로 전망했다.

이번 조치에 따라 종업원은 65세가 되면 퇴직하거나 5년간 정년 연장, 65세 정년 후 재고용되는 방법 등을 선택할 수 있다. 개인사업자가 돼 자신이 일했던 회사 관련 업무를 위탁받아 처리하거나 유상(有償) 자원봉사자로 활동할 수도 있다. 이때 회사는 종업원이 안정적으로 재출발할 수 있게 도와줘야 한다. 회사가 이를 반드시 따를 필요는 없으나 가급적 정년 연장 요구를 들어주라는 게 이 법의 취지다.

일본 정부의 이 같은 조치는 '저출산 고령화' 현상이 예상보다 빠르게 진행되고 있기 때문이다. 2019년 인구는 29만명 감소했으나 고령화 비율은 늘어났다. 특히 여성의 경우, 70세 이상 고령자는 25%를 넘어섰다. 여성 4명 중 1명이 70세 이상인 것이다.

일본 정부의 이번 조치는 정년 연장 희망자에게 70세까지 고용 기회를 줌으로써 인생 100세 시대의 노후 자금을 더 마련할 수 있게 하는 것이 표면적인 이유다. 건강 상태가 좋아 더 일하고 싶은 이에게는 단비 같은 소식이다. 여기엔 일손 부족 문제를 해결하고, 연금 등 사회보장제도의 부담을 가볍게 하려는 목적도 담겨 있다.

최근 일본에서 자발적으로 정년을 늘리는 기업이 증가한 것도 이번 조치의 배경이 됐다. 후생노동성의 2020년 조사에서는 66세 이상도 일할 수 있는 기업은 33%에 달했다.

일본 정부는 정년을 60세에서 65세로 연장할 때도 같은 전략을 구사했다. 일본 국회는 1971년 '중고(中高) 연령자 고용 촉진특별법'을 제정했고, 1986년 이를 고령자고용안정법으로 바꾸면서 '60세 이상의 정년을 위한 노력 의무'를 법제화했다. 그런 뒤 2013년 정년을 65세로 연장하는 법을 만들어 실시 중이다.

80세에도 일하는 회사 등장

　　일본의 70세 고용 정책은 기본적으론 아이들은 줄고 노인이 늘어나는 데 따른 것이다. 니혼게이자이신문에 따르면 일본의 2020년 15~64세의 생산 연령 인구는 2017년에 비해서 51만명 줄어든 7545만명이었다. 65~70세 사이의 고령자를 일하게 함으로써 이를 보완하겠다는 것이 일본 정부의 구상이다. 연금 문제가 심각한 상황에서 고령자들이 기업에서 월급 받고 일하게 함으로써 연금 개시 연령을 5년가량 늦추겠다는 것이다.

　　일본 정부는 이 법의 시행으로 60대 취업률이 오르는 것은 물론 경제 효과도 클 것으로 기대하고 있다. 일본 내각부 추산에 따르면 65~69세 취업률이 60~64세와 비슷하게 되면 취업자 수는 217만명이 증가한다. 이로 인한 근로소득은 8조엔 증가하고, 4조엔이 소비될 것으로 보여 경제에 도움을 줄 가능성이 크다는 것이다.

　　초고령화 사회 일본에서 80세까지 월급 받으며 일하는 시대가 열리고 있다. 일본의 가전 양판점 '노지마'는 종업원들이 최장 80세까지 일할 수 있는 제도를 2021년 도입했다. 노지마는 본사 사원, 현장 판매원 등 직원 약 3,000명을 대상으로 '80세 정년' 제도를 시행중이다. 65세부터 건강 상태와 근무 태도를 고려해 1년마다 계약을 갱신하는 형태다. 이 회사는 만약 80세를 넘어서도 종업원이 계속 일하고 싶어 하면 정년 추가 연장도 가능하기로 해 사실상 정년이 폐지됐다는 평을 받는다.

　　노지마는 2020년 이후 코로나 바이러스 사태로 재택근무가 정

착하는 상황을 고려, 자택에서도 고령자가 계속 일할 수 있는 방식
도 도입했다. 일부 대형 가전제품 판매점은 자택에서 근무하는 판
매원들이 모니터를 통해 고객들에게 상품 정보 등을 설명하는데 노
지마도 이 같은 영업 기술을 도입, 고령자가 출퇴근을 하지 않아도
되는 시스템을 만들었다.

1주일에 4일 일하고 3일 쉬기

정년 연장과 함께 주3일 휴무제(주4일 근무)도 본격 추진되고
있다. 코로나 바이러스 사태를 계기로 재택근무가 확산하자 일본
자민당은 2021년부터 '주 3일 휴일제'를 본격적으로 추진하고 있
다. 회사원 중 희망자는 일주일에 3일 쉴 수 있도록 하는 시스템을
전 사회적으로 도입하고, 궁극적으로는 공무원에게도 확대 적용하
겠다는 것이다. 회사원들의 육아나 학업을 돕고, 부업도 가능하게
만드는 것이 목적이다.

2021년 자민당 '1억 총활약 추진 본부'의 이노구치 구니코 본
부장은 최근 "유연한 노동 환경이나 (새로운) 취업 형태에 대한 대
응력이 일본 사회에 있는 것을 알았다"며 이 같은 계획을 밝혔다.
그는 주 3일 휴일제를 도입하는 기업에 대해서는 장려금을 줄 수
있다고도 했다.

일본은 그동안 대면 근무를 상징하는 도장(圖章) 문화가 뿌리
깊이 박혀 있어서 재택근무나 주 3일 휴일제가 사실상 불가능했다.
하지만 코로나 사태를 계기로 정부가 도장을 없애는 분위기를 만들

어 재택근무를 권유하기 시작했다. 일본은 자민당이 결정하면 입법에 큰 문제가 없는 체제여서 '주 4일 근무, 주 3일 휴일'안이 빠르게 제도화될 수 있다는 관측이 나왔다.

일본에서는 '일하는 방식 개혁'의 일환으로 1주일에 5일간 매일 8시간씩 근무하는 대신 4일간 매일 10시간씩 일하는 시스템에 대한 논의도 진행되고 있다. '조건부 주 3일 휴일제'를 채택하는 기업도 생겨나고 있다. 편의점 패밀리 마트는 부모 간병 등의 조건으로 주 3일 휴일제 선택이 가능하다. 다만, 주 3일 휴일제를 실시할 경우 임금이 삭감되고 직업의 안정성도 낮아지는 것 아니냐는 우려도 있다.

베트남서 간병인 1만명 데려오다

일본 인구도 한국처럼 해마다 감소하고 있다. 일본의 일손 부족을 외국인이 메우고 있는 모습은 이제 일반적인 현상이 됐다. 2018년 일본 총무성 발표에 따르면, 일본 거류 자격을 가진 외국인은 전년도에 비해 17만명(7.5%)이 늘어난 249만 명을 기록했다. 2012년 외국인 등록 시스템을 재정비하고 외국인 관련 통계를 체계적으로 내기 시작한 후, 가장 많이 증가한 것이다.

니혼게이자이신문은 도쿄에 살고 있는 20대 중에서 10%가 외국인일 정도로 다른 나라 국적을 가진 젊은 층이 크게 늘었다고 분석했다. 편의점과 식당에서 아세안, 중남미 국가의 외국인이 일하는 것은 이제 흔한 풍경이 됐다. 아베 정권이 노동력 부족을 이유로 이전보다 외국인들이 비자를 받기 쉽게 만든 게 젊은 층 외국인 증가의 원인으로 꼽힌다. '일본이 돈 벌기 좋고 살기 좋다'는 얘기가 퍼지면서 전 세계에서 20~30대가 취업을 목표로 일본행 비행기를 타고 있다.

일본은 '노인 돌보미' 부족현상을 해결하기 위해 베트남 간병인을 들여오고 있다. 2018년 당시 아베 신조 총리가 본부장을 맡고 있는 의료전략 추진본부는 베트남 정부와 협약을 맺고 베트남 간병인 3000명에게 비자를 발급한 것을 시작으로 총 1만명에게 허가를 내줬다. 베트남인에게 일본인과 같은 수준의 급료를 보장한다.

2008년부터 2017년까지 간병인으로 일본에 취업한 외국인은 3500명에 불과했다. 일본에 9년간 들어온 인력과 비슷한 수준의 간병인을 단 1년에 걸쳐 받아들이기로 한 것은 일본에서 노인 돌보미 부족 현상이 갈수록 심각해지기 때문이다.

일본 열도에서 태어나는 아이들은 줄어들고 노인들이 늘어나는 현상으로 전 분야에서 인력부족 현상을 겪고 있다. 그 중에서도 가장 큰 문제 중의 하나가 노부모를 돌보는 것이다. 일본도 이제는 우리나라처럼 어른이 된 자녀가 부모를 모시고 사는 사회가 아니다. 특히 도시에서 병이 들거나 거동이 불편한 부모를 모시고 사는 것은 보기 드문 현상이 됐다. 2018년 서(西) 일본 폭우 때 사망한 200여 명 중 절반 이상이 독거노인들이었다. 이 때문에 각 지자체에서는 간병 인력 부족이 심각하다며 중앙 정부가 이 문제 해결에 최우선적으로 나서 달라고 요청해왔다.

일본 정부도 이를 의식, 외국인 간병인 도입을 위한 정책을 꾸준히 펼쳐왔다. 2016년엔 외인 간병 복지사의 방문 서비스를 전격 허용했다. 이전까지는 외국인들이 요양원을 비롯한 관련 시설에서만 일을 할 수 있었다. 관련 규정을 뜯어고쳐 외국인 간병인이 일본어 능력시험에서 어느 정도 회화가 가능한 수준인 N4 자격증을 가지고 있으면 5년 이상 체류가 가능하도록 했다.

일본 정부는 베트남 사회가 유교(儒敎)의 영향으로 노인을 공경하는 문화가 있으며 그동안 일본으로 이주한 베트남인들이 비교적 잘 동화해왔다는 판단하에 베트남 간병인력 수입을 결정한 것으로 알려졌다. 그럼에도 일본의 간병 인력 부족은 쉽게 해소되지 않을 전망이다. 일 정부는 이미 2015년에 간병 인력이 4만명 부족하다고 분석한 바 있다. 베트남인 1만명이 들어와 간병 일을 한다고 해도 3만명 가량 부족하다. '늙어가는 일본'이 가속화돼 2035년에는 간병인이 79만명 필요하다는 추정도 있다.

출입국 관리법 혁명… 외국인 34만명 수용

일본 국회는 2018년 새로운 체류 자격을 신설해 외국인 노동자를 대폭 늘리는 출입국관리법안을 통과시켰다. 이에 따라 일본은 2023년 말까지 34만 5150명의 외국인 노동자를 수용하는 계획을 추진하고 있다. 자민당이 중심이 돼 강행 처리한 이 법안의 핵심은 특정기능 1호, 2호라는 새로운 체류자격을 만들어 외국인 노동자 정책을 전향적으로 바꾼 것이다. 특정 기능 1호는 간병, 농업, 건설 등 14개 업종이 대상이다. 이를 통해서 단순 노동을 하기 위해 일본에 오는 외국인에게도 최장 5년간 체류가 허용된다. 가족 동반 입국은 금지된다.

특정기능 2호는 숙련된 기능을 보유한 외국인이 해당된다. 2호 자격은 일본에 계속 거주하며 영주권을 얻는 게 가능하다. 가족들의 동반 입국과 거주도 허용된다.

아베 내각의 출입국관리법 개정은 외국인 노동자 정책의 혁명적 변화였다. 이전에는 기능실습생 명목으로 단순 노동인력이 들어왔지만, 급여도 작고 일본 정부의 관심도 부족해 이들이 안정적으로 체류하는 것은 사실상 불가능했다. 하지만, 새로운 법안 통과로 최장 5년간 머물면서 일본인과 동일한 급여를 받을 수 있게 됐다.

특히 주목해야 할 것은 특정기능 2호다. 이를 통해 외국의 우수 인력을 확보하겠다는 의지가 담겨 있다. 주로 아세안의 고급인력을 겨냥하고 있다. 미국이 외국의 우수인력을 수시로 받아들여 미국 사회를 발전시켜온 것을 벤치마킹한 것으로 사실상 이민정책의 변화라는 평가도 나온다. 스가 요시히데 당시 관방장관은 "이제는 외국인이 어느 나라에서 일할 것인지 선택하는 시대가 됐다. (외국인들이) 일본에서 아무런 문제없이 근무할 수 있는 환경을 만들어갈 것"이라고 말했다.

일본의 최대 경제단체인 게이단렌(経団連)의 나카니시 히로아키(中西宏明) 회장은 법안 통과에 환영 입장을 밝히면서도 "외국인 노동자 지원 및 관리, 일본어 교육 등에서 최선의 대책을 세우라"

고 정부에 요구했다.

올림픽 성화 봉송 105세 할머니는 현역 이발사

　일본은 장수(長壽)와 관련된 기록을 많이 가지고 있는 나라다. 100세 안팎의 고령자와 관련된 화제도 가장 많이 나온다. 2021년 3월 일본 도치기현에서 도쿄올림픽 성화 봉송 주자로 나섰던 하코이시 시쓰이 할머니는 105세였다. 100세를 넘긴 나이에도 현역 이발사였던 그는 "기분 좋게 달려서 그런지 피곤하고 그런 것 없다"며 다시 가위를 들겠다고 했다. 하코이시 할머니는 비가 내리는 가운데 우비를 입고 200m를 걸어서 다음 주자에게 성화를 인계했다. 높이 70㎝, 무게 1.2㎏의 성화를 오른손에 들고 왼손을 연도의 사람들에게 흔드는 여유를 보이기도 했다.

　그는 2020년 성화 주자로 선발된 뒤부터 훈련을 시작했다. 성화와 무게가 똑같은 물건을 들고 걷는 연습을 해왔다. 근력 강화가 필요하다고 판단, 매일 가벼운 아령 등을 들거나 발에 매달고 운동하는 것도 빠트리지 않았다.

　지금은 여유롭게 생활하고 있지만 그의 인생 전반기는 순탄하지 못했다. 1916년 도치기현에서 태어난 그는 10대 후반에 상경했다. 먹고살기 위해서 이용사(理容師) 자격증 취득 후 남편과 이발소를 개업했다. 하지만 태평양 전쟁 말기 만주에 배치된 남편은 돌아오지 않았다. 미군의 공습으로 이발소는 불에 타 흔적도 없이 사라졌다.

먹고살 길이 막막해진 그는 죽음을 생각했다. 그때 남편이 전쟁터로 떠나면서 "두 아이를 잘 키워달라"고 말한 것이 떠올랐다. 이후 고향으로 돌아와 자신의 이름을 딴 이발소를 열었다. 손님 한 명만 받을 수 있는 작은 이발소였다. 이곳에서 최선을 다해가며 손님들의 머리를 잘랐다. 90년 가까이 이발을 해 온 그의 실력은 이 근방에 소문이 나 있다. 지금도 가위를 쥔 오른손과 빗질하는 왼손이 정확하게 맞아떨어진다는 평을 받는다.

1964년 도쿄올림픽 당시 할머니는 48세였다. 그는 마이니치신문에 "당시엔 대학생이 된 장남과 떨어져 사는 장녀에게 생활비를 보내느라 쉴 틈이 없어서 올림픽을 볼 여유는 없었다"고 했다. 56년 만에 다시 열릴 예정이던 도쿄올림픽에 성화 봉송 주자로 나서는 것은 이루 말할 수 없을 정도로 큰 영광이었다. 이 때문에 도쿄올림픽 연기 결정으로 성화 봉송을 하지 못할 것 같은 불안에 우울해지기도 했다. 하지만 전국에서 온 50통 이상의 편지와 전화에 힘을 얻어 훈련을 다시 시작했다고 한다.

그의 건강 비결은 자신이 70대 때 만든 체조다. 아침 6시 반에 일어나 '하코이시 체조'를 약 30분간 즐거운 마음으로 한다. 손을 하늘로 쭉 뻗는 것은 기본이고 몸을 여기저기 누르면서 경쾌하게 하는 것이 특징. 지금도 매일 1000보 이상의 산책을 하고 있다. 또 다른 건강 비결 중 하나는 손님과 즐겁게 대화하는 것이다. 일본의 장수과학재단이 그를 취재한 바로는 아침 식사는 식빵에 땅콩버터를 발라서 콩가루, 요구르트, 코코아, 우유, 커피와 함께 먹는다. 점심은 야채조림, 햄, 어묵이 주메뉴다. 저녁은 점심하고 난 나머지를 먹는 것이 그의 습관이다. 그는 "나처럼 나이 든 사람도 열심히 운동하면 이렇게 (성화 봉송을 위해) 잘 걸을 수 있다는 모습을 보여주고 싶었다"고 말했다.

"인간은 일 포기하면 죽는다"

"도전하는 것이 인생이다. 여러분도 일을 계속하라. 인간은 일을 포기하면 죽고 만다." 창립된 지 102년 된 회사에서 91세에 물러나는 경영자가 퇴임사에서 강조한 것은 마지막 순간까지 일하는 인생이었다.

해외에서도 'SUZUKI' 브랜드로 유명한 자동차·오토바이 제조회사 스즈키를 40년 이상 이끌어 온 스즈키 오사무(鈴木修) 회장. 그는 2021년 2월 퇴임 기자회견에서 "삶의 보람은 일"이라며 "계속 걸으라(움직이라는 뜻)"고 했다. 특히 인도 시장을 개척한 것을 언급하며 "지구상에 시장은 얼마든지 있다. 행동력을 가지고 (인도 같은 새 시장을) 찾아내라"고 했다.

그는 일본의 자동차 회사 중에서는 처음으로 인도에 진출해 한때 약 50%의 점유율을 기록했다. 인도에서 움직이는 자동차 두 대 중 한 대는 스즈키였던 것이다. 니혼게이자이신문은 1980년대 일본 자동차 업계가 인도를 거들떠보지 않을 때 스즈키 회장이 인도 진출을 결정했다고 보도했다.

그는 "내게 선견지명이 있었던 것은 아니다. 우연히 인도가 보여 '상륙'했는데 순조롭게 진행됐다"고 겸손하게 말했지만, '컴퓨터'

라는 별명에 걸맞게 끊임없는 연구가 이를 가능하게 만들었다.

그는 원래 은행원 출신이다. 1958년 스즈키 2대 사장의 데릴사위로 들어가 성(姓)을 개명한 후 1978년 사장이 됐다. 일본 자동차 시장이 포화 상태가 되면서 뭔가 활로를 찾아야 했다. 치밀한 분석이 장점인 그는 독특한 직감력을 살려 미개척 시장을 찾아냈다. 일본 국내에선 버블 경제 붕괴 후 세율이 낮은 경차의 수요를 잘 파악해 이 분야에서 확고한 지위를 확보했다. 해외 대형 자동차 업체인 미국 제너럴 모터스(GM), 독일 폭스바겐(VW)과도 자본 제휴를 하기도 했다.

그의 '카리스마 경영'이 모두 성공했던 것은 아니다. 외국과의 제휴가 국제적 분쟁으로 이어지기도 했다. 경쟁사인 도요타가 스즈키의 주식 약 5%를 보유하고 있기도 하다. 2020년 스즈키의 자동차 판매 대수는 전 세계에서 전년 대비 18% 감소한 244만 대였다. 하지만 일본 언론은 그가 없었더라면 스즈키가 내수 시장에서 혼다를 제치고 도요타에 이어 2위에 오를 수 없었다고 보고 있다.

그가 현직에서 물러난 이유는 건강 때문이 아니다. 판단력은 물론, 매주 1회 골프를 즐길 정도로 보행에 큰 문제가 없다고 한다. 그는 자신의 아들 스즈키 도시히로에게 기회를 주기 위해 용퇴(勇退)했다. 스즈키 도시히로 사장은 "아버지는 '평생 현역'이라고 말해와 현시점에서 물러날 것을 전혀 몰랐다"고 했다. 스즈키 회장은 퇴임 후 상담역(고문)으로 계속 활동하고 있다.

05
자연재해 못 견디는 낡은 인프라

폭우에 사망·실종 200명 넘다

방재(防災) 대국 일본신화가 무너지고 있다. 조선일보 도쿄 특
파원 시절인 2018년 7월 세계에서 가장 안전 시스템이 잘 돼 있다
는 나라에서 폭우로 불과 1주일간 약 250명이 목숨을 잃거나 실종
되는 사태를 목격했다. 이는 1982년 299명이 사망한 나가사키(長
崎) 수해 이후 최대의 폭우 피해로 기록됐다.

일본 고치(高知) 현에는 당시 3일간 연평균 강수량의 4분의 1
에 해당하는 1091㎜의 비가 쏟아졌다. 기후(岐阜)현도 같은 기간에
1,000㎜ 넘는 비가 내렸다. 문제는 일본 기상청이 이 같은 초대형
폭우를 미리 예보했음에도 선진국으로서는 상상하기 어려운 대형
인명 피해가 발생했다는 것이다. 일본 기상청은 서(西)일본에 폭우
가 내릴 것으로 보고 십 수 년에 한 번 발령될까 말까 하는 '대우
(大雨) 특별경보'를 교토(京都), 나가사키(長崎)를 포함한 11개 부현

(府縣)에 단계적으로 발령했다.

그러나 중앙정부와 해당 지자체에서 그 심각성을 제대로 인식하지 못했다. 그저 기계적으로 인터넷이나 지역 방송을 통해 알리는 데 그쳤고 시민들도 방심했다. 당시 가장 피해가 컸던 히로시마(廣島)현의 히가시히로시마시의 경우, 피난 지시가 내려졌지만 대피한 이들은 전체의 1%에 불과했다. 오히려 집에 있는 것이 안전하다고 판단하거나 무시한 이들이 많았던 것이다. 중앙정부에서는 경보를 발령했다는 이유로 할 일을 다 했다는 분위기였고, 행정력이 부족한 지자체는 '설마'하며 방심한 것이 사태를 키웠다.

일본은 매뉴얼 강국이지만 기후변화에 따른 폭우에 대한 기준을 조정하지 않았다. 특히 강제적인 피난 지시를 어떤 기준으로 하느냐가 명확하지 않았다. 특별경보는 기상청에서 발령하지만, 피난 지시는 말단 지자체에서 하는 방식의 이원화 문제점이 드러났다.

폭우 사태로 일본에서 안전지대가 사라졌다는 말도 나온다. 총 56명의 사망자가 발생한 오카야마현은 그동안 일본에서도 지진과 수재에 비교적 안전한 지역으로 꼽혔다. 큰 지진이 난 적도 별로 없었다. 그래서 2011년 3월 동일본 대지진을 겪은 이들 중 일부가 이 지역으로 이사하기도 했지만, 히로시마현 다음으로 많은 사망자가 발생했다.

2021년 7월에는 도쿄 올림픽 직전에 시즈오카(靜岡)현 아타미(熱海)시의 이즈(伊豆)산 지역에서 100년 만의 기록적인 폭우로 산사태가 발생, 30여 명이 숨지거나 실종됐다. 48시간 동안 강우량은 313㎜를 기록, 평년 7월 한 달 강우량보다 훨씬 많은 비가 내렸다.

바위 등이 섞인 대규모 토사가 이즈산 아래로 2km까지 쏟아져 내려면서 주택가를 휩쓸었다. 4~5m 높이의 토사가 시속 30km 속도로 흘러내리면서 피해를 입은 건물이 100채를 넘었다. 아타미는 일본에서 유명한 온천 관광지 중 하나로 이 지역에서의 산사태는 일본인들에게 큰 충격을 주었다.

기록적인 폭우가 가장 큰 원인이지만 인재(人災)의 성격도 컸다. 수 년 전부터 진행된 벌목 사업이 사태를 악화시켰다는 지적이 나왔다. 이즈산 지구 중턱에서 나무를 마구 없애고 흙 5만 4000㎥를 쌓아 부지를 조성했는데 이 중 90%가량이 무너져 내린 것이다.

고령화 사회의 敵, 폭우와 무더위

세계에서 고령화 문제가 가장 심각한 일본 사회에 예상하지 못한 적이 나타났다. 이상 기후에 따른 폭우와 무더위로 재해 약자(災害弱者)인 고령자가 가장 먼저 희생되고 있다. 고령화가 재해가 닥쳤을 때 참사를 키우는 요인으로 작용하고 있는 것이다.

2020년 7월 일본 구마모토(熊本)현 구마무라(球磨村)에 위치한 2층짜리 노인요양시설 센주엔(千壽園). 70명의 고령자를 수용하는 이곳은 7월 초만 해도 폭우에 대해 크게 염려하지 않았다. 수년 전, 이곳 앞을 흐르는 하천의 수위 상승을 막기 위한 시설이 만들어졌다. 1년에 두 차례 요양원 침수 상황을 상정해 2층으로 수용자를 옮기는 훈련도 해왔다.

하지만 7월 4일 새벽 3시 30분쯤 갑작스런 폭우로 하천이 범람, 물이 차올라 왔을 때는 속수무책이었다. 이날 새벽 시간당 최고 100mm가량의 폭우가 쏟아지면서 구마(球磨)강이 범람했다. 구마모토현의 유노마에마치(湯前町)는 24시간 강수량이 489mm로 관측사상 최고를 기록할 정도였다.

센주엔 직원들이 고령의 수용자들을 깨워 모두 2층으로 옮기려 했지만 침수 속도가 워낙 빨라 역부족이었다. 날이 밝았을 때 입소자 14명이 익사한 채 심폐정지로 발견됐다.

마이니치 신문에 따르면 구마모토현에 쏟아진 폭우로 사망한 64명 중 36명(56%)이 65세 이상의 고령자였다. 이들은 모두 자택이나 요양시설에서 사망한 채 발견됐다. 폭우가 쏟아져 하천이 범람, 집에 급속히 물이 차올랐지만 미처 대피하지 못해 익사한 것이다.

2018년 7월엔 당시 폭우로 오카야마(岡山)현 구라시키(倉敷)시의 마비초(眞備町)에서 희생자가 많이 발생했다. 이곳에서는 4600가구가 침수, 46명의 사망자가 확인됐는데 이들 중 70세 이상의 고령자가 80%였다. 80세 이상은 13명이었다. 이들은 대부분 집안에서 익사(溺死)한 시체로 발견됐다. 특별경보가 발령됐지만, 노인들이 이에 대해 크게 신경 쓰지 않고 있다가 사망한 경우가 많았다.

67명의 사망자가 나온 히로시마 현에서는 사망자 절반이 토사에 매몰돼 사망했다. 사망한 34명 중 18명의 사인이 질식사로 밝혀지기도 했다. 토사가 몰려들면서 대부분 산 채로 묻혀버린 것이다. 2018년에도 호우 경보 체제와 고령자 보호에 문제가 있다는 지적이 나왔지만 크게 달라진 것이 없었다.

무더위에 열사병 사망자도 증가

고령자를 위협하는 것은 폭우뿐만 아니다. 해마다 여름의 기온이 더 올라가면서 열사병의 일종인 넷추쇼(熱中症)로 희생되는 이들도 늘고 있다. 일본 총무성에 따르면 2019년 5월부터 9월까지 넷추쇼로 병원에 긴급이송된 인원은 7만 1317명이었다. 이 중에서 65세 이상의 고령자가 3만 7091명으로 전체의 52%를 차지했다. 매년 약 200명의 넷추쇼 사망자 절반 이상은 고령자라는 통계도 있다. 무더운 날 에어컨을 틀지 않고 지내다가 기력이 없어서 사망하는 이들이 적지 않다.

일본의 고령자들은 대체로 자녀와 함께 살지 않는다. 노년의 부부끼리 사는 경우가 많다. 독거(獨居)노인이나 60대 이상의 고령자가 자신보다 더 많은 고령자를 돌보며 사는 '노노(老老)간병' 인구도 적지 않다. 그러다 보니 갑자기 폭우가 내려 강이 범람하거나 날씨가 무더워지면 위기 상황에 대처하기 쉽지 않다.

일본은 세계 3위의 경제 대국이지만 지방의 경우 매년 거세지는 폭우에 견딜 만한 준비가 돼 있지 않다. 고령자들이 많이 사는 일본의 농촌은 전통적으로 배산임수(背山臨水) 지역에 자리 잡고 있다. 한국은 지방 어디를 가도 곳곳에 아파트와 연립주택이 들어서 있다. 그러면서 난개발이 됐지만 그 지역의 낡은 인프라가 정비되는 효과가 있었다.

하지만 일본은 다르다. 도쿄에서 아쿠아 라인(해저터널로 연결된 고속도로)을 타고 맞은편의 지바(千葉)현으로 건너가면 아파트는 찾아보기 어렵다. 도쿄에서 불과 30분 떨어져 있는 곳인데 "여기가 수도권이 맞나"라는 생각이 들 정도로 낡고 오래된 집들이 많다. 쇼와(昭和)시대 초기에 지어진 것 같은 집들을 보는 것도 어렵지 않다. 도로는 좁고 오래돼 교행이 어려운 곳도 적지 않다. 전신주 지하화는 엄두도 내지 못하는 상황이다.

그러다 보니 폭우가 쏟아지고 바람이 강하게 불면 무너지는 집과 전신주가 수두룩하다. 2019년 태풍이 잇달아 덮친 지바현은 송전탑이 무너지고 전신주가 2000개가량 쓰러지는 피해를 입었다. 지바현 64만 가구, 가나가와현 13만 가구 등 100만 가구가 정전됐다. 지바현에 정전 사태가 1주일 가까이 이어지기도 했을 때 가장 큰 피해자는 고령화로 거동이 어려운 고령자들이었다.

일본 정부는 고령화 사회를 위협하는 이상 기온 문제를 중시, '국토 강인화(強靭化)' 정책을 추진 중이다. 일본 정부는 일본 정부의 예산 편성의 지침이 되는 '호네부타 호신(骨太方針)'에 재해피해를 막기 위한 국토 강인화 정책을 우선적으로 추진하겠다고 밝혔다. 하지만 일본은 면적이 38만 ㎢로 한반도의 1.7배에 이르고 재정악화 상황이 계속돼 인프라 재건이 쉽지 않은 상황이다.

西일본 관문 간사이 공항 침수

일본을 강타한 태풍은 수없이 많았지만 2018년 9월 태풍 '제비'처럼 일본인들의 자존심에 상처를 낸 것은 없었다. 일본인들은 서(西)일본의 관문(關門)인 간사이 공항이 침수돼 폐쇄된 것에 큰 충격을 받았다. 더구나 공항이 침수된 9월 4일은 간사이 공항 개항 24주년 기념일이었다. 바깥세상과 고립된 채 정전(停電) 상태에서 밤을 새운 여행객 3,000명이 지친 모습으로 공항을 빠져나오는 모습은 일본인들을 망연자실하게 만들었다.

이번 사태는 2000t이 넘는 대형 유조선이 강풍에 밀려 간사이 공항과 연결되는 3.8㎞ 다리에 강하게 충돌하면서 시작됐다. 충격을 받은 다리 상판이 비틀어지면서 오사카 방향의 차량 운행이 어렵게 됐다. 다리가 분리돼 있어서 반대편 방향은 무사했지만 바람이 강하게 불어 차량 운행도 어렵게 됐다. 공항을 연결하는 전철은 오전에 운행이 중단됐다.

그러자 일본 국토교통성이 같은날 오후 3시 공항 폐쇄를 결정했다. 이후 초현대식 간사이 공항은 악몽의 현장으로 변해버렸다. 공항에서 움직일 수 없게 된 내·외국인 3000명은 편의점을 찾았지만, 곧 물과 음식이 떨어져 버렸다. 공항 직원들로부터 받은 1인당 5개의 비스킷과 물로 허기를 채웠다. 휴대폰 중계 안테나도 일부 파손돼 통신 상태도 원활하지 못했다. 공항 대부분이 정전돼 불빛이 있는 곳을 찾아야 했다. 무더위와 불안감 속에 하룻밤을 지새웠다.

일본 정부는 5일 새벽 5시부터 '구출 작전'에 나섰다. 유조선 충돌로 충격을 받은 다리는 통제한 채 공항 방향 다리 한쪽만 사용했다. 50인승 리무진 버스 수십 대를 통해서 진행된 수송 작전이 마무리되기까지는 10시간 이상 걸렸다. 여행객들은 버스를 타기 위해 2~3시간 이상 줄을 서야 했다. 바다에서는 정원 110명의 배 3

척을 동원해서 22㎞ 떨어진 고베 공항까지 왕복하며 여행객들을 실어 날랐다.

간사이 공항은 한국·중국·일본이 1990년대 '아시아 허브 공항' 경쟁을 벌일 때 계획돼 만들어졌다. 해상의 인공섬에 세워져 두 개의 활주로를 24시간 가동한다. 오사카·교토·나라 등 유명 관광지를 방문할 수 있다는 점 등으로 외국인 관광객이 급증해 왔다. 2018년 '3000만명 이용객'을 목표를 세웠지만, 이번 사태로 계획 수정이 불가피해졌다는 평가가 나왔다.

간사이공항 정상 가동이 늦어져 일본 경제는 큰 타격을 입었다. 간사이공항의 화물 수송 능력은 하루 평균 약 2300t. 2017년 간사이공항을 통해 수출된 물품 총액은 5조 6000억엔이 넘는다. 이 중 반도체와 전자부품 등 아시아 지역에 수출하는 화물이 70%를 차지했다. 특히 간사이 공항에서는 반도체 등 중국, 아세안에 수출하는 부품이 많아 다른 나라에도 연쇄적으로 영향을 미쳤다. 일부 회사는 다른 공항을 이용해야 했다. 납기 지연 등의 피해가 속출했다.

50㎝ 물 차오르는 활주로

어떻게 간사이 국제공항 활주로가 바닷물 범람으로 침수될 수 있을까. NHK 보도에 따르면 그 원인은 상상을 초월할 정도의 강력한 바람이었다. 사고 당일 일본 열도에 상륙한 태풍 '제비'로 오사카 일대에는 자동차를 날려 버릴 정도의 최대 순간 풍속 58.1m

의 초강풍이 불었다. 공항을 연결하는 다리에 2000t 규모 유조선이 충돌한 것도 강풍 때문이었다.

태풍 제비가 몰고 강풍의 힘으로 만조(滿潮)였던 해수면이 높아지더니 바닷물이 공항 제방을 넘기 시작했다. 바닷물은 순식간에 제방을 넘어 1994년 건설된 A활주로로 밀려 들어왔다. 간사이공항은 2004년에도 태풍으로 활주로 일부가 침수된 적이 있다. 그래서 2005년에는 '50년 만에 한 번 오는 강한 태풍'에 대비하는 기준으로 기존의 제방을 2.2m 더 높였다. 이번엔 그것도 무용지물이었다. 활주로엔 순식간에 50㎝ 이상 물이 차올랐다.

간사이공항 직원 다카니시 겐지는 "마치 홍수가 난 강(江) 같았다"고 했다. 간사이공항은 비가 오면 지하로 연결된 배수 파이프를 통해서 바다로 내보내는 시스템이 있지만 제대로 작동되지 않았다는 의혹도 제기됐다.

닛케이신문을 비롯한 일본 언론은 간사이공항 섬 자체가 침하된 것도 영향을 미쳤을 수 있다고 분석했다. 간사이공항은 1994년 개항 이후 계속 침하중이다. A활주로는 연간 약 6㎝의 속도로 가라앉고 있다. 2007년 완성된 B활주로는 1기 활주로에 비해 피해가 없었지만, 연간 약 30㎝씩 내려앉고 있다.

후쿠시마에 다시 7.3 규모 강진

2011년 3월 11일 일본 후쿠시마(福島)현을 강타한 쓰나미 사태는 일본 사회에 지우기 어려운 상흔을 남겼다. 사망자만 1만

5,000명이 넘고 여전히 복구작업이 진행중이다. 후쿠시마 수산물은 물론 농산물도 여전히 기피하는 분위기가 남아 있다. 이런 상태에서 2021년 2월 13일 저녁 11시 후쿠시마현 앞바다에서 다시 규모 7.3의 강진(強震)이 발생했다.

지진은 진앙으로부터 수백km 떨어진 도쿄에서도 수십 초간 흔들림을 느낄 정도로 강력했다. NHK를 비롯한 일본 언론은 2011년 봄 동일본 대지진과 여진(餘震) 이후 후쿠시마 해역에서 10년 만에 가장 강력한 지진이 일어났다고 보도했다. 지진에 따른 쓰나미는 발생하지 않았으나, 후쿠시마현을 포함해 인근 지역 80만 가구가 정전됐다가 하루 만에 복구됐다.

후쿠시마현의 한 주민은 "10년 전 3·11 동일본 대지진을 연상시킬 정도로 강한 흔들림이었다"고 말했다. 지진으로 150여 명이 부상을 당했고, 곳곳에서 건물이 파손되는 재산 피해가 속출했다. 산사태도 발생했다. 주민들은 밤새 불안에 떨었고, 급히 대피하는 사람도 많았다. 후쿠시마현의 경우 이와키시 쇼핑센터의 대형 유리창이 깨지는 등 많은 건물이 파손됐다. 2011년 대지진 당시 약 3500명이 사망한 미야기현 이시노마키시의 시민들은 쓰나미가 발생할 것에 대비, 한밤중에 황급히 짐을 싸서 집을 떠났다. NHK 등 일본 방송은 "쓰나미의 가능성은 없다"고 수십 차례 강조했으나 10년 전 쓰나미 참사를 떠올린 시민들은 고지대로 대피했다.

동일본 대지진 당시 집이 완전히 파괴됐던 한 주부는 니혼게이자이신문에 "(위로) 밀어 올리는 듯한 흔들림이 두 차례 있었다. 10년 전처럼 위험하다고 생각해 남편, 딸과 함께 가재도구를 차에 신고 재빨리 피했다"고 말했다. 미야기현에서 주류 판매업을 하는 한 남성은 NHK방송에 "10년 전 대지진과 비교하면 이번에는 단번에 밀어 올리는 것처럼 흔들려서 놀랐다"며 "코로나 사태로 매출이 감소한 상황에서 이런 지진이 발생해 정말 괴롭다"고 말했다.

지진 충격으로 도쿄도와 이바라키·도치기현 등에서 약 80만 가구가 대규모 정전 사태를 겪은 것으로 파악됐다. 정전된 지역의 수백만 주민은 제대로 잠들지 못한 채 날이 밝기를 기다리며 밤을 꼬박 새워야만 했다.

후쿠시마 제1원전과 이바라키현에 있는 도카이 제2원전 등 일본 동북부의 원자력발전소에는 이상 현상이 발생하지 않았다. 하지만 3·11 대지진으로 폐로(廢爐)된 후쿠시마 제1원전 5·6 호기 건물의 사용후연료 수조에서 소량의 물이 넘치는 사고가 발생했다. 일본 정부는 조사 결과, 수조로부터 넘친 물의 양이 소량으로 방사선량도 많지 않고 외부로 나가지도 않아 큰 문제가 없다고 밝혔다.

일본 기상청은 이날 지진이 3·11 동일본 대지진의 여진(餘震)으로 분석된다고 밝혔다. 3·11 대지진은 수십만㎢의 단층면이 부서질 정도로 이례적으로 큰 지진이었는데 당시 분출된 힘이 쌓여 있다가 10년 만에 여진으로 나타났다는 것이다. 일본 방재과학기술연구소 관계자도 "이번 지진이 발생한 위치로 볼 때 10년 전 발생한 동일본 대지진의 여진으로 간주된다"고 말했다. 동일본 앞바다는 태평양판(플레이트)과 북아메리카판이 부딪쳐 대형 지진이 자주 발생하는 곳이다. 실제로 동일본 대지진 이후에도 지난 10년간 일본 해역과 본토에서 규모 7.0 이상의 지진이 총 11차례 발생했다. 도쿄대 지진연구소의 가토 아이타로 교수는 "2011년의 여진에서도 정전이 발생하는 등의 큰 피해가 나왔다"며 "흔들리는 범위가 넓기 때문에 피해가 커지기 쉽다"고 말했다.

06
카를로스 곤 전 닛산 회장의 '일본 탈출'

영화보다 더 영화 같았다

　2019년 연말에 발생한 카를로스 곤 전 르노·닛산·미쓰비시 회장의 일본 탈출은 영화보다 더 영화 같았다는 점에서 세계적인 주목을 받았다. '미스터 해결사(Mr. Fix It)' '코스트 킬러(cost-killer)'로 불려온 세계 자동차 업계의 스타 CEO 카를로스 곤은 2018년 공금 유용 등의 혐의로 일본 검찰에 체포됐다가 보석으로 풀려난 뒤 재판을 앞둔 2019년 12월 말 레바논으로 도주했다. 그의 일본 탈출은 6개월간 약 15억원을 들여서 치밀하게 준비된 것으로 이후 밝혀졌다. 곤의 영화 같은 탈출은 외국인을 수용하지 못하는 문화와 함께 의외로 허술한 일본 사회의 단면을 보여준다는 점에서 주목받았다.

　곤은 2019년 12월 29일 오후 2시 30분쯤 도쿄 미나토(港)구의 자택을 혼자서 나섰다. 마스크를 끼고 모자를 푹 눌러써서 일반인들이 쉽게 알아볼 수 없었다. 그가 택시를 타고 도착한 곳은 자택에서 약 1㎞ 떨어진 롯폰기의 고급 호텔. 그는 이곳에서 탈출을 돕기로 계약한 미국인 두 명을 접선했다. 월스트리트저널은 이들이 미국의 특수 부대 그린베레 출신이라고 보도했다.

곤을 포함한 세 명은 택시를 타고 도쿄 시나가와(品川)역으로 향했다. 4시 30분쯤 오사카행 신칸센에 올라탔다. 이들을 태운 신칸센 열차가 신(新)오사카역에 도착한 시각은 7시 30분. 여기서 택시를 타고 오사카 간사이(關西) 국제공항 인근 호텔로 갔다. 이 호텔은 그를 도운 미국인 두 명이 미리 예약해 둔 것으로 알려졌다.

곤은 이때부터 방범 카메라에서 사라졌다. 일본 수사 당국이 확보한 방범 카메라에는 곤의 공모자들이 사람이 들어갈 정도의 검은색의 대형 악기 상자 두 개를 호텔에서 간사이 공항으로 옮기는 장면밖에 없었다. 곤이 이때부터 상자에 들어가 있었다는 추정이 나온다.

미국인들은 간사이 공항에서 정식으로 출국 심사를 받은 후, 터키 항공에서 4억원에 빌린 자가용 제트기에 탔다. 곤이 숨어 있었던 것으로 추정된 악기 상자는 엑스레이 검사대에 들어가지 않는다는 이유로 검사에서 면제됐다. 간사이 공항 세관원들이 그의 불법 출국에 관여했는지는 확인되지 않았다.

이날 저녁 11시쯤 곤을 태운 자가용 제트기는 터키 이스탄불로 날기 시작했다. 이스탄불까지 비행하는 동안에도 곤이 상자 안에 있었는지는 알려지지 않았다.

요미우리신문에 따르면 곤은 일본 탈출을 위해 6개월간 계획했으며 약 15억원이 소요됐다. 곤은 불법 출국 전후로 가상 화폐 비트코인 등을 포함해 총 136만 2500달러(약 15억원)를 9회에 걸쳐 미국 특수부대 출신의 마이클 테일러 부자(父子)에게 보냈다. 아들인 피터 테일러는 곤이 공금 유용 혐의 등으로 일본 검찰의 조사를 받을 당시인 2019년 7월부터 두 달간 곤을 6차례 면회했다. 이어 같은 해 10월 곤의 프랑스 은행 계좌에서 피터 테일러 회사로 54만 달러가 처음 송금됐다. 곤은 약 2주 만에 다시 32만 2500달러를 그에게 보냈다.

곤은 레바논 입국 후 2020년 1월부터 5월까지 총 7회에 걸쳐 합계 약 50만 달러 상당의 가상 화폐 비트코인을 피터 테일러에게 보냈다. 왜 비트코인을 보냈는지는 알려지지 않았다. 곤의 도피를 도와준 혐의로 터키에서 기소된 자가용 제트기 업체 직원은 약 3300만엔을 테일러 부자로부터 받은 것으로 알려졌다.

곤이 영화 같은 방법으로 일본을 탈출한 데 대해 일본 수사 당국도 미션 임파서블 등의 추적 영화에 나오는 방식으로 그의 탈출 경로 전모를 파악했다. 그가 간사이 공항에 이르기까지 찍힌 방범 카메라를 일일이 뒤져 마치 점과 점을 이어서 선을 만드는 방식으로 행적을 확인했다는 것이다. 시나가와역과 신오사카역에 설치된 방범 카메라도 전부 조사해서 그가 신칸센에 탑승했음을 확인했다. 요미우리신문은 일본 수사 당국이 "방범 카메라를 잇는 릴레이 방식으로 그를 추적했다"고 전했다.

일본 수사 당국은 출입국관리법 위반 혐의로 곤의 주택을 수

색해 압수한 자료를 분석하고 그의 휴대폰 통화 기록도 파악해 퍼즐 맞추듯 수사했다.

월스트리트저널 등 미 언론은 곤의 탈출을 돕는 데 수개월 전부터 10~15명으로 구성된 다국적팀이 동원됐다고 보도했다. 이들은 곤의 탈출 준비를 위해 일본을 20번 이상 방문해 일본 내 공항 10여 곳을 답사한 것으로 전해졌다. 일본 검경이 수사 결과를 일본 언론을 통해 낱낱이 공개한 것은 "곤이 치밀한 계획 아래 불법 출국한 것은 명백한 범죄행위"라는 것을 강조하기 위한 것이다. 도쿄법원은 그가 낸 보석금 15억엔 몰수를 즉각 확정했다. 일본 정부는 "곤이 과연 당당하다면 보석금 15억엔을 포기하고 달아났겠느냐"는 여론 만들기에 주력했다. 몰수된 보석금은 일본 사법 역사상 최고액이다.

'곤 사마'에서 범법자로 전락

곤은 한때 일본에서 '곤 사마'로 불리며 추앙을 받았다. 전형적인 코스모폴리탄(cosmopolitan · 세계인)으로 레바논인 아버지와 프랑스인 어머니 사이에서 1954년 브라질에서 태어난 뒤 레바논에서 성장했다.

이 때문에 영어와 프랑스어는 물론 스페인어, 이탈리아어까지 자유자재로 구사한다. 프랑스 명문 에콜 폴리테크니크(국립이공과대학)에서 학사 학위를 받은 후 출세 가도를 달렸다. 24세에 자동차 타이어 회사 미슐랭에 입사해 불과 7년 만인 31세의 나이로 브라질 미슐랭 사장이 됐다.

곤은 1996년 르노자동차 부사장으로 전직했다. 1999년 르노가 부도 직전에 몰린 닛산자동차를 인수하면서 최고운영책임자로 파견돼 닛산 회생의 책임을 맡았다. 당시 일본 경제계에서는 "일본을 이해하지 못하는 외국인 경영자가 일본 문화가 숨 쉬는 닛산을 제대로 경영할 수는 없을 것"이라는 우려의 목소리가 많았다. 곤이 부임하자마자 제시한 '닛산 재건계획(NRP)'은 그때까지 일본 기업들이 경험해보지 못한 충격적인 구조조정 내용이었다. 그는 3년간 1조엔의 비용 삭감을 통해 회사를 살려내겠다고 약속했다. 2조엔에 달하는 부채를 7000억엔으로 줄이고, 전체 사원 15%를 감원하겠다고 했다. 이 계획을 못 지키면 모든 임원과 함께 닛산을 그만두겠다고도 했다. 이 계획에 따라 혹독하게 구조조정을 밀어붙였다. 5개 공장 문을 닫고, 20개 판매 회사 대표를 교체했다. 구매 비용도 20% 깎았다. 결국 닛산은 2000년 3310억엔 흑자를 기록하며 닛산자동차는 기적적으로 부활했다. 곤은 그 업적으로 2001년 시사주간지 타임과 CNN이 선정하는 '세계에서 가장 영향력 있는 CEO'로 뽑혔다. 그 다음 해엔 포천지의 '올해의 기업인'으로 선정됐다.

'세계 자동차 업계의 마술사'가 된 그는 2005년부터는 르노 자동차의 CEO도 맡았다. 세계 100대 기업 두 곳의 대표를 맡아 유라시아 대륙을 번갈아가며 자동차 경영을 해왔다. 글로벌 금융 위기 후인 2011년에는 당시 흔들리던 경쟁사인 GM과 포드로부터도 영입 제안을 받았다.

2016년 말에는 20년 동안 상습적으로 연비 조작을 한 사실이

들통나 파산 위기에 몰렸던 미쓰비시를 인수했다. 2017년 그는 20년 가까이 맡아오던 닛산의 CEO에서는 물러나 이사회 의장과 회장직을 맡고 있다.

파리, 베이루트, 리우데자네이루에 고급 주택

곤의 몰락을 초래한 것은 호화주택에 대한 탐욕이 직접적인 원인이었다. NHK방송은 그가 브라질 리우데자네이루, 프랑스 파리, 네덜란드 암스테르담, 레바논 베이루트에서 4개의 호화주택을 무상으로 제공받은 것이 문제가 됐다고 보도했다.

그의 리우데자네이루 주택은 유명 관광지인 코파카바나 비치에 위치해 있다. 브라질에서 태어난 그는 리우데자네이루의 닛산 공장을 시찰할 때 이곳을 주로 이용했다. 파리의 주택 역시 고급 주택가로 유명한 파리 서부에 있다. 이곳은 센 강, 에펠탑과 가까운 곳이다. 암스테르담의 주택은 관광객으로 붐비는 폰델 공원 인근에 있다. 도쿄 지검은 이들 주택의 구입 및 개축에 회사 자금 수십억엔이 불법으로 유용된 것으로 판단했다.

니혼게이자이신문은 곤의 주택 구입엔 벤처투자 명목으로 설립된 닛산 자동차의 자회사가 활용됐다고 보도했다. 그는 2010년경 네덜란드에 자본금 60억엔 규모의 자회사를 설립했다. 사내 회의에서는 벤처 비즈니스에 대한 투자가 목적이라고 설명했다. 하지만, 눈에 띄는 투자 실적은 아무것도 없다. 이 회사는 리우데자네이루와 베이루트의 호화주택을 구입해 곤 회장에게 제공했다. 레바논은 닛산 자동차와 관련 사업이 없지만, 그가 고교시절까지 이곳에서 보냈다는 인연으로 주택을 구입했다. 그와 함께 체포된 그레그 켈리 사장이 일련의 주택구입을 주도한 것으로 알려졌다.

이번 사건은 곤의 구입에 문제가 있다는 내부고발로 시작됐다. 이를 계기로 20년 가까이 닛산 자동차에서 황제처럼 군림해 온 그를 몰아냈다는 데서 음모론도 제기됐다. 해외파인 그와 일본 경영진 사이의 마찰이 이번 사태로 분출됐다는 분석도 있다. 월스트리트저널(WSJ)은 "CEO의 급여를 유가증권 보고서에 올리는 게 닛산의 회계 또는 감사 조직의 책임이 아니고 곤 전 회장의 책임이어야 하는지 의문"이라고 지적했다. WSJ는 "곤 전 회장에게 책임이 있다고 하더라도 이번 체포에 국가 간 정치적 의도가 없다고 보기 어려울 수도 있다"고 했다.

일본 언론은 곤의 체포에는 일본 검찰이 도입한 사법거래(plea bargaining·플리 바기닝)이 큰 역할을 했다고 분석했다. 부정한 사건에 연관된 이가 사건 전모를 자백하면 기소하지 않거나 구형량을 줄여주는 사법거래 덕분에 도쿄 지검이 내부 정보를 손쉽게 입수했다는 것이다. 닛산 자동차의 일본 경영진이 검찰과 손발을 맞춰 비밀리에 조사를 진행했다는 점도 특이한 점이다. 닛산 자동차의 일본 경영진은 곤이 검찰에 체포된 직후, 그가 회사 자금 유용 등의 '중대한 부정행위'를 저질러 해임하겠다는 입장을 밝혔다.

프랑스 언론은 곤 전 회장 체포 직후 닛산 측에 대해 비판을 가했다. 일간 르피가로는 "닛산의 일본인 최고경영자가 이사회가 열리기도 전에 곤을 몰아내려하고 있다"며 "곤 없이 르노·닛산 동맹을 유지할 수 있을지에 대해 의문"이라고 했다. 경제지 레제코는 "최근 르노는 사상 최대 실적을 기록할 정도로 경영상 호조였지만 닛산은 침체를 벗어나지 못하면서 르노와 닛산 간에 먹구름이 끼어 있었다"고 했다. 르노·닛산 동맹에서 일본 측 경영 성과가 나빴다는 점을 부각시킨 것이다.

"공평한 재판을 기대할 수 없어서 탈출했다"

곤 전 회장은 자신과 관련된 이야기를 영화화할 생각을 하며 탈출을 결심했다는 보도도 나왔다. 뉴욕타임스는 2020년 곤이 2019년 12월 도쿄의 자택에서 할리우드 영화 제작자와 만나 자신과 관련된 이야기를 영화화하는 문제를 협의했다고 전했다. 이 신문에 따르면 곤은 당시 오스카 영화상 수상작 '버드맨(Birdman)'의 제작자 존 레셔를 만났다. 그는 레셔에게 일본 검찰이 자신을 부당하게 체포하고 구금해 결백을 입증하기 위해 싸우고 있다고 말했다고 한다. 영화를 통해 자신에 대한 동정적인 견해를 세계에 확산시킬 수 있다고 생각했다는 것이다.

곤은 또 온라인 가상 화폐의 최대 거래소 중 하나인 '마운트곡스'의 설립자 마크 카펠레스에게도 관심을 보였다. 카펠레스는 데이터 조작 및 횡령 등으로 2015년 일본 검찰에 의해 기소된 후 집행유예를 선고받았다.

일본에서 법정 투쟁을 하려고 했던 곤의 심경에 변화가 온 것은 2019년 성탄절을 맞아 아내와 휴일을 보내고 싶다는 요청을 법원이 기각했기 때문이라는 분석도 있다. 일본 법원은 그와 아내의 전화 통화도 엄격하게 제한해왔다. 뉴욕타임스는 자신과 비슷한 처지의 외국 기업인에 대해 관심을 보이고 영화 제작을 논의한 것은 탈출의 전조(前兆)라고 분석했다. 곤의 대리인을 맡고 있는 프랑수아 짐레이 변호사는 니혼게이자이신문과의 인터뷰에서 곤의 무단 출국 이유에 대해 "일본에서 공평한 재판을 받을 수 있다는 믿음을 완전히 잃었기 때문"이라고 했다. 그는 "일본 사회를 존경하고 있으나 민주주의 국가에 어울리지 않는 사법제도를 갖고 있다"고 비판했다.

곤은 2020년 1월 8일 레바논의 수도 베이루트에서 자신의 결백을 주장하는 기자회견을 가졌다. 그는 "(결백 입증이) 불가능한 상황에서 공정한 재판을 받을 수 없다고 생각했다"며 "나와 가족을 지키기 위해 일본을 떠날 수밖에 없었다"고 했다. 그는 니시가와 히로히토 전 닛산자동차 사장 등의 실명을 거론하며 "나는 몇 명의 조직적인 추방 운동에 의해 희생됐다"며 "나에 대한 체포와 기소는 완전히 조작된 것"이라고 했다. 또 일본의 사법 제도와 관련, "변호사 입회 없이 하루 8시간 동안 조사를 받았다. 이는 유엔 기준에도 어긋난다"며 비판했다. 그는 "도쿄 지검 검사로부터 '자백하지 않으면 더 나쁜 상황이 된다. 가족도 추궁당하게 된다'는 말을 들었다"며 "억울함을 증명하려고 노력했지만 허사였다"고 했다.

그의 기자회견에 앞서 오쿠보 다케시(大久保武) 주(駐)레바논 일본 대사는 7일 미셸 아운 레바논 대통령을 특별면담했다. 오쿠보 대사는 아운 대통령에게 "곤 전 회장의 도주는 도저히 묵과할 수 없는 사건으로 매우 유감"이라며 사실 관계 규명을 위해 협력해 달라고 요청했다. 아운 대통령은 "레바논 정부는 곤 전 회장의 입국에 대해 전혀 관련된 바가 없으며 양국 간 우호 관계에 따라 모든 협력을 아끼지 않겠다"는 입장을 밝혔다고 일 외무성이 발표했다.

02

막 올른
레이와(令和) 시대

01
전쟁 겪지 않은
나루히토 일왕 등장

세계평화 국민통합이 첫 메시지

한국에서 부임한 특파원으로 30년 만의 일왕 교체를 도쿄에서 지켜봤다. 레이와(令和·REIWA·일본의 새 연호) 시대가 개막된 2019년 5월 1일 오전 10시 30분 도쿄의 고쿄(皇居·일 왕궁). '검과 국새 등을 계승하는 의식'이 열린 마쓰노마(松の間·소나무실) 왼쪽 문으로 나루히토(德仁) 일왕이 입장했다.

이어서 왕위 계승 1순위인 동생 후미히토(文仁)와 휠체어를 탄 나루히토의 삼촌 히타치노미야(常陸宮)가 차례로 들어왔다. 행사장에는 아베 당시 총리와 각료 전원이 미리 들어와 엄숙한 표정으로 서 있었다.

나루히토가 흰색 천이 덮인 높이 50㎝의 단 위에 올라가 서자 행사장 오른쪽 문으로 일본 왕실을 상징하는 삼종신기(三種神器) 중

도쿄 중심지의 스타벅스 실내 전광판에 등장한 '슈和(레이와)' 연호

청동검과 곡옥(曲玉)을 든 시종 두 명이 들어왔다. 시종들은 90도로 고개를 숙이며 나루히토의 앞에 놓인 두 개의 탁자에 조심스럽게 두 보물을 놓았다. 이어서 다른 시종 두 명이 들어와 청동검과 곡옥 사이에 국새(國璽)와 어새(御璽·일왕의 인장)를 올려놓았다. 나루히토가 일본의 126대 일왕으로 즉위하는 순간이었다. 즉위식은 일왕실 전범에 따라 남성들만 참석한 채 약 7분간 진행됐다. 나루히토의 부인 마사코(雅子) 왕비도 참석하지 못했다.

11시 10분. 같은 장소에서 국민에게 소감을 말하는 의식이 열렸다. 이번엔 나루히토 일왕이 오른쪽 문에서 들어왔다. 그 뒤로 흰색 드레스를 입은 마사코 왕비와 왕족 13명이 따라 들어왔다.

단에 오른 나루히토는 시종장이 전해 준 종이를 펴서 국왕으로서 첫 메시지를 발신했다. "일본 헌법 및 전범(典範) 특례법이 정하는 바에 따라 왕위를 계승했습니다. 이 몸에 짊어진 중책을 생각하면 숙연한 생각이 듭니다." 그리고 아버지 아키히토(明仁)가 30년 이상 국민과 고락을 함께하고 맡은 일에 진지했다며 경의를 표시했다. 이어 나루히토는 "항상 국민을 생각하고 국민에게 다가서면서 헌법에 따라 일본 및 일본 국민 통합의 상징으로서의 책무를 다할 것을 다짐한다"며 "국민의 행복과 국가의 발전, 그리고 세계의 평화를 간절히 희망한다"고 말했다. 그가 국민 통합을 하겠다고 맹세할 때 목소리가 커졌으며 세계 평화를 언급할 때는 정면을 응시했다.

나루히토의 첫 메시지는 6개의 긴 문장으로, 낭독에는 모두 1분 50초가 걸렸다. 이어서 아베 신조 총리가 대열에서 1m 앞으로 나와 참석자들과 함께 나루히토 일왕에게 고개를 숙여 인사했다. 아베 총리는 "(오늘의 행사는) 격동하는 국제 정세 속에서 평화롭고, 희망 넘치고, 자부심 있는 일본의 빛나는 미래를 만들어나가겠다는 결의"라고 의미를 부여했다.

나루히토 일왕은 이날 자신을 보좌할 시종장 등을 임명하는 것으로 첫날 공식 일정을 마무리했다.

일본 열도는 새 일왕 즉위와 레이와 시대 개막을 축하하는 분위기로 전국이 들썩거렸다. 1일 0시가 되자 일본 각지에서 일제히 환호성이 울려 퍼졌다. 도쿄 시부야에서는 빗속에서도 휴대폰을 들고 '5, 4, 3, 2, 1'을 외치는 '레이와 카운트다운'이 실시됐다. 같은 시각, 곳곳에서 운행된 레이와 특별 열차에서는 '레이와 건배'를 하는 일본인들의 모습이 TV 화면을 탔다. 관청에는 레이와 첫날 혼인신고를 하려는 사람들이 몰려들었다. 도쿄 스미다구청 등에서는 이날 0시에 특별히 혼인신고를 받았는데, 50쌍이 몰려들었다. 일본의 모든 TV 방송은 "새로운 시대가 밝았다"며 일왕 취임 생방송을 진행했으며, 마이니치신문 등이 호외를 발행했다.

헌법 개정에 부정적인 나루히토 일왕

일본의 126대 일왕으로 즉위한 나루히토는 1960년생으로 전후에 출생한 첫 일왕이다. 즉위 당시 59세로, 80년대에 주로 대학을 다녔다. 가쿠슈인(學習院) 대 신입생 환영회에서 연못에 빠지는 의식도 마다하지 않았다. 2년간 옥스퍼드대에 유학, 개인과 다양성, 평화가 강조되는 영국사회를 경험했다.

이런 배경 때문에 나루히토는 대체로 레이와 시대에 아버지 아키히토가 세운 '평화주의' 전통을 이어갈 것으로 예상하는 분위기다. 아키히토는 재위 30년간 아버지 히로히토(裕仁)가 지은 죄를 속죄라도 하듯이 '평화의 여행'을 해왔다.

나루히토는 종전 70주년을 맞은 2015년 가진 기자회견에서 전쟁과 평화에 대한 자신의 입장을 분명히 밝힌 바 있다. "전쟁의 기억이 흐려지려고 하는 요즘, 겸허히 과거를 돌아보고 전쟁 체험 세대가 전쟁을 모르는 세대에게 비참한 경험이나 일본이 밟아온 역사를 올바르게 전하는 것이 중요하다." 2016년 기자회견 때는 '평화'를 총 11차례 입에 올렸다. 그는 "전쟁을 직접 경험한 사람들과 그렇지 않은 사람들에게 전쟁의 비극과 평화의 소중함을 다시 한번 되새기는 기회를 제공했다"고 했다.

아베 신조 총리가 강하게 추진했던 헌법 개정에 대해선 반대입장이다. 특히 전쟁포기, 전력 불(不)보유, 교전권 불인정을 담은 9조는 현행대로 유지되기를 바란다. 그는 2014년 기자회견에서 "지금의 일본은 전후(戰後) 일본 헌법을 기초로 만들어졌고, 평화와 번영을 향유하고 있다. 헌법을 지키는 입장에 서서 필요한 조언을 얻으면서 일에 임하는 것이 중요하다"고 했다. 나루히토는 현행 헌법에 기초한 국가 '상징'의 역할을 강조해왔다는 평가를 받는다. 자신이 즉위할 경우의 새 역할과 관련, "오랜 전통을 계승하면서 헌법에서 규정된 상징으로서의 역할을 해나가는 것이 중요하다"고 했다.

일각에서는 그의 헌법 수호 의지가 아버지인 아키히토에 비해서는 약하다고 본다. 퇴위한 아키히토는 즉위 당시 "헌법을 지키겠다"며 '호헌(護憲)'을 언급했다. 하지만, 새 일왕 나루히토는 "세계 평화를 간절히 희망한다"면서도 '호헌'은 언급하지 않았다.

"감사합니다 헤이세이, 환영합니다 레이와"

나루히토 새 일왕의 즉위는 30년 전 아키히토 선왕의 즉위 때와는 다른 분위기에서 열렸다. '현인신(現人神·인간의 모습을 한 신)'으로도 불렸던 히로히토의 병사로 아키히토가 왕위에 오를 때와는 달리 축제 분위기 속에 준비됐다. 1989년 당시 일본을 지배한 공기는 무겁고도 엄숙한 국장(國葬) 분위기였다면 이번엔 축제 무드였다. 2016년 퇴위 의사를 밝힌 아키히토의 의지에 따른 '왕권 교대'의 의미가 강하게 퍼져 있었다. NHK를 비롯한 TV 방송은 레이와 특집 쇼를 앞다퉈 만들며 밝은 분위기를 만들었다.

도쿄와 오사카, 후쿠오카 도심에는 '레이와 환영'이라는 플래

카드가 나붙고, 백화점과 편의점에는 레이와 특수를 노린 상품이 넘쳐났다. 나루히토 즉위를 환영하는 축제 분위기 이면에는 이를 계기로 과거와 절연하려는 의지가 엿보였다.

미쯔코시 백화점이 내건 '감사합니다 헤이세이(平成), 환영합니다 레이와'에는 새 일왕 즉위를 바라보는 일본인들의 마음이 축약돼 있다. 이 새로운 분위기를 이용해서 한 단계 도약하자는 여론이 조성됐다.

아사히와 마이니치 등 주요 신문도 연일 정치개혁과 '경제성장의 싹을 찾자'는 주제로 사설과 기획기사를 쏟아냈다.

일본은 이런 분위기를 도쿄 올림픽까지 계속 이어가겠다는 계획이었다. 새 일왕 즉위와 올림픽 개최로 상승세인 국운(國運)을 이용해 '일본 리셋(reset·재설정)'을 이룸으로써 국제사회에서 비상(飛上)하려했다. 아베 총리는 이 과정에서 평화 헌법을 개정, 보통 국가화하겠다는 의지도 숨기지 않고 있어서 주변 국가와 갈등이 야기될 가능성도 제기됐다.

즉위식의 '거북 등껍데기 점'

2019년 5월 13일 일본 왕실에서는 거북 등껍데기를 태워 점을 치는 '기보쿠(龜卜)' 행사가 열렸다. 일본 왕실은 왕위 교체를 하늘에 고하기 위해 11월 '다이조사이(大嘗祭)'라는 이름의 제사를 거행했는데, 이때 사용하는 쌀을 어느 지역에서 생산된 것으로 할지를 결정하는 의식이었다. 아키히토 전 일왕 즉위 다음 해인 1990년에 이어 29년 만에 열린 이 의식은 1300년 전 시작됐다는 전통 의식 그대로 진행됐다.

일본 궁내청은 2018년 푸른 바다거북이 주로 번식하는 일본 남단의 오가사와라(小笠原)에서 8마리의 거북 등껍데기를 확보했다. 이를 도쿄에서 6대째 거북 껍데기를 가공하는 장인(匠人) 모리타 다카오 씨에게 맡겼다. 모리타 씨는 궁내청 요구에 따라 거북이 등껍데기를 두께 1.5㎜의 초박형으로 얇게 만든 후 가로 15㎝, 세로 24㎝로 다듬은 제사 물품 10개를 납품했다.

궁중 제사를 담당하는 제관들은 가공된 거북 등껍데기를 왕궁에 마련된 사이샤(齋舍)로 가지고 들어가 40분간 쌀 생산지를 결정하기 위한 비밀 의식을 거행했다.

일본 언론이 궁내청의 설명을 바탕으로 전한 바에 따르면, 제관들은 먼저 부싯돌로 불을 일으켰다. 이어서 대나무로 된 젓가락으로 거북 껍데기를 조심스럽게 태웠다. 뜨겁게 된 거북 껍데기에 금이 생기자 여기에 물을 부어서 물이 가는 방향에 따라서 쌀 생산지를 결정했다. 이에 따라 궁내청은 신에게 바칠 쌀 생산지로 동쪽에서는 도치기(栃木)현과 서쪽에서는 교토(京都)부가 뽑혔다고 밝혔다. 그러나 어떤 균열이 어떻게 생겼기에 두 지역이 결정됐는지는 궁내청이 밝히지 않고 비밀로 남겨뒀다.

이번 다이조사이에 바칠 쌀 생산지로 결정된 도치기현과 교토부는 축제 분위기에 휩싸였다. 두 단체장은 방송에 나와 영광스럽다는 입장을 밝히며 제사용 쌀 생산에 만전을 기하겠다고 했다. 1990년 아키히토 전 일왕 당시 거행된 다이조사이 때는 아키타현과 오이타현이 쌀 생산지로 결정됐다. 이때 경찰은 제사용 쌀이 생산될 때 불순물이 들어가는 등의 문제가 생길 것을 우려해 쌀을 생산하는 논에 헬기와 보트까지 동원해가며 경비했었다.

일본은 제2차 세계대전 패전 전까지 국교였던 신도(神道)의 영향으로 일왕이 제사를 지내는 것이 일상화됐었다. 종전과 함께 지금의 평화헌법이 만들어지면서 신도는 국교로서의 지위를 잃었지만, 여전히 '천황제' 곳곳에 신도의 영향이 강하게 남아 있다. 21세기에도 거북이 등껍데기를 이용해 점을 치는 것도 종교적 색채가 강하다는 비판이 나온다.

일부 학자는 일왕은 헌법에 따라 상징적 존재일 뿐인데, 왜 거북이 등껍데기를 이용한 의식을 비롯, 다이조사이에 국비를 써야 하느냐고 문제를 제기하기도 했다. 왕위 계승 서열 1위가 된 나루히토 일왕의 동생 후미히토 왕자도 2018년 11월 기자회견에서 "다이조사이는 종교색이 강한데 국비로 조달하는 것이 적당한가"라고 문제를 제기했다.

02
평화 염원 담은 새 연호
레이와(令和)

1300년 만에 일본 고전에서 처음 인용

일본 나루히토 왕세자가 새 일왕으로 즉위하면서 쓸 연호가 '레이와'는 2019년 4월 1일 결정됐다. 일본 정부의 대변인 역할을 하는 스가 요시히데 당시 관방장관은 헤이세이 다음으로 사용할 연호로 일본의 최고(最古) 시가집 만요슈(萬葉集)에서 따온 레이와로 선정했다고 발표했다. 일본이 서기 7세기 연호를 처음 도입한 후, 일본 고전을 인용해 연호를 만든 것은 처음이다. 아베 내각이 역대 248번째 연호를 만들면서 일본의 고유한 문화를 강조한 것이다.

만요슈의 '매화(梅花)의 노래 32수(首)' 중에서 '초춘영월 기숙 풍화(初春令月 氣淑風和)'라는 문장이 일본 새 연호의 출전(出典)이다. 이를 현대식으로 풀이하면 '초봄에 무엇을 하든지 좋은 시기에, 공기는 상쾌하고 바람은 부드럽다'는 의미다. 일본 정부는 이 문장에서 '영(令)'과 '화(和)'를 합성해서 레이와를 만들었다. 영은 주로 법령, 규칙의 의미로 쓰이지만, 아름답고 좋다는 의미도 담고 있다. 다른 사람에게 경의를 표하기 위해 그 아들과 딸을 영식(令息), 영애(令愛)로 부르는 것이 한 예다. 와쇼쿠(和食·일본 음식), 와규(和牛·일본 소)처럼 일본을 나타낼 때 쓰는 '와(和)'는 쇼와(昭和)에 이어 20번째로 연호에 다시 등장했다.

아베 신조 총리는 기자회견에서 "레이와에는 사람들이 아름답게 마음을 맞대면 문화가 태어나고 자란다는 뜻이 담겨 있다"고 했다. "화사하게 피어나는 매화꽃처럼 일본인들이 내일을 향한 희망과 함께 꽃을 크게 피울 수 있을 것"이라고 의미를 부여했다. '세상에 평화로움을 전한다' '세계가 조화롭게 되고, 평화가 영원히 달성된다'는 메시지가 담겨 있다는 해석도 나왔다.

일본 정부는 아키히토 일왕이 1989년 즉위한 직후부터 20여 년간 차기 연호를 준비해왔다. 내각에 연호 담당 공무원을 두고, 동양사와 한학에 밝은 전문가들에게 비밀리에 연호 후보를 받아왔

· 만요슈(萬葉集·만엽집)

8세기 일본 나라(奈良) 시대에 편찬된 것으로 알려진 일본 최고(最古)의 시가집. 서기 347년부터 759년까지 수백 년에 걸쳐 만들어진 일본의 시가 4,500여 수(首)가 담겨 있다. 작가가 일왕의 가족으로부터 서민에 이르기까지 다양한 것이 특징이다. 문학적인 가치도 높지만, 고대 일본인의 생활 및 사상을 알 수 있다는 점에서 중요한 의미를 지닌다. 아베 총리는 새 연호를 발표하는 기자회견에서 만요슈를 '국서(國書)'라고 불렀다.

다. 후보안을 낸 전문가가 사망하면, 그가 제안한 연호 후보는 리스트에서 지워나갔다. 이런 방식으로 연호 후보를 꾸준히 축적, 관방장관이 대대로 관리해왔다.

아베 내각은 이런 방식으로 모은 연호 후보를 여섯 가지로 압축한 후, 2019년 4월 1일 오전 9시 30분 총리 관저에 모인 각 분야 전문가 9명에게 제시했다. 보안 문제로 휴대폰을 모두 '압수'한 것은 물론 전파 차단 조치를 한 뒤였다. 2012년 노벨 생리의학상 수상자인 야마나카 신야 교토대 교수 등이 약 50분간 논의한 결과 레이와가 가장 많은 표를 얻었다. 10시 20분 중의원, 참의원 의장단에게 전문가 간담회 결과에 대한 의견을 들었다. 그 후 임시 각료회의를 거쳐서 레이와를 차기 연호로 결정했다.

일본 사회는 30년 만의 새로운 연호 발표에 들뜬 모습을 감추지 못했다. 새로운 시대가 열린다는 기대감 속에 새 연호 발표 순간을 놓치지 않기 위해서 TV 앞에 모여든 이가 많았다.

도쿄(東京) 신주쿠(新宿)역 광장과 오사카의 중심가인 도톤보리(道頓堀)의 대형 모니터 앞에 모여든 수천여 시민들은 연호 발표 순간 일제히 휴대폰 카메라로 이 장면을 찍으며 환호했다. 마이니치, 요미우리신문 등은 호외까지 발행했다. 이를 먼저 받아 보느라 서로 밀치는 모습이 도쿄 신바시(新橋)에서 나타나기도 했다. 일본의 식당들은 레이와를 문 앞에 내걸고 손님들을 끌었다. 이날 오후부터 신연호가 장착된 고무인(印)이 팔리기 시작했으며 달력 업체는 새로운 제품 제작에 들어갔다. 레이와의 출전 만요슈는 이날 인터넷 검색 1위를 기록했다.

아베에 의한, 아베를 위한, 아베의 새 연호

아베 신조 당시 총리는 새 연호 선정과 발표 과정을 자신의 정치적 입지를 강화하는 정치 이벤트로 활용했다. 새 연호로 '레이와'가 선정되도록 깊숙이 개입한 것은 물론이고, '헤이세이' 연호 발표 때와는 달리 총리가 직접 기자회견을 열어 자신을 '새 시대의 지도자'로 부각시키려 했다. 정치권에서는 "아베에 의한, 아베를 위한, 아베의 새 연호 발표"라는 평가가 나왔다.

요미우리신문에 다르면, 아베는 새 연호 검토 과정에서 "일본의 고전을 포함해서 검토해야 한다"는 얘기를 지속적으로 해왔다. 일본 왕실이 1,300년간 사용한 247개의 연호는 모두 중국 고전에서 나왔는데, 이번에는 이 관행을 탈피하라는 지시를 공무원들에게 전달했다는 것이다. 그 결과 9인 전문가 회의에 제시된 연호 후보 6개 중 3개가 일본 고전에서 나온 것이었다. 레이와와 함께 새 연호로 경쟁했던 후보들은 에이고우(英弘), 고우시(広至), 반나(万和), 반포우(万保), 규카(久化) 등이었다.

1989년 1월엔 오부치 게이조 당시 관방장관이 헤이세이 연호를 발표했고, 다케시타 노보루 총리의 담화를 대독하기까지 했다. 헤이세이가 쓰인 액자를 들어 올린 오부치 장관은 이후 대중의 큰 관심을 받으며 총리에 오를 정도로 정치적으로 승승장구했다. 오부치가 너무 각광받자 다케시타 총리가 연호 발표 기회를 직접 활용하지 않은 걸 후회했다는 얘기도 나왔다.

이번에는 달랐다. 정부 대변인 격인 스가 관방장관이 새 연호를 발표하고, 이후 아베 총리가 기자회견을 통해 새 연호의 뜻과 취지를 자세히 설명하는 방식을 택했다. 스가 장관의 발표엔 7분이 걸렸지만, 아베 총리는 18분간 전 국민의 시선을 사로잡으며 '정치 유세'를 했다. 아베 총리는 자신이 기자회견을 가진 이유에 대해서 "헤이세이 시대 30년을 거치면서 총리가 직접 (메시지를) 발신할 기회가 커졌다"고 했다.

연호 설명 기자회견에서 그가 한 연설도 주목받고 있다. 아베 총리는 그 배경을 설명하면서 일본의 '유구한 역사' '아름다운 자연' '국격'을 거론했다. 이는 모두 그가 2006년 제1차 집권 당시 쓴 책 '아름다운 나라로'에 나오는 키워드다. 아베 총리는 자신의 든든한 지지 기반인 20~30대를 의식한 말도 했다. "젊은이들이 큰 꽃을 피워 희망에 가득 찬 일본을 만들어내고 싶다"며 청년 세대를 치켜 세웠다. 당시 아베 총리는 4월 지방선거, 7월 참의원 선거를 앞두고 지지율이 오르지 않아 고심 중인데 새 연호 발표를 계기로 자신과 자민당에 유리한 분위기를 만들려고 했다. 실제로 아베는 그 효과를 톡톡히 보았다. 연호가 발표된 후 실시한 교도통신 여론조사에서 아베 총리 내각에 대한 지지율은 52.8%로 직전의 조사에 비해 9.5%포인트 올랐다.

"평화헌법 9조 위해 목숨 걸겠다"

2019년 6월 일본의 새 연호 '레이와'를 고안한 나카니시 스스무(中西進) 오사카여대 명예교수가 일본의 평화헌법 9조를 지키기 위해 "(나처럼) 늙은 사람이 목숨을 걸어야 할 때가 올지도 모르겠다"고 말했다. 당시 89세의 나카니시 교수는 마이니치신문 인터뷰에서 레이와는 "아름답고 평화롭게 살아가려는 소원이 담긴 연호"라며 "우리에게 헌법 9조의 변경은 있을 수 없다"고 말했다.

일본 패전 후 1946년 제정된 일본 평화헌법은 제9조에 '전쟁 포기, 전력 불(不)보유, 교전권 부인'을 명시했다. 자민당은 9조를 개정해 자위대의 역할과 임무를 헌법에 명기하겠다는 입장이 강하다. 나카니시 교수는 헌법 9조를 '세계의 진주'라고 부르며 "전쟁이 없었던 헤이세이 시대를 한층 더 '버전 업'하는 방법이야말로 정치가들이 서로 논의해야 한다"고 역설했다.

나카니시 교수가 이렇게까지 강하게 개헌에 반대하는 것은 어렸을 때 겪은 전쟁의 참화가 깊숙이 각인돼 있기 때문이다. 그는 1945년 8월 15일 도쿄 인근의 군수공장에서 폭탄 부품을 만들다가 쇼와 일왕의 항복 선언 방송을 들었다. 당시 15세였다. 그의 히로시마 중학교 동급생 20여 명은 원폭의 희생양이 됐다. 그는 미군의 공습이 있을 때마다 어머니가 "빨리 (방공호로) 들어가라"고 외치던 것을 평생 잊지 않고 살아왔다고 회고한다.

레이와 시대 맞아 화폐 개편

일본은 1만엔, 5000엔, 1000엔 지폐 디자인을 전면 개편, 2024년부터 새로운 지폐를 사용한다. 1만엔짜리 새 지폐에는 '일본 자본주의 아버지'로 추앙받는 근대 기업가 시부사와 에이이치(澁澤

榮一·사진)의 초상화가 들어가게 된다.
5,000엔과 1,000엔 지폐에는 여성 교육
의 선구자 쓰다 우메코(津田梅子)와 페
스트균을 발견한 의학자 기타사토 시바
사부로(北里柴三郎) 기용이 확정됐다.

일본의 새로운 지폐 발행은 위조
방지가 표면적인 목적이지만, 나루히토
일왕 즉위에 따라 분위기를 일신하려는 정치적 목적에 따라 2019
년 4월 발표됐다. 아소 다로 부총리 겸 재무장관은 기자회견에서
"새로운 연호 사용에 따른 새로운 지폐 사용"을 언급하며 "메이지
(明治) 시대 이후의 문화인을 선택하겠다는 생각에 근거해 (새 인물
을) 선정했다"고 밝혔다.

가장 관심을 끄는 것은 시부사와 에이이치다. 1840년생인 그
는 27세에 만국 박람회가 열리는 파리를 방문해 큰 충격을 받았다.
산업혁명과 상공업의 중요성을 깨달은 그는 현 재무성의 전신인 대
장성(大藏省)을 사직 후, 일본 최초의 은행인 제일국립은행(현 미즈호
은행)을 설립했다. 조세, 회계, 화폐제도의 근대화를 추진하면서 증
권 거래소를 만들었다. 방직, 철도, 비료, 호텔 등 다양한 분야에서
500개의 회사를 만들어 일본 경제의 기틀을 만드는 데 기여했다.

에이이치는 91세로 사망할 때까지 사회복지, 교육 사업에도
진력했다. 시부사와는 '일본을 이끌어 온 12인물'이라는 책의 소재
가 됐으며 '경영의 신(神)'으로 불리는 이나모리 가즈오(稲盛和夫) 교
세라 창업주에게도 큰 영향을 끼쳤다. 마이니치 신문은 "큰 업적이

있는 시부사와가 지금까지 화폐에 등장하지 않은 것이 불가사의했다. 많은 이들의 그의 업적을 알기를 바란다"고 말한 시민의 목소리를 전했다.

일본의 새 5000엔권에 기용되는 쓰다 우메코는 1871년 메이지 정부가 근대문물을 배우기 위해 서구에 파견한 '이와쿠라 사찰단'의 일원으로 역사에 기록돼 있다. 쓰다는 일본 최초의 해외 유학생으로 미국에 유학 후, 1900년 '여자 영문학 학원(현 츠다대)'을 도쿄에 설립했다. "여성들도 배워야 한다"며 여학생들을 독려하고 영어 교육에도 주력했다.

일본 '근대 의학의 아버지'라고 불리는 기타사토 시바사부로는 1000엔 지폐의 새 모델이다. 1853년생인 기타사토는 독일 유학 중 파상풍균의 순수 배양에 성공했다. 그 후 독소를 체내에 주입하고 항체를 만드는 혈청 요법을 확립했다는 평가를 받는다. 1901년 1회 노벨생리의학상 후보로 거론되기도 했다.

아베 내각의 화폐 개편은 2004년처럼 메이지유신 후 근대 일본을 만드는 과정에서 존경받는 인물들을 선정했다. 일본 정부는 당시 1984년부터 1만엔권에 등장한 게이대(慶應)대 설립자 후쿠자와 유키치(福澤諭吉)는 그대로 사용하면서 5000엔권은 메이지 시대 여류 소설가 히구치 이치요(桶口一葉), 1000엔권은 전염병 연구 의학자인 노구치 히데요(野口英世)로 개편했다. 이번에도 '근대화 위인·여성 선구자·과학자'의 3세트 공식이 그대로 적용됐다고 할 수 있다.

화폐 뒷면도 완전히 바뀐다. 1만엔권에는 도쿄 역, 5000엔권에는 등나무, 1000엔권에는 '후지산 36경' 우키요에 중 하나인 '가

나가와 해변의 높은 파도 아래서(神奈川沖浪裏)'가 실린다.

일본 자본주의 아버지 시부사와 에이이치 열풍

메이지(明治) 시대의 근대화 과정에서 '일본 자본주의 아버지'로 불린 시부사와 에이이치(澁澤榮一)가 부활한 것 같은 분위기가 2021년 봄에 일기 시작했다.

19세기 말부터 은행, 주식회사, 증권 거래소를 도입하고 500개의 회사를 만들어 일본 경제의 기틀을 만든 시부사와에 대한 재조명이 활발하게 이루어졌다. 2021년 일본 언론 중에서 사망한 지 90년이 된 시부사와를 특집으로 다루지 않은 매체는 거의 없다고 해도 과언이 아니다. 니혼게이자이 신문은 8개 면에 걸쳐서 그의 업적을 다루는 이례적인 기획을 했다. 마이니치 신문은 '시부사와 에이이치를 걷는다'는 연재를 통해 그와 관련이 있는 지역을 기획기사로 소개했다. 요미우리 신문은 그의 일생을 담은 만화 광고를 1개 면에 걸쳐서 싣기도 했다. 서점에는 '시부사와, 사회기업가의 선구자', '시부사와 에이이치를 알게 되는 사전' 등의 관련 책이 독자들의 주목받는 곳에 진열됐다.

메이지 시대에 주로 활약했던 그를 다시 불러낸 것은 자민당 정권과 NHK 방송이다. 자민당 정권은 2019년 4월 나루히토 새 일왕의 레이와(令和) 시대에 맞춰 화폐 인물을 모두 교체하기로 했는데 이 중에서 가장 큰 관심을 끈 인물은 1만원권에 등장하는 메이지 시대의 사상가 후쿠자와 유키치(福澤諭吉)를 대신하는 시부사와였다. 그는 현재의 시각에서 볼 때 불가사의하게 생각될 정도로 일본 경제에 큰 업적을 남겼다.

시부사와는 도쿠가와(德川) 막부가 무너지기 직전인 1867년 만국 박람회가 열리는 파리를 방문해 큰 충격을 받았다. 산업혁명과 상공업의 중요성을 깨달은 그는 메이지 정부의 대장성(大藏省 · 현 재무성)에서 5년간 일하다가 사직했다. 상공업이 발전하기 위해서는 은행이 필요하다는 판단하에 일본 최초의 은행인 제일은행(현 미즈호은행)을 설립했다. 조세 · 회계 · 화폐 제도의 근대화를 추진하면서 증권거래소를 만들었다. 방직 · 철도 · 비료 · 가스 등 다양한 분야에서 500개의 회사를 만들어 일본 경제의 발판을 마련했다. 일본 최고의 호텔로 꼽히는 제국호텔과 도쿄 전철, 삿포로 맥주도 그의 머리에서 나왔다.

시부사와가 단순히 돈을 많이 번 기업가라면 1만원권 화폐에 등장하지 못할 것이다. 그는 논어(論語)에 기반을 둔 건전한 상업윤리를 강조해 '경제보국(經濟報國)' 정신을 확산시켰다는 평가를 받는다. "도덕과 경제는 서로 반(反)하는 것이 아니라 수레의 두 바퀴처럼 서로 의지하며 굴러가야 진전한 자본주의가 완성된다"고 주장했다. 숱한 기업을 만들었지만 주식회사의 진정한 개념에 근거해 자신의 것으로 사유화하지 않았다. 그의 저서 '논어와 주판'은 자본주의 윤리를 일본화한 대표 저작으로 꼽힌다. 인재 교육과 주변 환경 정비도 관심을 갖고 평생에 걸쳐 추진했다.

그가 파리를 둘러보고 구상했던 부채꼴 모양의 전원도시는 도쿄도 오타(大田)구의 덴엔초후(田園調布)역 주변에 조성돼 있다. NHK 방송은 자민당 정권이 시부사와를 새 1만원권 지폐 모델로 결정한 후, 그를 간판 프로그램인 일요 대하드라마에 등장시키기로 했다. NHK 방송은 2월부터 그를 소재로 한 드라마 '푸른 하늘을 찔러라(靑天を衝け)'를 매주 일요일 저녁 8시 황금 시간대에 방송했다.

NHK 대하드라마는 일본 사회에 묵직한 메시지를 던지는 것으로 정평이 나 있다. 메이지 유신 150주년인 2018년에는 정한론(征韓論)을 주장했던 사이고 다카모리(西鄕隆盛)를 소재로 한 드라마가 방영됐다. 러·일 전쟁을 소재로 한 시바 료타로(司馬遼太郎)의 '언덕 위의 구름'은 2009년부터 3년에 걸쳐 방송되며 큰 화제가 됐다.

NHK는 일본이 비약적으로 성장했던 70~80년대에 비해 정치 · 경제 · 사회적으로 위축된 상황에서 시부사와를 들고 나왔다. 19세기 말, 20세기 초 세계의 조류를 제대로 파악해 새로운 시대를 열었던 시부사와의 기개(氣槪)를 젊은 층에게 들려주고 싶다는 의지가 반영됐다고 할 수 있다. "일본은 1990년대 초 거품경제 붕괴 이후 지금까지 '성장상실기 30년'을 거쳐 오면서 정치 · 경제 · 언론의 리더십 결핍에 직면해 있다. 그런 결핍 상황에서 도덕률의 기업가 정신을 강조한 시부사와라는 인물을 의지처로 부상시켜 자신감을 심어주려는 의도가 엿보인다(국중호 요코하마시립대 경제학과 교수)."

문제는 한국의 시각에서 일본에서 일고 있는 시부사와 붐을 마음 편하게 바라볼 수만은 없다는 것이다. 일제가 부국강병책의 일환으로 한국을 식민지로 만들 때 그가 경제 침탈의 첨병으로 나섰던 과거가 있기 때문이다.

시부사와는 1902년 메이지 정부가 조선에서 쓰이는 화폐 발행을 허가했을 때 10원, 5원, 1원짜리 화폐에 등장해 한국에 알려지기 시작했다. 일본 제일은행을 창업했던 그가 자신의 얼굴이 들어간 화폐를 조선에 유통한 것이다. 이는 그의 가장 큰 실책 중의 하나로 기록돼 있으며 한국 사회에 부정적인 이미지를 깊이 각인시켰다.

그는 일본에서처럼 한국에서도 철도, 무역과 관련된 각종 회사를 설립해서 일제의 식민정책을 지지하는 역할을 했다. 한국에서 전력 산업을 장악할 목적으로 가스·전기·전차를 공급하는 일한와사전기주식회사(日韓瓦斯電氣株式會社)를 설립한 것은 대표적이다. (와사[瓦斯]는 일본어로 가스를 의미한다.) 이 회사는 경성전기로 개명돼 현재 한국전력의 전신이 됐다. 그의 경력 중에 경성전기 사장이 기록돼 있는 것은 이런 이유다. 한국전력이 2017년 도쿄에서 시부사와 에이이치 기념재단과 양해각서를 체결한 것은 그와 한국과의 복잡한 관계를 상징하는 것이라고 할 수 있다.

03
일본에서 존경받는
아키히토 일왕

태평양 전쟁 피해국 돌며 사죄

2018년 8월 도쿄 부도칸(武道館)에서 열린 일본의 종전(終戰) 73주년 기념식. 아베 신조 당시 총리는 "내일을 사는 세대를 위해 국가의 미래를 열어가겠다"고 강조했다. 주변국이 입은 피해에 대한 사과는 없었다. 이어서 등장한 아키히토 일왕은 달랐다. "과거를 돌이켜보며 깊은 반성을 한다"며 "전쟁의 참화가 반복되지 않기를 바란다"고 말했다. 같은 행사에서 아베는 2012년 재집권 후 6년째 전쟁책임을 말하지 않았지만, 아키히토는 4년 연속 '깊은 반성'을 언급했다.

1989년 56세로 즉위한 그는 아베 내각을 비롯한 정치권이 '강대국 일본' 깃발하에 우측을 향해 내달릴 때, 전쟁을 일으켰던 아버지 히로히토 일왕과는 다른 모습을 보였다. 비록 낮은 수준이지만 주변 국가를 배려하는 역할을 해왔다는 평을 받는다. 국내적으로는 장애인 체육 후원, 재해지역 위문을 통해 소외되고 힘없는 이들을 다독거려왔다. 마이니치신문은 이런 아키히토에 대해 "국민 통합의 생각이 강하다"고 평가했다.

2016년 스스로 '생전(生前) 퇴위'를 결정해 장남 나루히토의 '레이와' 시대를 열어준 아키히토는 1933년생이다. 군국주의 광기가 하늘로 치솟던 때 태어나 제2차 세계대전 말에는 미군의 공습을 피해 도치키현의 니코(日光)를 비롯한 지방을 전전해야 했다. 일본의 패전 후, 불과 수개월 만에 폐허가 돼 버린 도쿄로 돌아온 후 큰 충격을 받았다. 다시는 전쟁이 없어야 한다는 강한 다짐을 했다. 그는 1991년 태국 말레이시아 인도네시아 방문을 시작으로 중국 필리핀 등 태평양 전쟁 피해국가를 대부분 방문해 사죄의 뜻을 밝히며 평화를 강조했다.

2018년 12월 85세 생일을 맞은 아키히토 일왕은 "헤이세이(平成)가 전쟁이 없는 시대로 끝나게 된 것에 진심으로 안도하고 있다"고 말했다. 1989년 아키히토 일왕 즉위 후, 시작된 헤이세이 시대에서 아무런 전쟁이 없었음에 큰 의미를 부여한 것이다.

아키히토 일왕은 이 회견에서 자신은 헌법에 따라 정치적 권한이 없는 상징적인 군주로서 일해 왔다며 "(내년) 양위할 때까지 계속해서 (그런) 자세를 추구하면서 일상 업무를 수행하겠다"고 말했다. 또 "일본의 평화와 번영은 전쟁에서의 많은 희생과 국민의 노력으로 구축된 것을 잊지 말아야 하며 전후 태어난 세대에도 올바로 전하는 것이 중요하다"고 말했다.

아키히토 일왕은 퇴위와 관련한 소감도 밝혔다. 그는 "일왕으로서의 여행을 끝내려고 하는 지금 상징적인 의미로서 나의 입장을 받아주고, 계속해서 지지해 준 많은 국민들에게 충심으로 감사한다"고 했다.

일본의 '상징(象徵) 천황'이 국내외에 평화를 강조하며 왕위를 내려 놓은 데 대해 일본의 많은 지식인들은 박수를 보냈다.

"간무 천황의 생모가 백제 무령왕 자손"

아버지 히로히토의 병사에 따라 즉위한 아키히토의 재임 초기 존재감은 그다지 크지 않았다. 일본인들 사이에서는 카리스마 대신 온화한 미소가 돋보이는 그에게 큰 기대를 걸지 않았다. 그런 아키히토가 '국민 통합의 상징'으로 확고히 자리 잡은 것은 '무릎 꿇는 절대자'로 국민에게 다가가면서다.

아키히토는 즉위 후, 미치코(美智子) 왕비와 함께 크고 작은 재해가 있을 때마다 어김없이 현장을 찾아가 무릎을 꿇은 채 피해자들과 눈을 맞추었다. 일본에서는 1946년 히로히토 일왕이 '인간선언'을 하며 신(神)의 자리에서 내려왔지만 여전히 일반인은 쳐다보기 어려운 위치다. 그런 일왕이 무릎을 꿇은 채 위로하자 일본 국민이 감화되기 시작했다. 1995년 고베 대지진, 2011년 동북부 대지진, 2018년 서부 지역 수해…. 그가 고령에도 낮은 자세로 재해 지역을 찾아 피해자의 손을 잡고 위로한 것에 많은 국민이 마음을 열었다.

아키히토 일왕은 일왕 자격으로 미에현의 이세(伊勢)신궁을 마지막으로 참배하고 돌아올 때 기차가 출발하는 데도 일어서 있었다. 흔들리는 기차 속에서도 배웅하는 이들이 보이지 않을 때까지 선 채로 손을 흔들었다. 이런 겸손한 모습 때문에 일본 왕실에 대한 지지도는 사상 최고 수준을 기록했다. 그가 상징적으로 통치한 헤이세이 시대에 '천황제'는 견고하게 뿌리를 내린 것으로 평가되고 있다.

아키히토 일왕은 재임 중 한국과의 거리를 좁히려고 노력했다. 한·일 월드컵 개최 확정으로 양국 관계가 정점에 있던 2001년 12월 아키히토 일왕은 68세 생일 기념 기자회견에서 놀라운 발언을 했다. "간무(桓武) 천황의 생모가 백제 무령왕의 자손이라고 속일본기(續日本記)에 쓰여 있는 데 대해 한국과의 인연을 느끼고 있다."

그의 이 발언은 한국을 방문하고 싶다는 뜻을 가진 것으로 해석됐다. 실제로 당시는 1998년 김대중·오부치 선언 이후, 아키히토 일왕의 방한을 물밑에서 추진하고 있을 때였다. 아키히토 일왕은 2017년에는 고구려를 의미하는 고마(高麗)신사를 참배하기도 했다.

아키히토 일왕은 이후에도 꾸준히 한국과의 관계에 공을 들여왔다. 사이판의 한국인 전몰자 위령지를 찾아 한국평화기념탑에 헌화하고 참배했다. 도쿄 지하철역 선로에 떨어진 일본인을 구하려다가 숨진 이수현씨 추모영화 시사회에도 모습을 드러냈다. 아키히토 일왕은 아마도 자신의 생전 마지막 임무로 방한을 염두에 두고 있을지 모른다는 관측도 나왔다.

'마지막 신년사' 들으려고 모인 15만명

2019년 1월 2일 오전 10시 10분, 도쿄 중심가의 고쿄(皇居·궁궐) 베란다에 아키히토 일왕 부부가 등장했다. 그 뒤를 이어 5월 1일 즉위하는 나루히토 왕세자와 그 다음 왕위 계승자로 결정된 차남 후미히토 왕자 가족이 나타났다. 그러자 고쿄를 찾은 3만여 명이 일제히 환호성과 함께 일장기를 흔들었다. 일부 참석자들은 '반자이(만세)', '텐노 헤이카 아리가토(일왕 폐하 감사합니다)'를 연발했다.

검은색 연미복에 은색 넥타이를 한 아키히토 일왕은 왕비와 함께 웃는 얼굴로 손을 흔든 뒤, 마이크 앞에 서서 준비한 새해 인사를 읽었다. "올해가 조금이라도 더 많은 사람에게 좋은 해가 되길 바랍니다. 우리나라와 세계인의 안녕과 행복을 기원합니다." 일왕의 짧은 인사에 눈물을 흘리는 이들의 모습이 TV 카메라에 잡혔다.

이날 행사는 일왕이 매년 정초에 일반 국민을 만나 인사하는 '일반참하(一般参賀)' 의식이었다. 아키히토 일왕이 퇴위를 앞두고 한 '헤이세이' 시대의 마지막 신년 인사에 역대 최대인 15만 4000명이 몰렸다. 경찰은 고쿄 앞 7차선 도로를 전면 통제한 채 밀려드는 인파를 정리하느라 긴장을 늦출 수가 없었다.

이날 행사에 대한 이례적인 관심은 새벽부터 인파가 밀려들면서 예견됐다. 궁내청은 예상보다 많은 사람이 고쿄 앞으로 몰려들자, 궁궐 개문(開門) 시간을 약 15분 앞당겨야 했다. 참석자들은 마치 출국 심사를 받듯이 두 차례 소지품 검사를 거친 후에야 경찰이 지정하는 열에 가서 설 수 있었지만, 불평하는 이는 찾아보기 어려웠다. 오사카(大阪), 후쿠오카(福岡)를 비롯, 각 지방에서 친구, 가족들과 함께 온 이들도 적지 않았다. 참석자들은 2시간 가까이 기다린 끝에 고쿄 정문인 니주바시(二重橋)를 통해서 입장한 후 멀리서 일왕의 모습을 볼 수 있었다. 아키히토 일왕은 원래 5차례만 나와서 인사할 예정이었다. 하지만 예상보다 훨씬 많은 인파가 몰려 모두 7차례 나와서 같은 인사를 했다.

일부 우익 인사들이 조직적으로 참여한 것도 목격됐다. 고쿄 바로 앞, 일본 경제의 심장부인 마루노우치(丸の內)는 평소 단 한 대의 불법주차 차량이 없는 곳이지만 이날은 달랐다. 일왕을 신격화해서 섬기는 단체들의 차량이 차도에 줄을 지어 주차해 있었다. 우익의 성지인 야스쿠니(靖国) 신사 주변에서 흔히 볼 수 있는 '경신존황(敬神尊皇 · 신을 공경하고 일왕을 받든다)' 문구를 머리 위에 매달고 다니는 차량도 있었다. '자주헌법 제정'을 크게 쓴 대형버스는 짙게 선팅을 한 채 차로를 하나 차지했다. '일 · 중(日中), 일 · 한(日韓) 국교 단절' 구호를 단 차량은 부산하게 마루노우치 일대를 헤집고 다녔다.

NHK 방송과 인터뷰한 21세의 남성은 아키히토 일왕이 왜 많은 일본 국민으로부터 지지를 받는 이유에 대해 말해줬다. "지금까지 전몰자 위령이나 재해지 방문을 통해 정말로 국민에게 다가왔다." 아키히토 일왕은 그동안 기회가 있을 때마다 태평양 전쟁에 대해서 '깊은 반성'을 한다고 말해왔으며 지진, 폭우 등의 피해를 입은 지역에 가서는 무릎을 꿇은 채 위로의 말을 건넸다. 후쿠오카에서 올라왔다는 23세의 남성은 "헤이세이 시대가 전쟁이 없는 시대로 끝난다는 사실이 국민의 한 명으로서 기쁘다"고 말했다. 이날 고쿄 밖에서는 일왕 부부의 모습을 담은 1000엔짜리 '고쿄 캘린더(달력)'가 10개 이상 줄을 서서 사야 할 정도로 많이 팔렸다.

나루히토 일왕 즉위에 주목한 이유

나루히토 새 일왕 즉위를 맞아 일본의 새로운 분위기를 전하는 보도를 한 후에 독자들로부터 불만 섞인 항의를 받았다. "이런 기사를 게재한 의도가 궁금하다. 우리나라가 일본을 롤모델로 삼아야 한다는 말인가. 객관성을 잃은 기사라고 생각한다."

이는 도쿄 특파원 출신의 심규선 일제강제동원피해자지원재단 이사장(전 동아일보 편집국장)이 이전에 쓴 글을 떠올리게 했다. 20여 년 전 도쿄에서 근무했던 그는 2017년 '위안부 재단 1년과 언론'이란 칼럼에서 "한·일 문제는 유일하게 남은 보도의 성역"이라고 했다. "일본에 우호적인 기사를 쓰면 친일파라는 낙인이 찍히지 않을까 스스로 조심한다는 뜻"이 그 이유라고 했다.

3년간 고쿄(皇居·일본 황궁)를 마주 보는 조선일보 도쿄 지국에 출근하면서 심 이사장이 한 말을 여러 차례 반추할 기회가 있었다. 반일 감정이 최고조인 상황에서 '일본 때리기' 프레임에서 벗어난 기사를 쓰는 것은 분명 부담스러운 일이었다. 한·일 관계가 불빛 하나 없는 지하실로 처박힐 무렵엔 편집국의 한 선배로부터 "넌 일본 사람이냐"는 말을 듣기도 했다. 알고 보니 타사(他社) 특파원 중에도 비슷한 경험을 하지 않은 이들이 드물었다. 모든 언론사가 일본 기사는 다른 기사보다 몇 배는 더 '자기 검열'을 해가며 보도하는 것이 한국적 상황이라고 할 수 있다.

아키히토 일왕의 생전(生前) 양위 결정은 국가 지도자로서 대단히 현명한 결단이었다. 그의 결정 때문에 1989년 히로히토 일왕의 사망으로 암울한 분위기에서 헤이세이 시대가 시작될 때와는 달리 새로운 기운이 넘쳐흘렀다. 20년간의 불황을 겪고 다시 살아난 경제를 꺼트리지 않겠다는 의지가 엿보였다. 이 분위기를 끌고가 국가 업그레이드를 실현하겠다는 구상이 번뜩였다.

일본이 한국 사회가 궁극적으로 추구하는 롤모델이 될 수는 없다. 다양성보다는 여전히 획일성이 커보이는 나라를 그대로 따라갈 필요는 없을 것이다. 그러나 일왕 왕위 계승을 통해 국론을 모으고, 미래 담론을 발산하는 것에 대해서는 주목할 필요가 있었다. 과거에 얽매여 갈등을 확산시키는 나라와 앞을 내다보며 달려나가는 국가 간에 차이가 벌어지는 것은 순식간이다.

04
창간 150년 역사의
일본 신문

요미우리-아사히의 '개헌 전쟁'

2019년 나루히토 일왕 즉위와 동시에 '레이와' 시대가 개막하면서 일본 내 발행 부수 1·2위의 요미우리(讀賣)와 아사히(朝日)신문이 '개헌(改憲) 여론 전쟁'이 가열됐다. 레이와 시대의 첫 헌법 기념일인 2019년 5월 3일 두 신문은 개헌과 관련, 전혀 다른 여론조사 결과를 보도했다.

아베 신조 총리를 필두로 한 자민당은 1946년 제정된 평화헌법 9조에 자위대의 존재와 역할을 명기하는 쪽으로 개헌을 추진하겠다는 입장을 지속적으로 밝혀왔다. 이런 상황에서 개헌에 찬성하는 보수 성향 요미우리는 이날 자 1면에 '헌법 논의 활발히 해야 한다 65%'라는 제목을 단 기사를 게재했다. 다른 기사에서는 '헌법 개정 찬성 50%, 반대 46%'라는 조사를 바탕으로 '헌법 개정 찬부

(贊否), 근소한 차이'라고 큰 제목을 달았다. 이 신문은 여론조사에서 2년 연속 개헌 찬성파가 반대파보다 많았다고 강조했다. 그래픽에서는 20대와 30대 중에서는 자위대를 헌법에 명기하자는 의견이 각각 54%, 61%로 높다는 것을 강조했다. 또 '헌법 논의 촉구하는 목소리'라는 제목의 기사를 통해서 개헌 논의를 촉구했다.

아사히신문은 이날 요미우리와는 상반된 여론조사 결과를 1면에 실었다. '헌법 9조 바꾸지 않는 것이 좋다 64%'를 큰 제목으로 뽑았다. 이 신문의 여론조사에서 개헌의 핵심인 헌법 9조를 바꾸자는 의견은 28%로 나타났다. 또 '개헌 기운 높아지지 않았다 72%'도 큰 제목으로 병기했다. 아사히는 해설 기사에서도 헌법 9조에 자위대 존재를 명기해야 한다는 아베 총리의 개헌안에 대해 반대 48%, 찬성 42%의 결과가 나왔음을 강조했다.

요미우리와 아사히는 각각 일본의 보혁(保革)을 대표하는 신문으로 평가받는다. 요미우리는 친(親)아베 성향으로, 그동안 개헌 필요성을 꾸준히 주장해왔다. 아베 총리와 관련된 사학(私學) 스캔들을 잇달아 특종 보도한 아사히신문은 개헌 논의를 위험한 시도로 보고 있다.

일본에서는 헌법에 달라진 사회 분위기를 반영하는 움직임에 대해 공감하는 여론이 다소 높아졌지만, 헌법 9조를 바꾸는 데 대해선 여전히 부정적인 여론이 많다. 두 신문은 이번 조사에서 이 같은 여론을 각 사의 지향하는 바에 맞춰서 다르게 강조한 것이다.

일본을 대표하는 두 신문이 개헌 문제로 뚜렷이 갈라지는 현상은 일본의 보수와 진보가 이 문제로 대립하고 있음을 보여준다.

아베 총리는 두 신문의 개헌 관련 여론조사가 보도된 날 도쿄에서 열린 개헌 세력 집회에 비디오 메시지를 보내 격려했다. 그는 이 메시지에서 "지금도 (헌법을 개정하려는) 그 마음에는 변함이 없다"고 했다. 그는 "헌법에 자위대를 명기해 위헌 논란에 종지부를 찍겠다. 내가 선두에서 책임을 제대로 다하겠다"고 했다.

이에 대해 입헌민주당을 비롯한 야당은 일제히 개헌 반대 입장을 표명했다. 진보 진영은 이날 주요 신문에 '아베 개헌에 맞서 승리하자'는 내용의 전면 광고를 냈다. 1만 1217명이 실명으로 참여한 이 광고는 "일본 헌법은 태평양전쟁의 반성을 기초로 주권자가 정부에 부과한 것"이라며 반발했다.

"총리, 아직 질문이 남아있다!"

2020년 8월 아베 신조 일본 총리가 퇴임하기 직전에 진보 성향의 아사히신문이 기자회견 문제로 충돌했다.

사건은 '히로시마 원폭(原爆) 75주년' 행사에 참석한 아베 총리가 기자회견을 마치려고 할 때 발생했다. 오랜만에 열린 기자회견이어서 관저 출입 기자단과 히로시마 지방 기자단의 간사를 맡고 있는 4개 언론사에서 하나씩 질문하기로 돼 있었다.

아베 총리가 15분간 4개 질문에 답변하고 끝내려 할 때 아사히신문 기자가 손을 들며 큰 소리로 질문했다. "(코로나로) 국민 불안이 커지는데 왜 그동안 기자회견을 갖지 않았느냐"고 했다. 아베 총리는 "코로나에 대해 비교적 시간을 들여서 얘기해왔다"고 했다.

이후 아베 총리가 퇴장하는 가운데 아사히신문 기자는 "총리, 아직 질문이 남아 있다"며 다시 질문을 하려 했다. 그러자 사회자가 회견 종료를 선언했고, 총리 관저 직원이 "더 이상은 안 된다"며 기자의 오른팔을 붙잡으며 제지했다.

아사히 신문은 이날 일어난 일을 자세하게 보도했다. 이런 상황이 발생한 데는 아베 총리가 언론과의 접촉을 피하면서 국민에게 직접 설명할 기회를 갖지 않은 탓이 크다.

원래 일본 정치의 핵(核)인 총리 관저는 기자들이 총리를 근접 관찰하는 시스템이 정착돼 있다. 일본의 관저는 한국의 과거 청와대, 윤석열 정부의 대통령실과는 달리 문턱이 낮은 편이다. 총리와 기자들은 같은 건물을 사용하나 훨씬 더 개방적이다. 총리는 5층에서, 기자들은 1층에서 일한다. 출입 기자들은 3층 로비까지는 자유롭게 올라갈 수 있다. 이곳에서 밖을 오가는 총리에게 질문하고 방문객을 주시한다. 총리의 매일 출퇴근길에 관저 로비에서 기자들이 총리의 안색, 옷차림을 확인해가며 3~5m 앞에서 질문하는 '부라사가리(매달리기)' 취재가 가능하다. 일본 신문이 매일 누가 총리를 만나는지 보도할 수 있는 것도 이 때문이다.

일본 총리는 또 언론이 매일 자신의 동정을 파악해 보도할 수 있도록 협조한다. 총리가 외출할 때는 기자단을 대표해 취재하는 통신사 차량이 경호 차량과 함께 다니는 것이 관례로 자리 잡았다. 이에 따라 일본의 중앙 일간지 등에 매일 총리의 전날 일정이 분(分) 단위로 실리고 있다.

일본 총리는 기자들 만나는데도 적극적이다. 아베는 2020년

퇴임 발표를 포함, 총 13회의 공식 기자회견을 가졌다. 약 20일에 한 번꼴이다. 정기 국회가 열릴 때는 아베가 야당 의원과 1대1 토론하는 모습이 지겨울 정도로 TV에 나왔다. 야당 의원이 그에게 "도미는 머리부터 썩는다"며 모욕을 주는 장면도 고스란히 생중계됐다. 일본 총리는 국회 답변이 의무화돼 있어 국회가 열리면 매일같이 국회에 나가 답변을 해야 한다. 2020년 1월부터 5개월간 정기국회에 나와 답변한 시간도 160시간에 이른다.

하지만 6월 정기국회 폐회 이후 기자회견을 하지 않았다. 코로나에 제대로 대응하지 못하면서 지지율이 떨어지고, "피를 토했다"는 주간지 보도가 나올 정도로 피로가 누적된 것이 가장 큰 원인이라는 분석이 유력했다.

아사히신문은 그동안 사설을 포함해 수차례에 걸쳐 아베 총리가 코로나 사태에 대해 국민에게 충실히 설명하지 않는다며 비판해왔다. '총리의 부재(不在), 국민으로부터 도망치는 것은 아닌가'라는 제목의 사설을 게재하기도 했다. 이 사설은 아베 총리가 국회에도 나오지 않고, 기자회견을 갖지 않는다고 지적했다. "코로나 바이러스의 감염이 다시 확산하고 국민 사이에 불안이 커지고 있는데도 아베 총리의 얼굴은 보이지 않는다. 국회 폐회 중 심사에는 나오지 않고 기자회견도 하지 않는다. 행정부의 수장으로서 설명 책임으로부터 도망치고 있다고 해도 어쩔 수 없을 것이다." 아사히 신문은 이후에도 몇 차례 아베 총리가 코로나 사태 등에 대해 국민에게 충실히 설명하지 않는다며 비판해왔다.

이 같은 상황에서 아사히 신문은 아베 총리가 히로시마에서 기자회견을 개최하자 충분히 질문할 기회를 달라고 했지만 거부당했다. 아베의 집권 기간 동안 아사히 신문과의 긴장이 계속되다가 이런 일이 발생한 것이다.

아베 걸음 5초 느려졌다고 보도

2020년 여름 일본 언론의 최대 관심은 아베 총리의 건강이상설이었다. 일본의 한 주간지가 2020년 7월 아베 총리가 피를 토했다고 보도한 데 이어 8월 들어서자 다른 주간지가 총리 관저 관계자를 인용해 그의 건강상태가 급격히 심각해지고 있다고 전했다. 익명의 이 관계자는 "코로나 실정(失政)에 대한 국민의 따가운 시선이 총리를 자극해 스트레스가 극에 달했다. 지병인 궤양성 대장염뿐만이 아니라 위(胃) 상태도 이상해져 식욕도 떨어지고 먹어도 설사가 빈발하는 등 체력, 기력이 상실되고 있는 것 같다"고 말했다. 몸 상태가 좋지 않아 쉽게 피곤해지고 일할 의욕도 없다는 것이다.

이런 상황에서 요미우리신문은 아베 총리가 7개월 만에 도쿄 롯폰기의 호텔 내 피트니스 센터를 찾았다고 보도했다. 그가 마지막으로 이곳을 방문해 운동한 것은 1월 3일이었다. 2019년에는 적어도 한 달에 1~2회 정도 이곳을 이용했는데 2020년 들어서는 코로나 사태를 이유로 이용하지 않았다고 한다. 그의 피트니스 센터 이용이 뉴스가 될 정도로 일본 언론은 그의 건강 문제를 주시했다.

아베 총리는 1차 집권 당시인 2007년 9월 지병인 궤양성 대장염이 악화해 전격 사임했다. 이 병은 스트레스에 민감한 것으로 알려져 있다. 그는 이후 신약을 통해 건강을 회복했으나 부작용을 막기 위해 스테로이드를 장복(長服) 중인 것으로 알려졌다.

아베 총리의 건강 이상설은 주로 가스미가세키(일본 관가의 총칭)를 중심으로 퍼져 있었다. 그러다가 8월 6일과 9일 히로시마와 나가사키에서 열린 '원폭 75주년' 행사에서 안색이 좋지 않은 아베 총리가 기자회견을 각각 15분, 18분 만에 끝내자 일반 국민 사이에 "총리가 좀 이상해 보인다"는 말이 퍼지기 시작했다.

아베 총리의 건강 이상설이 제기되고 있을 때 결정타가 된 것은 일본 TBS 방송이 보도였다. TBS 방송은 8월 13일 아베 총리의 걸음걸이가 눈에 띄게 느려졌다고 보도했다.

이 보도에 따르면 아베 총리가 같은 해 4월 관저 현관에 들어와 기자들이 '부라사가리' 취재를 위해 기다리는 로비를 지나 엘리베이터를 타기까지 걸린 시간은 평균 18.24초였다. 그런데 같은 거리를 걷는 아베 총리의 걸음걸이가 19.10초(5월)→19.14초(6월)→19.62초(7월)로 늦어지더니 8월 들어서는 20.83초를 기록했다는 것이다. 특히 아베 총리가 마스크를 한 채 피곤한 모습으로 터덜터덜 걸은 날은 23초가 걸렸다고도 했다. 꼼꼼하기로 유명한 일본 언론다운 보도였다. 결국 일본 언론이 그의 건강이상설을 집중 보도한 끝에 아베는 8월 28일 총리직 사임을 발표했다.

창간 150년의 4대 일간지

일본의 4대 중앙일간지는 모두 수 년 내에 창간 150년 안팎의 신문이 된다. 메이지유신을 계기로 근대화가 시작되면서 1872년 마이니치신문이 창간됐다. 요미우리신문(1874년), 니혼게이자이신문(1876년), 아사히 신문(1879년)이 뒤를 이었다.

일본 신문협회가 2020년 공개한 전체 신문 발행 부수는 3781만부. 이 중 요미우리신문이 약 800만부, 아사히신문이 약 550만부를 차지하고 있었다. 4대 일간지는 매년 발행 부수가 줄고 있지만 여전히 일본 사회에 큰 영향력을 갖고 있다.

일본의 150년 신문은 속보(速報)보다는 빠르게 변하는 사회현상에 메스를 들이대 신문에 대한 신뢰감을 지켜가고 있다. 각종 데이터를 가공해 잠재적·구조적 문제를 파헤치는 데이터저널리즘이 그 방법으로 자주 사용된다. 니혼게이자이는 최근 도쿄·나고야·오사카에 65세 이상 고령자가 사는 주택이 300만채 이상이라는 사실을 밝혀낸 기획기사로 고령화 사회의 심각성을 알렸다. 마이니치는 미·일 신(新)안보조약 체결 60주년을 맞아 당시의 미공개 문서들을 파고들어 불평등했던 미·일 관계를 재조명했다.

'지방 밀착'도 일본의 100년 신문 명성이 유지되는 중요한 이유 중 하나다. 4대 일간지는 대부분 광역 지자체에 지국을 두고 젊은 기자들을 파견해 이들이 현지에서 4~5년을 근무하게 한다. 주요 일간지는 각 지역 행사를 비중 있게 보도함으로써 지방 독자들의 문화 갈증을 해소하는 역할을 한다. 일본의 100년 신문들은 시대 변화에 맞춰 디지털화에도 주력하는 분위기다.

일본에는 한국 네이버처럼 신문 생태계를 파괴하는 변종 포털이 존재하지 않아 '150년 신문'의 영향력이 강한 편이다. 4대 일간지는 월요일부터 일요일까지 주7일 조·석간이 발행된다(일요일은 석간 휴간). 휴간은 한 달에 한 번에 불과하다.

일본의 주요 신문들은 디지털화라는 시대 변화에 발맞추면서도 역사의 초고(草稿)로서 기록과 사회적 공기(公器)의 기능을 중시하고 있다. 이를 상징적으로 보여주는 게 신문의 '수상(首相) 동정'이다. 아사히 신문을 비롯한 4대 신문은 총리 움직임에 대해 '9시 43분 관저 출근, 6시 41분 공저(公邸·가족과 함께 사는 공관) 퇴근'까지를 1분 단위로 기록해서 알린다. 일본의 신문들은 매년 연말이면 지난 1년 동안 일본 총리가 가장 많이 만난 사람들을 분석해서 보도하는 것이 관례다.

국회가 열리면 여야 의원들의 공방을 요약해서 보도하는 것도 변하지 않는 편집방침이다. 미·일, 한일 정상회담이 열리면 합의사항을 별도 기사로 요약해 전하는 것도 전통이다.

아사히 "미국, 세계의 리더 아니다"

일본의 아사히 신문은 2020년 4월 14일 자 1~2면에 '코로나 위기와 세계' 기획보도를 시작했다. 그 첫 번째 기사의 제목은 미국의 트럼프 대통령을 비판한 '리더의 부재.' 이 신문은 인터넷 홈페이지에 이 기사를 톱 기사로 올리면서 "(코로나) 감염이 미국의 세기(世紀) 끝냈다"는 다소 자극적인 제목을 달았다.

아사히는 트럼프 대통령이 코로나 사태에서도 '아메리카 퍼스트'정책을 주장, 입국제한 조치를 취하며 국제사회의 위기에 눈을 감은 것은 미국의 전통에 어긋나는 것이라고 지적했다.

2003년 조지 W 부시 행정부는 에이즈 대책으로 세계 최대의 '건강 이니셔티브' 정책을 주창하고 나섰다. 미국은 여기에 800억 달러를 투입해 아프리카를 중심으로 약 1300만 명의 목숨을 구한 것으로 평가된다.

2014년 버락 오바마 정권은 서아프리카에서의 에볼라 출혈열 사태에 대한 대응을 위해 국제회의를 미국에서 개최했다. 당시 감염국 지원을 위해 3000명 규모의 미군 부대를 현지에 파견하기도 했다.

하지만, 트럼프 대통령은 미국에서 신종 코로나 감염이 확인된 이후에도 "날씨가 조금만 따뜻해지면 바이러스는 기적적으로 사라진다"는 등의 낙관적인 발언만 쏟아냈다. 그 배경에는 대통령 선거에서의 재선을 위해 자국의 경제 활동을 중시한다는 방침이 있었다. 트럼프 대통령은 2017년 취임 후 '미국 우선주의'를 내세우며 국제사회의 주요 사안에 대해 무관심한 모습을 보였다. 인류가 심각한 위기에 처한 코로나 사태에서도 트럼프 대통령의 정책은 변함이 없다는 게 아사히 비판의 요지다.

아사히 신문은 트럼프 대통령 취임 후 미 질병대책본부(CDC)의 국제적 역할 축소에 대해서도 지적했다. 세계 최고의 보건기관으로 꼽히는 CDC는 "국경에 도달하기 전에 질병과 싸운다"는 것을 사명 중 하나로 갖고 있다. 전 세계 각지에 의사나 연구자 등 1만 4000명 이상의 직원을 두고 있다. "미국의 안전 보장을 위해서, 온 세상의 새로운 병원체나 질병에 대응한다"는 것이 그 목표다.

CDC는 미국의 행정기관이지만 그동안 세계 60개국 이상에 직원을 파견해 국제사회의 보건 증진에 기여해왔다. 2002년 사스(SARS)가 중국을 강타했을 때 미국이 CDC 전문가 40명을 현지에 보내 지원한 것을 계기로 양국 간 협력도 가속화됐다. 2013년 H7N9형의 인플루엔자가 중국에서 발생하자 미·중이 공동 연구를 실시하기도 했다.

그러나 트럼프 행정부하에서 국제 보건 분야는 홀대받고 있다. 트럼프 정부는 CDC 예산을 절감하려 했다. 에볼라 출혈열 대책의 교훈 차원에서 만들어진 국가안전보장회의(NSC)의 팬데믹 전담팀도 2018년 해체됐다.

중국판 CDC에는 원래 미국인 전문가가 파견돼 있었으나 2019년 7월부터 공석이었다. 미국은 2020년 초 중국 측으로부터 우한 폐렴 집단발생을 통보받고 뒤늦게 전문가 파견을 신청했으나 이는 받아들여지지 않았다. 토머스 프리든 전 CDC 소장은 로이터 통신에 "트럼프 행정부의 메시지는 '중국에 협조하지 말라. 그들은 적이다'라는 것"이라고 언급했다.

아사히 신문은 이런 사실을 바탕으로 "이미 세계의 리더가 아니다"라고 선언하듯이 기술했다. 트럼프 대통령은 미국 내 사망자 수가 급증하고 경제 상황 악화가 심각해지자 미국은 중국에 대한 책임 추궁에 나섰을 뿐 국제적 공조 움직임은 보이지 않았다.

코로나 대책을 논의하기 위해 G7 정상 화상회의를 제안한 사람은 트럼프 대통령이 아니라 프랑스의 마크롱 대통령이었다. 이 회의에서 미국은 바이러스의 기원은 중국에 있다는 표기를 고집해 공동성명 채택은 무산됐다. 미국의 에런 밀러 카네기국제평화재단 선임연구원은 "(이번 사태는 세계적 위기에서) 미국이 리더십을 발휘하지 못하거나 발휘하지 않으려는 첫 케이스가 될 것"이라고 비판했다.

1년 넘게 여론조사 조작

2020년 6월 일본 산케이신문 여론조사가 조작된 것으로 드러나 일본 사회에 충격을 줬다. 산케이신문사는 자사의 여론조사 업무를 담당하던 '아담 커뮤니케이션'이 재위탁한 '일본텔레넷' 사원에 의해 약 1년간에 걸쳐 총 14차례 여론조사에서 일부 부정한 데이터가 입력됐다고 밝혔다.

산케이신문사는 여론조사가 전국의 18세 이상 남녀 1000여 명을 대상으로 한 전화설문이었는데, 일본텔레넷은 하청받은 매회 약 500건 중 100여 건에 대해 전화를 걸지 않은 채 가공의 데이터를 입력한 것으로 밝혀졌다. 이로 인한 데이터 부정은 총 조사 건수의 약 17%를 차지했다.

친(親)아베·우익 성향의 산케이신문 여론조사에서는 그동안 아베 신조 총리 지지율이 다른 신문보다 대체로 높게 나와 이번 사태가 정치적 논란으로도 확대될 가능성이 거론됐다.

산케이신문은 14차례의 여론조사 결과를 모두 취소하며 "언론사의 중요한 역할인 여론조사 보도에서 독자 여러분께 잘못된 정보를 알려 드린 데 대해 깊이 사과드린다"고 밝혔다. 산케이신문사는 당분간 여론조사를 중단하겠는 입장도 밝혔다.

니혼게이자이신문의 혁신

빈집 예비군, 도쿄·나고야·오사카에 330만 채.' 2018년 6월 23일 일본인들의 눈길을 끈 니혼게이자이신문(日本經濟新聞·약칭 닛케이) 1면 톱기사다. 닛케이 특별 조사보도팀이 6개월간 현장 취재와 데이터 분석을 통해 65세 이상 고령자가 사는 주택이 일본 3대 도시권에만 300만채 넘게 있음을 밝혀낸 대형 특종이었다. 닛케이는 '빈집 예비군'이 이 지역 전체 주택의 20%를 차지하며 이미 비어 있는 집도 전체의 7%에 이른 것도 파악했다. 닛케이는 이 기획을 통해서 고령화 사회의 문제점을 지적하고, 정부의 대책 마련을 촉구했다.

이 기사는 닛케이가 같은 해 3월 '한계(限界)도시-NIKKEI Investigation(닛케이 조사보도)'라는 제목으로 시작한 고령화 사회의 도시문제 탐사보도 일환이었다. 닛케이는 일본이 인구감소 시대에 돌입했음에도, 고도성장기의 도시정책을 계속 하는 일본의 도시정책에 대해 메스를 들이대기로 했다. 이를 위해 2017년 편집국의 사기모리 히로시(鷺森弘) 차장을 비롯, 엘리트 기자 6명을 뽑아 반년 동안 이 취재에 전념토록 했다. 그 결과물로 나온 '한계도시'의 첫 기사는 '재개발의 50%가 타워맨션, 주택공급 과잉에 우려'였다. 일본에서 30층 이상의 타워맨션과 관련한 병설 사업 보조금으로 2016~2020년간 약 3조 5,000억이 소요되는 것도 밝혀냈다.

1876년 미쓰이(三井)물산에서 '중외(中外)물가신보'라는 이름으로 창간된 닛케이는 기업친화적인 신문이다. 타워 맨션 건설주들은 닛케이의 주요 광고주이기도 하다. 요즘도 닛케이에는 타워 맨션 분양 광고가 자주 실리고 있다. 하지만 닛케이는 고령화 사회의 도시문제를 고민하는 차원에서 타워맨션 문제를 기획 기사의 첫 번째로 내보내는데 주저하지 않았다. 사기모리 팀장은 "인구는 계속 줄어드는데, 이렇게 많은 타워 맨션이 들어서도 되나. 국민의 세금이 이렇게 쓰여도 되느냐는 생각에서 기획했을 뿐, 광고주 문제는 전혀 고려하지 않았다"고 말했다. 닛케이는 한계도시 기획을 연중 보도해 고령화 시대의 도시문제를 환기시키며 적지 않은 반향을 불러일으켰다.

데이터 저널리즘 선구자

한국에 경제신문으로 주로 알려져 있는 닛케이는 빅 데이터를 가공해서 사회의 문제점을 밝혀내거나 시민의 알 권리에 도움을 주는 '데이터 저널리즘' 분야의 아시아 선두주자다. 경제 활동과 관련된 잠재적, 구조적인 문제와 정책을 추적해서 독자들에게 판단 자료를 내놓고 있다. 단순한 경제지가 아니라 '종합정보기관'으로 자임하는 닛케이는 1,300명의 국내외 기자들의 취재를 바탕으로 미디어 격변기에 심층기사로 승부를 낸다는 원칙을 분명히 하고 있다. 이를 위해 빅 데이터 분석에 기반한 탐사보도를 강화하며 '데이터 경제 취재팀'을 별도로 운영하고 있다.

닛케이는 '한계도시' 기획을 시작하면서 이렇게 '선언'한 바 있다. "정부나 지자체, 기업이 분명히 공개하지 하지 않는 중요한 사실을 독자적인 취재로 파헤치는 조사 보도를 강화합니다. 여러 가지 공개 정보나 통계를 새롭게 분석해 알려지지 않은 실태를 떠올리게 하는 데이터 저널리즘의 방법을 구사합니다." '한계도시' 기획팀은 이 선언대로 약 700건의 재개발과 관련된 단체, 기관을 일일이 찾아다니며 종이로 된 자료를 모았다. 이 데이터를 컴퓨터로 면밀하게 가공, 분석해 일본 사회가 처한 실상을 구체적으로 알렸다.

1946년 니혼게이자이신문으로 개명 후, 일본 경제 발전과 더불어 안정적으로 성장해 온 닛케이가 이렇게 변화하기 시작한 것은 2008년의 경제위기가 계기가 됐다. 당시 미국 리먼 브러더스의 파산으로 인한 '리먼 쇼크'가 일본을 덮치자 사원주주제로 운영돼 온 닛케이도 직격탄을 맞았다. 유례없는 적자가 나고 300만부에 도달했던 닛케이의 구독자도 줄기 시작했다.

그때 기타 츠네오(喜多恒雄) 당시 사장(회장 거쳐서 현재 고문)이 대변신을 이끌기 시작했다. 디지털 퍼스트, 국제화와 함께 독자에게 더 충실한 기사를 3대 목표로 제시하면서 조직 문화 혁신에 나섰다. 누구나 기사를 쓸 수 있게 된 시대에 다른 매체와의 차별되는 심층적인 기사에 더 주력하기 시작했다.

닛케이의 국장급 관계자는 "인터넷시대에는 단편적인 기사는 다른 매체가 금방 베껴서 따라올 수 있다. 다른 매체가 쉽게 카피

(copy) 할 수 없는 탐사보도를 통해 독자들에게 다가가는 데 역점을 기울이고 있다"고 말했다.

2018년 9월 닛케이는 일본 국토교통성이 같은 해 7월 1일을 기점으로 작성한 전국의 기준 지가를 분석했다. 그 결과 택지가 2017년 대비 0.1% 상승, 1991년 이후 처음으로 오른 것을 밝혀냈다. 또 관광객이 많은 지방 4대 도시 히로시마, 센다이, 삿포로, 후쿠오카에서는 9.2%나 상승한 것을 찾아냈다. 일본의 관광객이 부동산 가격을 견인하고 있음을 데이터 분석으로 입증한 것이다.

일본 247개 기업의 2017년 연구개발비를 분석, 투자 총액이 12조 4789억엔으로 전년도보다 4.5% 증가했다고 보도하기도 했다. 조사 대상 기업 중 44%가 AI(인공지능) 분야 등에 최고 규모의 연구개발비를 투입하는 것이 닛케이를 통해서 알려졌다. '표류하는 사회보장'이라는 제목으로 복지 문제도 심층보도를 했다. 오카다 나오토시(岡田直敏) 현 닛케이 회장은 "인터넷상에서 옥석(玉石)이 혼재된 정보가 넘치는 지금이야말로 철저한 취재와 깊은 통찰력이 있는 정보와 분석을 전달하는 프로페셔널 미디어의 중요성이 더 커지고 있다"고 말한다.

닛케이는 '프로페셔널 미디어'로 도약하기 위해 2017년 편집국과 논설위원실에서 취재경험이 많고, 두터운 취재 인맥을 갖춘 기자들을 발탁해 '코멘테이터'로 임명했다. 닛케이의 간판 기자로 불리는 코멘테이터들은 'Deep Insight' 라는 제목으로 국제정치, 글로벌 시장, 산업·기업경영 등에 대해서 깊이 있는 기사를 쓰며 주목받고 있다. 이 중 한 명인 아키타 히로유키(秋田浩之) 코멘테이터는 동맹을 경시하는 트럼프 미 대통령의 등장에 주목 '동맹불황(同盟不況)'이라는 신조어를 만들어 내 유행시켰으며 일본의 권위 있는 '국제기자상'을 수상했다.

닛케이의 FT인수

닛케이는 일본의 신문에서 벗어나 세계가 주목하는 신문으로 도약하기 위해 국제화를 적극적으로 추진하고 있다. "독자들이 국제화했으므로 신문사도 변해야 살아남는다"는 취지로 2015년 영국의 파이낸셜 타임스를 인수하는 결단을 내렸다. 닛케이는 이후, FT와 함께 실리콘 밸리 분석을 비롯, 공동 취재를 통해서 시너지 효과를 내고 있다. FT 합병은 디지털 퍼스트 정책을 가속하는 계기도 됐다. 닛케이는 FT를 인수한 후에도 '협력하되 재정은 독립적으로 운영한다'는 원칙을 지키고 있다. 닛케이는 영문 매체 닛케이 아시안 리뷰(Nikkei Asian Review)도 창간, 일본을 넘어서는 미디어로 성장해 간다는 계획을 차근차근 추진 중이다.

닛케이는 2017년에 다시 큰 결정을 내렸다. 토요일과 일요일엔 과감하게 제호 위치를 가로로 배치했다. 일요일에는 일반 신문 용지보다 비용이 두 배나 더 드는 백색 고급 용지를 사용해 '닛케이 스타일'이라는 이름으로 문화, 음식, 책에 대해서 고급 정보를 제공하고 있다. 닛케이 관계자는 "신문이지만, 품격 있는 잡지처럼 느끼게 해 독자들이 1주일 내내 곁에 두고 보기를 바라며 제작하고 있다"고 말했다.

닛케이는 일본 내에서 유가신문 발행부수로는 3, 4위 선이지만, 면밀한 취재와 잘 가공된 정보를 바탕으로 일본 신문 중에서는 가장 비싼 구독료를 받고 있다. 닛케이 조·석간 신문 월 구독료는 4900엔으로 요미우리 신문, 아사히 신문보다 높은 편이다. 닛케이 조·석간 신문과 전자판을 함께 받아볼 경우 한 달에 5900엔을 내야 한다. 컴퓨터나 휴대폰으로 닛케이 전자판만 받아보는 독자로부터는 4277엔을 받는다. 닛케이는 신문 중에서 비교적 고가(高價) 정책을 고수하고 있지만, 일본 사회를 떠받치는 40~50대 비즈니스맨에게는 필수매체로 불린다. 닛케이를 구독 중인 한 회사원은 "입사 후, 닛케이를 읽으며 경제 공부하라는 말을 들었다"며 "지금도 닛케이는 돈을 내고 읽어야 하는 것으로 인식하고 있다"고 말했다.

일본 사회에서는 닛케이에 대한 비판이 없는 것은 아니다. 한 잡지는 '닛케이는 무엇을 보도해왔느냐'는 비판적인 기사를 게재하며 버블 시대 닛케이의 경제 보도에 대한 책임을 묻기도 했다. 또 다른 잡지는 비즈니스맨 100명을 상대로 '닛케이 이것이 틀렸다'를 특집 기사로 내기도 했다. 일각에서는 닛케이의 보도 방향에 대해 '아메리카 경제 정책 대리점'이 아니냐고 비판을 하기도 한다.

디지털 퍼스트 전략으로 독자 80만명 늘려

2019년 1월 30일 오후 5시. 전 세계의 모든 미디어는 니혼게이자이신문이 인터넷 홈페이지를 통해 내보낸 카를로스 곤 전 닛산 자동차 회장 인터뷰에 주목했다. 2018년 11월 도쿄 지검 특수부에 체포된 후, 구치소에서 닛케이와 인터뷰를 통해 자신이 배신당했다고 주장한 것이다. 구속 후 처음 나온 곤 회장 단독 인터뷰는 프랑스는 물론 유럽, 미국의 주요 미디어가 닛케이를 인용해 보도했다.

닛케이는 이날 오후 4시 30분에 곤 회장 단독 인터뷰가 성사됐음을 알리고, 30분 뒤에 기사를 내보냈다. 이전의 닛케이 같았으면 세계적인 특종은 조간신문에 먼저 게재한 다음에야 인터넷에 내보냈을 것이다. 이 방식이 페이퍼 신문의 오랜 전통이었다. 하지만, 닛케이는 '디지털 퍼스트' 정책에 따라 과감하게 이 기사를 오후 5시에 인터넷을 통해 내보냈다. 사내외에 그만큼 전자판을 중시하고 있음을 알린 것이기도 했다.

닛케이는 기자들의 특종 개념도 바꿔버렸다. 닛케이가 인터넷을 통해 내보낸 기사를 다른 언론 매체가 몇 분 뒤에 받아서 보도하느냐에 따라서 특종상을 주고 있다. 닛케이는 현재 전자판을 통해서 매일 600건의 기사를 내보내고 있다. 조·석간에 실리는 300건 기사의 두 배를 디지털 매체로 발신하고 있다.

닛케이는 2010년 3월 본격적으로 '디지털 퍼스트' 정책을 시작한 후, 2023년 현재 전자판 독자를 82만명 확보했다. 그 사이에 페이퍼 신문 구독자는 줄어들었지만, 이는 일본의 다른 신문 전자신문 구독자보다 압도적으로 많은 수치다. 닛케이는 2017년에 전자판 구독료를 4000엔에서 4200엔으로 5% 인상했지만, 구독자는 떨어져 나가지 않았다.

닛케이는 최고의 전자판 신문을 만들기 위해서 IT 인재를 계속 충원하고 있다. 현재 30대를 중심으로 약 100명 이상의 전문 인력이 인터넷 뉴스 혁신을 위해 활동하고 있다.

닛케이 전자판 신문 책임자인 야마자키 히로시(山崎浩志) 디즈털 편성유닛 팀장은 "독자가 읽고 싶은 기사와 독자가 읽었으면 하는 기사를 조화시키는 데 주력하고 있다"며 "실패하더라도 매월 새로운 서비스를 하는 것이 목표"라고 말했다.

05
살아있는 권력 수사하는 검찰

도쿄지검, 日 정치 스캔들에 뛰어들다

도쿄지검 특수부가 2019년 12월 카지노가 포함된 복합리조트 사건에 연루된 자민당 아키모토 쓰카사(秋元司) 중의원 의원을 전격 체포하면서 일본 정치 스캔들의 중심부로 뛰어들었다.

자민당 현역 중진 의원이 검찰에 체포된 것은 2010년 이후 처음 있는 일이었다. 일본 언론은 "도쿄지검 특수부가 특수부 사건다운 문제를 제대로 파고들었다", "도쿄지검 특수부가 부활했다"며 칼끝이 아베 정권의 어디까지 향할지 주목했다.

일본의 TV와 신문은 아키모토 의원이 2017년 교통성 부대신으로 재직할 당시 다른 곳도 아닌 의원회관 사무실에서 중국의 인터넷 기업 '500.COM'으로부터 300만엔을 현금으로 받았다는 사실을 톱뉴스로 보도했다. 이날은 2012년 12월 출범한 아베 신조 2차 정권의 7주년 기념일이었는데, 자민당은 초상집 분위기로 바뀌었다. 아베 총리는 이 사건과 관련한 질문을 받는 것조차 거부했다. 스가 요시히데 관방장관의 정례 브리핑 때는 '카지노 스캔들'과 관련한 질문이 끊이지 않았다. 견디다 못한 스가 장관이 브리핑을 15분 만에 끝내려다가 기자들이 반발하는 사태도 벌어졌다.

일본에서는 2010년 민주당의 이시카와 도모히로(石川知裕) 의원이 불법 정치자금 수수 혐의로 체포된 후, 현역 의원이 단 한 명도 체포되지 않았다. 일본 의원들이 깨끗하다기보다는 일본 검찰이 무뎌진 것 아니냐는 얘기가 많이 나왔다. 특히 아베 정권이 들어선 이후 정권의 눈치를 보는 것 아니냐는 문제 제기가 있었다.

2015년 오부치 게이조 전 총리의 딸인 오부치 유코(小淵優子) 전 경제산업상의 정치자금규정법 위반 사건에서는 비서만 구속 기소되고 오부치 의원은 불기소됐다. 2016년에는 자민당의 아마리 아키라(甘利明) 전 경제재생 담당상이 건설업자에게서 뇌물을 받은 의혹이 제기됐지만 역시 불기소됐다. 2018년 오사카 지검이 아베 총리와 친분이 있는 모리토모 학원 사건과 관련, 문서 조작 의혹을 받았던 관계자 38명을 전원 불기소 처분한 것도 논란이 됐다.

이 때문에 도쿄지검 특수부의 이번 수사로 과거 일본 정치가 정도를 벗어날 때마다 견제해왔던 일본 검찰의 전통이 살아난 것 아니냐는 분석이 제기됐다.

도쿄지검 특수부를 유명하게 만든 사건은 다나카 가쿠에이 전 총리를 전격 체포한 '록히드 사건'이다. 도쿄 지검은 1976년 7월 다나카 전 총리의 집에 들이닥쳐 그를 전격 연행했다. 총리 재직 시 미국의 방산업체 록히드에서 뇌물 5억엔을 받고 전일본공수(ANA)

에 이 회사의 비행기를 사도록 압력을 행사했다는 혐의였다. 당시 다나카는 총리직에서 물러난 상태였지만 여전히 의원 약 100명이 소속된 다나카파를 이끌며 '야미쇼군(暗將軍·막후 실력자)' 소리를 들을 정도로 권력이 막강했다. 미키 다케오(三木武夫) 당시 총리가 마음에 들지 않는다고 교체를 추진할 정도의 정계 실력자를 체포한 것은 일본 정계에 엄청난 충격을 주었다.

정권 견제 수사, 아베 최측근도 체포

도쿄지검의 수사가 아예 정권을 붕괴시킨 역사도 있다. 1980년대 후반 정보산업 회사인 리크루트가 자회사의 비상장 주식을 상장 직전에 정치권 인사들에게 양도한 사실이 드러났다. 이는 당시 일본 정치권에서 관행같은 것이기도 했다. 도쿄지검 특수부는 이 사건을 파고들어 다케시타 노보루 당시 총리는 물론 나카소네 야스히로 전 총리 등 거물급 정치인이 다수 연루된 것을 밝혀냈다. 다케시타 총리는 이 사건에 대한 책임을 지고 총리직을 사임했으며 나카소네 총리도 탈당했다. 이 때문에 "일본의 정치자금은 리크루트 사건 전과 후로 나뉜다"는 말이 나올 정도로 정치 문화가 바뀌었다.

도쿄지검이 2019년 복합 리조트 수사에 착수한 시점이 미묘하다는 점에서 정권을 휘청거리게 할 수도 있다는 관측도 나왔다. 아베 정권은 당시 정부 예산으로 진행되는 '벚꽃을 보는 모임'에 아베 총리 및 정권 실력자들이 자신의 지역구 후원회원들을 대거 초청한 사실이 드러나며 권력 사유화 스캔들로 국민의 불신이 커지고 있었다. 이 때문에 아베 총리의 지지율은 1년 4개월 만에 30%대로 곤두박질쳤다. 도쿄지검이 국회가 열리지 않는 연말을 노려서 여당 중진 의원을 체포하는 등 치밀한 계획 아래 움직이고 있는 데 대한 자민당의 경계감도 커졌다.

2020년 초 일본 검찰이 동시다발적으로 집권 여당인 자민당 의원들에 대한 수사를 본격화, 검찰의 수사 선상에 오른 자민당 의원은 전 법무상, 전 방위상을 포함해 10여 명에 이르렀다. 히로시마(廣島) 지검은 2020년 1월 가와이 가쓰유키(河井克行·중의원 의원) 전 법무상과 그의 아내인 가와이 안리(河井案里) 참의원 의원의 사무실과 자택을 압수수색했다. 가와이 안리 의원이 2019년 7월 참의원 선거 때 불법적인 보수를 지급했다는 의혹을 받고 있는 상황에서 전격적으로 이뤄진 것이다. 가와이 의원은 선거 운동원으로 활동한 남성에게 86만엔을 지급해 선거법을 위반했다는 혐의를 받았다. 히로시마 지검은 가와이 의원 비서와 관계가 있는 사무실도 압수수색했다.

이에 앞서 2019년 9월 입각했던 가와이 전 법무상은 아내와 관련한 스캔들이 터지자 취임한 지 두 달도 안 돼 사임한 바 있다. 그는 아내의 당선을 위해 불법적인 행위를 공모했다는 혐의를 받았다.

일본 검찰의 현역 정치인 사무실에 대한 압수수색은 예외 없이 구속 후 유죄 판결로 이어진다. 결국 가와이 전 법무상은 2021년 6월 도쿄지방법원에서 징역 3년, 추징금 130만엔을 선고받았다.

아베의 '벚꽃을 보는 모임' 정조준

일본 도쿄지검은 2020년 11월 아베 신조 전 총리의 후원회에 대한 조사에 착수했다. 정부 봄맞이 행사인 '벚꽃을 보는 모임' 과정에서 아베 전 총리 측이 참석자들에게 참가비 일부를 보전해주는 방식으로 향응을 베풀었다며 공직선거법 위반 혐의 등으로 같은 해 5월 고발된 사건에 대한 수사를 진척시켰다.

아베는 총리로 재직 중, 2013년부터 6년간 정·재계 인사, 문화인 등을 초청해 환담하는 벚꽃 모임에 앞서 매년 도쿄 시내 유명 호텔에서 전야제를 개최해왔다. 이때 아베의 지역구가 있는 야마구치현 지지자 등이 1인당 5000엔의 회비를 내고 참석해왔다. 고급 음식과 술이 제공되는 전야제의 2019년 참석자는 700명을 넘었다.

그러자 야당은 전야제 참석자 1인당 참가비가 너무 적다며 이 모임을 주최한 아베 후원회가 차액을 보전한 것 아니냐는 의혹을 제기했다. 1인당 음식 값이 적어도 1만 1000엔인데, 5000엔씩만 받고 차액인 6000엔 정도를 보전해줘 공직선거법을 위반(기부행위)한 혐의가 있다는 것이다. 아베의 후원회는 아베의 비서가 대표를 맡고 있었다.

아베 측은 1인당 회비 5000엔은 호텔 측이 설정한 것으로 아무 문제가 없다고 했다. 후원회가 호텔 행사 비용의 차액을 보전했다는 것도 사실무근이라고 주장한다. 하지만 도쿄의 유명 호텔에서 1인당 5000엔의 회비로 저녁 모임을 하는 것은 사실상 불가능하다는 여론이 일면서 시민단체의 고발로 수사가 시작됐다.

결국 아베 후원회 대표로 활동했던 그의 비서는 약식 기소돼 100만엔의 벌금을 받았다. 아베는 불기소 처분을 받았다.

아베는 2020년 12월 국회에서 기자회견을 갖고 지지자들에게 불법 향응을 베푼 것에 대해 사죄했다. 그는 "(전야제) 회계 처리에 대해서는 내가 모르는 가운데 이뤄진 것이나 도의적 책임을 통감한 다"며 "깊이, 또 깊이 반성하는 동시에 국민 여러분께 사죄한다"고 말했다. 또 "이번 사태를 초래한 정치적 책임이 매우 무겁다고 생각한다"고도 했다. 총리 출신 정치인이 불법향응을 베푼 것을 시인하고 사죄한 것은 이례적인 일로 정권을 견제하는 일본 검찰의 명성을 다시 확인시켰다는 평가를 받는다.

아베의 검찰총장 만들기 실패

2020년 5월 아베 신조 일본 총리는 편법으로 구로카와 히로무 (黑川弘務) 도쿄고검 검사장의 정년을 연장해 검사총장(검찰총장)에 임명하려 했다. 그는 법무성 관방장, 사무차관을 역임하면서 스가 요시히데 관방장관을 비롯해 아베 정권 핵심 인사로부터 '총애'를 받는다고 알려졌었다.

구로카와 검사장은 원래 2020년 2월 63세가 돼 정년퇴직할 예정이었다. 그런데 아베 총리가 1월 31일 각의(閣議)에서 그의 정년을 연장하는 특별 조치를 취하면서 논란이 됐다. 검사의 정년이 만 63세로 검찰청법에 규정된 상황에서 전례 없는 일이었다. 아베 총리는 공무원의 퇴직으로 공무에 현저한 지장이 생길 경우엔 퇴직을 연기할 수 있도록 한 국가공무원법을 적용했다며 이를 정당화했다.

그 후 구로카와 검사장은 이나다 노부오(稲田伸夫) 검사총장이 같은 해 8월 임기 2년을 마치고 물러나면 그 후임에 임명될 것이라는 관측이 제기됐다. 하지만 구로카와 검사장은 2020년 5월 코로나 사태 와중에 기자들과 밤샘 내기 마작을 한 사실이 알려지면서 낙마했다.

주간문춘(週刊文春) 보도에 따르면 구로카와 검사장은 5월 초 평소 알고 지내던 산케이신문 기자 집을 저녁 늦게 방문했다. 이곳에서 산케이신문 기자 2명, 기자 출신의 아사히신문 직원 1명과 함께 밤새도록 마작을 했다. 약 7시간 동안 마작을 한 후 2일 새벽 산케이신문 기자가 준비한 임대 차량을 이용해 귀가했다.

이 매체는 그가 코로나 긴급사태 중에 최대한 피해야 하는 밀집·밀폐·밀접의 '3밀(密)' 장소에서 도박하고 기자로부터 편의를 받은 것이 위법 사항이라고 지적했다. 자체 조사에 나선 아사히신문은 이들 4명이 지난 3년간 매월 2~3회 내기 마작을 해왔으며 코로나 긴급사태가 시작 후에도 총 4차례 마작을 했다고 보도했다. 1회에 1인당 최고 2만엔가량을 따거나 잃었다고 한다.

구로카와 검사장은 이 사실이 보도된 후, 즉각 사임했다. 그는 발표문에서 "일부 보도 내용이 다른 것도 있지만 긴급사태 기간 중 저의 행동은 긴장감이 결여됐으며 너무 경솔한 것이어서 통렬하게 반성한다"고 했다. 야당과 언론은 구로카와 검사장의 정년 연장을 '아베 정권의 검찰 장악 시도'로 규정해 강력히 반발해 왔다. 이에 따라 아베 정권 내부의 구로카와 검사장의 검사총장 취임을 바라지 않는 쪽에서 그의 내기 마작을 언론에 흘렸다는 관측도 나왔다.

　한편, 마작 스캔들에 사원이 연루된 아사히신문사는 "불요불급한 외출을 삼가도록 호소하는 상황에서 지극히 부적절한 행위로 사죄한다"고 밝혔다. 산케이신문사는 "본사 기자 2명이 부적절한 행위를 한 데 대해 사죄한다"고 했다.

06
일본은행과 엔(円)화

총자산 700조엔 돌파한 BOJ

일본 중앙은행인 일본은행(BOJ) 자산은 코로나 바이러스 사태와 맞물려 급격히 팽창했다. BOJ는 2019년 553조엔이던 자산이 1년 만에 27%가 늘어나 2020년 11월 사상 처음으로 700조엔을 돌파했다. 2023년에는 734조엔을 기록했다.

BOJ 자산을 미 달러화로 환산하면 미국 중앙은행인 연방준비제도(FRB), 유럽중앙은행(ECB)을 압도할 정도다. BOJ 자산은 2020년 일본 국내총생산(GDP)의 130% 규모다. FRB의 GDP 대비 보유자산 비율이 20%, ECB는 40%인 것과 비교하면 BOJ의 비대화(肥大化)는 심각한 수준이다. 중앙은행은 경제가 어려울 때 국채 등을 매입, 화폐 공급을 늘려 경기를 부양하는데 BOJ는 코로나로 인한 기업의 피해를 막기 위해 적극적으로 움직이면서 자산이 대폭 늘어났다. 국채는 2020년 초 492조엔에서 11월 말 539조엔으로 10%

증가했다.

BOJ는 2013년 구로다 하루히코(黑田東彦) 총재가 부임하면서 역할이 통화 관리에서 '경기 부양기관'으로 바뀌었다는 평가를 받았다. BOJ는 구로다 총재 취임 이전에도 국채 매입을 늘리는 방식으로 양적 완화를 시행해왔다. 그러나 이때만 해도 자산이 급격하게 늘어나지는 않았다. 구로다 총재는 아베 신조 당시 총리의 경제 정책인 아베노믹스를 지원하기 위해 적극적으로 돈을 푸는 양적완화 정책을 추진하면서 '무한 확대' 노선을 이끌었다. 그는 "코로나 상황을 주시하면서 필요하다면 주저 없이 추가 금융완화 조치를 취하겠다"고 공언했었다.

BOJ의 자산 팽창에 부정적인 견해만 있는 것은 아니다. 니혼게이자이신문은 BOJ의 적극적인 움직임으로 기업의 도산이 크게 늘어나지 않아 어느 정도 성과를 냈다고 평가했다. 하지만, 대규모 자금공급으로 퇴출돼야 할 기업이 그대로 남아 성장률 하락으로 이어질 수 있다고 지적했다. 블룸버그 통신은 비관적인 전망을 했다. 금융 시장의 BOJ에 대한 의존을 증폭시켜 위험이 가중되고 있다고 경고했다. 다이이치(第一) 생명 경제연구소의 구마노 히데오 수석 이코노미스트는 "BOJ정책이 시장 안정에 기여한 것은 확실하다"면서도 "이 같은 긴급 정책이 장기간 유지돼 출구를 더 어렵게 만들 수 있다. 향후 시장 기능에 대한 영향도 고려돼야 한다"고 했다.

BOJ의 활동 중에서 가장 큰 논란은 주식투자다. 선진국 중에서는 유일하게 중앙은행이 시장을 부양하기 위해 주식에 투자하는 나라가 일본이다. BOJ는 2010년부터 ETF(상장지수펀드·Exchange

Trade Fund)에 적극 투자하고 있다. ETF는 여러 회사의 주식을 묶은 금융상품을 말한다. BOJ가 사들이는 ETF 중 대표 상품은 도쿄 증시를 대표하는 닛케이 225 지수와 연동된 것이다. BOJ가 ETF를 처음 매입할 때는 4500억 엔을 상한선으로 설정했다. 하지만 구로다 총재가 취임하면서 큰 폭으로 늘어나기 시작했다. ETF 매입 상한액은 1조엔, 3조엔, 6조엔으로 급증했다. 코로나 바이러스 대책을 막는다는 명분으로 12조엔으로 대폭 늘리기도 했다.

BOJ가 매입한 ETF의 가치는 2020년 기준으로 약 40조엔. 도쿄 증시 1부 시가 총액의 약 6%를 차지했다. 이 때문에 일본 안팎에서는 "일본 주식 시장의 최대 주주는 BOJ"라는 비판이 나온다. 일본의 연금적립금 관리운용 독립행정법인(GPIF)과 1, 2위를 다툴 정도로 큰 손이 됐다는 것이다. BOJ는 사채 기업(CP) 분야에서도 약 20%를 차지하고 있다. BOJ는 일본 언론에 의해 '연못 속의 고래'로 불리기도 한다.

BOJ가 사실상의 대주주 지위에 오른 기업도 늘어나는 추세다. BOJ가 10% 이상 지분을 보유한 기업은 의류업체 유니클로로 널리 알려진 패스트리테일링, ANA(전일본공수) 등 70개 회사에 이른다. 5% 이상 보유한 기업은 400개사에 육박하고 있다. 이러다보니 코로나 사태에서도 일본 주식시장의 활황은 '관제 버블'이 아니냐는 비판도 나왔다. BOJ는 이들 회사에 큰 영향력을 갖고 있지만, 주주 총회에서 의결권을 행사하는 않는다. 이 때문에 자본시장을 왜곡하고 기업의 경영 혁신을 저해한다는 비판을 받고 있다. ETF의 대량 구입이 결국은 자본시장의 자율적인 기능을 저하시킨다는 것이다.

BOJ가 본래의 임무를 방기한 채 주가를 떠받치는 구조가 언제까지 지속돼야 하느냐는 논란도 계속되고 있다. 주가가 하락하면 당장 BOJ가 큰 손해를 입기에 이는 결국 일본 국민의 부담으로 돌아올 수밖에 없다. BOJ가 ETF를 영원히 보유할 수는 없기에 언젠가는 이를 처분해야 한다. 이때 주식시장이 상당한 충격을 받을 것으로 예상된다. 서서히 출구전략을 논의해야 한다는 제언이 학계를 중심으로 제기되지만, 자민당 정권은 못 들은 척하는 분이기다. 아베 신조, 스가 요시히데 전 총리에 이어 기시다 후미오 총리도 경제 위기 극복을 내세우며 귀를 막고 있다.

이런 분위기는 일본 은행 총재가 2023년 학자 출신의 우에다 가즈오로 바뀌었지만 크게 변하지 않고 있다. 일본은 '폭탄 돌리기' 식으로 양적완화 정책의 출구 전략을 계속 미루고 있는데, 언젠가는 '대가'를 치를 것이라는 우려가 만만치 않다.

엔(円)화의 '안전자산 신화'

코로나 팬데믹이 전 세계 증권시장을 덮친 2020년 3월 9일. 일본 닛케이 지수는 5% 급락하면서 평균주가 2만엔이 깨졌다. 장중(場中) 2만엔 밑으로 곤두박질 친 것은 1년 2개월 만이었다. 뉴욕 증시의 다우지수도 한 차례 서킷 브레이커(거래 중단)가 발동되면서 7% 이상 떨어졌다. 중국 상하이 지수도 3% 넘게 하락했다.

전 세계를 강타한 '블랙 먼데이'에서 돋보인 것은 일본 엔(円)화였다. 같은 날 도쿄 외환시장에서는 직전 영업일보다 달러당 엔화 가치가 4엔가량 올랐다(환율 하락). 달러당 101엔 50전을 찍었다. 2016년 11월 이후 3년 4개월 만의 최저치 기록이다.

위기상황이 되면 일본의 엔화는 금(金)과 함께 안전자산으로 분류돼 엔고(円高) 현상이 발생해왔다. 이번에도 코로나 위기가 확대되는 상황에서 달러를 팔고 엔화를 사는 움직임이 다시 나타났다. "당분간은 엔고가 다시 진행될 리스크에 대해 경계를 계속하는 것이 좋다"는 전망이 나오기도 했다.

당시 갑작스러운 엔고 현상으로 일본에 체재하는 한국 주재원, 학생들의 불안감이 커졌다. 한국의 엔화 대비 환율은 순식간에 100엔당 1,142원까지 치솟았다. 원화 가치가 급격히 떨어져 현해탄 너머에서 오는 돈으로 생활해야 하는 한국인들은 큰 부담을 느꼈다. 일각에서는 2008년 리만 브라더스 사태 당시처럼 100엔당 1500원까지 환율이 올라가는 것 아니냐는 우려도 나왔다.

당시 아베 신조 내각은 엔고 현상이 지속될 가능성을 우려했다. 2012년 2차 집권한 아베 총리는 달러당 108~110엔을 절묘하게 유지, 수출을 늘리며 2019년 연간 관광객을 3300만명까지 끌어올렸다. 비교적 안정된 엔저(円低)는 일본 사회가 활력을 갖게 한 원동력이자 아베노믹스 성공의 한 축(軸)이었다. 이 때문에 일본 은행이 즉각적으로 외환시장에 개입, 엔고를 막기 위해 안간힘을 썼다.

그러면 왜 국제적인 위기 때마다 엔화를 안전자산이라고 믿고 엔화를 사는 현상이 반복되는 걸까. 와세다대 박상준 교수는 이를 '허드 이펙트(herd effect)'로 설명한다. herd는 무리가 떼 지어가는 것을 의미하는데 모두가 엔을 안전자산이라고 믿기 때문에 이런 현상이 발생한다는 것이다. 구체적으로 그는 엔화에 대한 허드 이펙트가 작동하는 배경에 일본이 대규모의 대외 순자산을 보유하고 있기 때문이라고 분석한다.

일본 기업이나 개인이 해외에 보유한 자산은 2017년을 기점으로 사상 처음 1000조엔을 넘어섰다. 부채를 뺀 대외 순자산도 350조엔 수준이다. 약 3조 달러의 해외 순자산은 미국 중국을 제치고 세계 1위다. 일본의 해외자산은 아베 정권이 시작된 2012년부터 50% 이상 증가했다. 개인은 미국에 투자신탁을 하고, 생명보험사 등은 해외 금융상품에 투자하는 방식으로 해외 투자를 늘려 세계 최고가 됐다. 유사시 일본의 해외 순자산은 본국으로 돌아와 엔화의 가치를 높이는 데 기여하고 있다.

일본은 GDP 대비 정부 부채 비율이 약 250%로 세계 1위다. 그렇지만 국채를 대부분 일본인이 가지고 있는 것도 위기상황에서 엔화에 대한 믿음을 주고 있다. 세계 경제가 아무리 어려워져도 일본이 파산할 가능성은 거의 없다는 점에서 투자자들이 세계 경제에 빨간 불이 들어오면 엔화를 산다는 것이다.

최근에는 '엔화＝안전자산'이라는 신화에 반론도 제기되고 있다.

무역구조의 변화가 그 이유 중 하나로 거론된다. 일본은 2000년대까지 매년 10조 엔 안팎의 무역흑자를 기록했다. 하지만 일본의 무역 흑자는 2011년경부터 크게 감소, 2019년에는 약 5,000억엔의 흑자에 머물렀다. 금리가 낮은 일본에서 빌린 돈을 금리가 높은 미국에서 운용해 수익을 올리는 '엔 캐리 거래'의 감소도 엔화에 대한 믿음이 줄어든 이유로 지적됐다.

5년 만에 소비세 10%로 인상

2019년 10월 1일부터 일본에서 쇼핑을 하거나 외식을 할 때 부가되는 소비세가 현행 8%에서 10%로 인상됐다. 아베 신조 내각은 2014년 소비세를 5%에서 8%로 인상한지 5년 만에 다시 2% 포인트 올리는 결정을 내렸다.

아베 총리는 그동안 소비세 10%로의 인상을 두 차례나 연기한 바 있다. 소비세 인상이 경기에 미치는 영향이 워낙 심각하기 때문이었다. 2014년 4월 소비세 인상 이전 1분기의 개인 소비는 약 306조엔이었다. 그러나 증세 후 같은 해 2분기는 약 291조엔으로 15조엔이 감소했다. 결국 일본은 그해 실질 GDP가 마이너스 성장을 했다. 일본 국민의 소비 심리가 회복되기까지는 약 5년이 걸렸다.

이 때문에 2019년 초까지만 해도 아베 내각이 다시 소비세 인상을 연기할 것이라는 전망도 무성했다. 그럼에도 아베 총리가 '정치인의 무덤'이라는 증세를 할 수밖에 없는 이유는 아이들은 줄고 노인이 늘어나는 속도가 갈수록 빨라지기 때문이다. 재원이 한정된 상황에서 '증세 없는 복지'는 불가능하다고 판단한 것이다.

아베 내각은 이번 증세로 인한 효과를 매년 4조 6000억엔으로 예상한다. 이를 연금과 의료, 간병, 저출산 대책의 4대 분야에 쏟아부을 예정이다.

5년 만의 소비세 인상은 '복지를 위한 증세'라는 대의를 갖고 있지만 일본 국민 사이에서는 환영받지 못했다. 아베 내각은 국민의 부담을 최소화하기 위해 구체적이고 다양한 방안을 만들었다. 거래 장소에 따라서 세율이 '10·8·6·5·3%'의 5가지가 적용되도록 했다. 신용카드를 쓸 경우, '포인트 환원'으로 세금 인상분 2% 포인트를 나중에 돌려받을 수 있는 장치도 만들었다.

백화점에서는 무조건 소비세 10%를 부담해야 하나 개인 경영의 문구점 등 중소 점포에서 사면 5% 환원을 해주기에 실질적인 세율은 5%가 된다.

하지만, 일반 생활에 응용하기 어렵거나 복잡한 것이 많아 일본인들 사이에서는 불만이 나왔다. 편의점에서 빵을 사서 집으로 가져가면 8%가 적용되지만, 그곳에서 먹을 경우엔 10%를 부담해야 한다. 집으로 사 가는 음식물의 경우, 신용카드를 사용할 경우엔 포인트 환원을 받아서 실질적으로는 6%를 부담토록 했다. 맥주의 경우, 알코올 함량에 따라서 세율이 바뀌기도 한다. 이 때문에 "어떻게 바뀌는지, 도대체 뭐가 뭔지 모르겠다"는 목소리가 매일같이 TV를 통해서 확산하기도 했다. 아베 내각은 미일 무역 전쟁의 영향으로 어렵게 회복된 일본 경기가 꺾이는 것이 아니냐는 우려와 함께 국민의 불만이 커져가자 적잖게 긴장했다.

하지만 이런 우려는 오래가지 못했다. 일본인들은 10% 소비세에 빠르게 적응했다. 결과적으로 아베는 자신의 총리 임기 중에 소비세를 두 차례 인상한 유일한 총리가 됐다. 5%이던 소비세는 10%로 두 배가 돼 장기적으로 국가 재정에 기여했다는 평가를 받는다. 아베는 여러 비판받을 일이 많지만, 국가 경제의 미래를 위해 자신이 해야 할 일은 뒤로 미루지 않았던 것이다.

"일본 미래 암울, 일본 주식 다 팔았다"

'나비 넥타이의 세계적인 투자 귀재' 짐 로저스는 일본의 장래에 대해 비판적인 입장을 밝혀왔다. 로저스 홀딩스 회장인 로저스는 2019년 니혼게이자이 신문과의 인터뷰에서 "(일본의 전망이 좋지 않아서) 일본 주식은 모두 매각했다. 일본 관련 재산은 주식이나 돈, 어느 것도 가지고 있지 않다"고 말했다. 그는 "일본 주식은 그동안 7~8년간 보유해 왔지만, 2018년 가을에 모두 팔았다"며 이같이 말했다.

로저스는 그 이유로 "일본의 인구 감소라는 구조적인 문제 외에도 일본은행이 대량의 돈을 계속해서 찍어내 일본 주식이나 국채를 사들이고 있는 것도 매도의 이유"라고 밝혔다. 그의 발언은 일본 경제 비관론자들의 입장과 일치하는 것이다.

로저스는 자신의 저서 '돈의 흐름에서 읽는 일본과 세계의 흐름'에선 더 부정적인 언급을 했다. 일본의 '다이아몬드 온라인' 보도에 따르면 로저스는 이 책에서 "2050년 일본은 범죄대국이 된다"고 했다. "지금 내가 만약 열 살짜리 일본 어린이라면 당장 일본을 떠날 것"이라고 단언하기도 했다.

로저스는 "지금 열 살짜리 어린이가 마흔살이 됐을 때 폭동이 많이 일어날지 모른다"며 "국민 전체가 불만스러워하고 국가가 파탄이 날 때는 분노, 폭동, 사회 불안이 가중되는데 일본만 그렇게 되지는 않을 것이라고 말하는 사람도 있지만, 이는 어느 나라에서나 생기는 사회 현상"이라고 했다.

그는 "10살짜리 어린이가 이대로 일본에 남아 대성공을 거두는 것도 가능할 것이다. 그러나 그 인생은 순조롭게 진행되지 않을 것이다. 왜냐하면 일본에 부는 것은 순풍이 아니라 역풍이기 때문"이라고 강조했다. 로저스는 이 책에서도 일본의 미래를 부정적으로 전망하는 이유로 심각한 저출산과 엄청난 규모의 부채를 거론했다. "일본은 내가 세상에서 가장 좋아하는 나라의 하나이지만, 50년이나 100년 후에는 사라져버리는 것은 참으로 안타깝다"고도 했다. 로저스 회장은 아시아의 미얀마, 아프리카의 가나, 에티오피아 등의 역사를 거론하며 "외국인을 배제하고 문을 닫은 나라는 쇠퇴의 길로 접어들었다"고 말했다.

로저스는 일본의 미래는 암울하게 보는 대신 한반도의 장래는 밝게 전망했다. 그는 니혼게이자이신문과의 인터뷰에서 미래의 유망한 투자 지역으로 한반도를 주목해야 한다고 했다. "앞으로 10년 또는 20년간은 한반도에 뜨거운 시선이 쏠릴 것이다. 한국의 미군 기지 관련 문제로 시점은 예상하기 어렵지만, 언젠가 한국과 통합해 북한의 문호는 열릴 것이다." 그는 "중국과 러시아가 북한에 들어가는 것은 북한이 매력적인 시장이기 때문"이라며 "천연자원이 풍부한 데다 교육수준도 높고, 저임금 인력도 많이 확보할 수 있다"고 했다.

북한 정권의 미래와 관련, "북한에는 중국이나 러시아에서 사람과 정보가 계속 흘러들어오기에 (북한 정권이) 북한 주민에게 계속 거짓말하는 것은 현실적이지 않다"고도 했다. 또 "한국에는 북한 경영 능력이 있다. 나도 지금 투자처를 찾는 중"이라고 했다. 로저스는 다음 경제위기는 2008년의 '리먼 쇼크'를 능가하는 사상 최악이 될 것으로 전망했다. 그는 "위기는 조용히 시작된다"며 "중국 기업과 지방자치단체의 파산이 세계적인 채무 위기를 불러오는 불씨가 될 것"이라고 경고했다.

07
고시엔 야구와 럭비 월드컵

100년 역사의 고시엔 열기

일본 효고(兵庫)현 니시노미야(西宮)시는 인구 50만 명의 도시지만 일본에선 모르는 사람이 없다. '고시엔(甲子園) 고교 야구'로 알려진 일본 전국고교야구선수권대회가 매년 이곳에서 열려 전국에서 관람객이 몰려온다. 2018년에는 고시엔 100회 기념대회로 열려 어느 때보다 더 큰 관심을 받았다.

각 지역을 대표하는 56개 팀이 참가한 가운데 열린 개막식의 입장권 4만 8,000장은 일찌감치 매진됐다. 메이저리그 출신의 마쯔이 히데키(松井秀喜)가 시구한 볼은 고시엔 상공으로 날아온 헬기에서 낙하했다. 나루히토 왕세자가 축사를 했다. NHK 방송은 모든 경기를 전부 생중계하고 있다. 일본의 중앙 일간지들은 매일 2~4페이지에 걸쳐 이를 보도했다. 고시엔 대회가 열리는 기간만큼은 고교 야구 열기가 프로야구에 결코 뒤지지 않는다.

고시엔 대회 관객은 2009년부터 9년간 매년 80만명 이상을 기록했다. 1990년에는 92만 9000명이 관람하기도 했다. 이로 인한 경제적 효과도 크다. 미야모토 가쓰히로(宮本勝浩) 간사이(關西)대 교수는 2017년 고시엔 대회 경제 효과를 351억 엔으로 추정했다. 입장객 84만 명이 낸 직접 소비지출과 TV 중계, 스포츠 잡지 판매 증가 등의 연관 효과를 모두 합친 것이다.

일본은 프로야구 결과가 NHK 라디오의 저녁 방송에 항상 보도될 정도로 야구팬이 많은 나라다. 그래도 고교 야구에 열광하는 현상은 이해하기 쉽지 않다. 고시엔 야구가 일본 사회에서 여전히 인기를 끄는 현상은 일본의 오랜 지방 중시 전통과 연관이 있다. 일본은 1868년 메이지 유신이 시행되기 이전부터 번(藩)으로 불리는 지방의 전통이 강했다. 지방의 영주가 일정한 권한을 갖고 막부(幕府)와 협력과 긴장의 관계를 유지해왔다. 현재 47개 도도부현(都道府県)으로 행정구역이 재편된 이후에도 이 같은 지역 중심 문화가 유지되고 있다. 이런 배경에서 도도부현별로 지역 예선을 거쳐서 1~2개 팀만이 진출하는 고시엔은 기본적으로 지역 대항전 성격을 띠고 있다.

그러다 보니 자연스럽게 지방에 사는 이들은 물론 출향 인사들도 애향심을 불러일으키는 고시엔 야구에 몰두하고 있다. 시즈오카 현 출신의 기미야 타다시(木宮正史) 도쿄대 교수는 "아무래도 고향 출신 팀이 어떤 성적을 낼지 관심을 가질 수밖에 없다"며 "고교 야구가 애향심을 키우고 결집시키는 역할을 한다"고 말했다.

고시엔 대회가 100년 넘게 굴곡 많은 현대사를 관통하며 일본인들과 희로애락을 함께 해왔다는 점도 애착을 갖게 하는 요소다. 고시엔 대회는 1915년 오사카에서 처음 개최됐다. 1924년 고시엔 야구장이 완성됐으며 1927년 고시엔 야구가 라디오 방송으로 중계되기 시작했다. 1965년부터 컬러 TV중계도 실시됐다.

1942년부터 4년간 태평양 전쟁과 패전의 여파로 경기가 중단됐다. 1946년 부활한 고시엔 야구는 이후 각종 전설을 만들며 경제 부흥에 여념이 없었던 일본인들을 위로해왔다. 1978년에는 예선을 포함한 참가 고교가 3000개를 넘었다. 마쯔이 히데키는 1992년 결승전에서 5차례 연속 '경원사구(敬遠四球)'로 1루를 밟아 화제가 됐다. 일본 프로야구에서 가장 인기 있는 선수 중 한 명이었던 마쓰자카 다이스케(松坂大輔)는 1998년 결승전에서 노히트노런을 기록했다. 2004년 고마자와대 부속 도마코마이고는 홋카이도 대표로서는 처음으로 우승, 일본에서는 변방인 홋카이도를 뒤흔들어놓았다.

고교야구가 성인 야구와는 달리 순수함과 투지로 전설을 만들어 온 것도 고시엔 인기에 기여했다. '고교야구의 경제학'을 저술한 나카지마 다카노무(中島隆信) 교수는 "고시엔 대회에서는 끝까지 승부를 포기하지 않는 발랄한 플레이로 관중을 열광시킨다"며 "프로야구 선수만큼의 기술은 없지만 (고시엔에는) '고등학생다움'이라는 게 있다"고 분석했다.

그래서 고시엔 야구는 '일본 사회의 축소판'이라는 분석도 있다. 애향심, 성장 스토리, 전설 등 일본인이 좋아하는 모든 요소가 담겨 있다는 것이다. 일본인들이 애착을 갖는 것은 열심히 가꾸고 이를 브랜드화하는 문화도 고시엔 야구가 성장하는 데 기여했다.

그러나 고시엔 야구에 대해 비판적인 여론도 존재한다. 고교 야구가 과열되다보니, 좋은 성적을 올리기 위해 다른 지방 출신 선수를 스카우트하는 문화도 생겨나 예전과는 다르게 변질된 측면도 있다는 것이다. 고시엔 야구가 보이는 것과는 달리 상업화됐다는 지적이 일부 나오기도 한다.

승자는 기품 있고 패자는 의연했다

2021년 3월 한국계 교토국제고의 고시엔 시합을 두 차례 현장 취재했다. 처음 가 본 고시엔 구장에서 인상적인 것은 승패가 확정된 후 3분간의 절도 있는 움직임이었다.

교토국제고가 고시엔 첫 경기에서 5대4로 승리했을 때다. 어린 고교 선수들이 첫 승리의 환희로 흥분했을 법도 한데 과도하게 승리에 취하지 않았다. 가슴 벅찬 표정에 손을 높이 들어 올린 것이 전부였다.

시합 종료 사이렌에 맞춰 승리한 교토국제고 선수들이 전통에 따라 홈 플레이트 부근에 전광판을 바라보며 일자(一字)로 섰다. 그러자 한국어 교가가 울려 퍼졌다. 패한 시바타(柴田)고 선수들은 일루 측에 부동자세로 서서 교토국제고 교가를 들었다. 승자는 너무 크게 기뻐하지 않았고, 패자는 의연하게 상대에게 경의(敬意)를 표하는 게 돋보였다.

비슷한 장면을 교토국제고의 16강전에서 다시 목격했다. 교토국제고는 9회까지 4대2로 이기다가 도카이다이스가오(東海大菅

生)고에 5대4로 역전패했다. 그것도 9회 말 투 아웃, 투 스트라이크에서 역전타를 맞았다. 스트라이크 하나만 더 들어갔으면 8강에 오를 수 있었다.

그런 상황에서 패한 게 아쉽고도 분했을 것이다. 그럼에도 교토국제고 선수들은 그 감정을 억눌렀다. 이번엔 자신들이 삼루 측에 도열, 상대 팀의 교가를 들음으로써 승리를 축하해줬다. 퇴장할 때는 모자를 벗어서 대회 관계자들에게 인사를 하며 물러났다. 어린 선수들의 의식(儀式)에서 장엄함이 느껴졌다. 가족을 잃은 상가(喪家)에서도 오열하지 않는 일본 문화가 오버랩됐다. 미국에서 알게 된 스포츠 격언을 떠올렸다. "기품(氣品) 있게 이기고, 질 때는 영예롭게 진다(win with class, lose with honor)."

교토국제고의 박경수 교장은 "승리했다고 상대 팀을 자극하지 않고, 졌다고 분한 것을 드러내지 않는 것이 고시엔 전통이자 교육"이라고 설명해줬다. 승리한 기분을 지나치게 표출한 팀이 경고받은 사례도 있다고 했다.

승패가 결정되면 미련 없이 결과에 승복하는 일본 문화는 경기장 밖에서도 볼 수 있었다. 박 교장은 16강전에 앞서 교토국제고에 아깝게 진 시바타고 교장으로부터 전화를 받았다. 그는 "오늘 열심히 교토국제고 선수들을 응원하겠다. 잘 싸워달라"고 격려했다. 이날 교토국제고가 석패한 후, 재일교포 응원단이 주차장에서 상대 팀 선수들을 만났다. 대부분 일본에서 태어난 교포들은 이들에게 "축하한다"며 손을 흔들어줬다. 도카이다이스가오고 선수들은 깊숙이 고개 숙여서 감사의 뜻을 표했다.

2021년 고시엔 대회에 첫 출전한 교토국제고의 응원단이 절도있는 자세로 선수들을 응원하고 있다.

고시엔은 선수들만 기품을 지키고 절도 있게 움직이는 것은 아니었다. 전국에서 모여드는 응원단은 엄격한 규정하에 움직였다. 응원 버스는 고시엔 구장 바로 앞에 정차하거나 주차할 수 없었다. 약 1㎞ 떨어진 주차장에 모든 응원단을 내려놓아야 했다. 이곳에 단체 버스가 흩어져서 입장하는 것도 금지됐다. 같은 학교의 버스는 반드시 열을 맞춰서 한 번에 입장하는 것이 규정이었다. 고시엔 구장 주변의 혼란을 막는 것은 물론, 대형 버스들이 마구 다녀 교통사고 위험이 커지는 것을 방지했다.

응원단은 고시엔 구장에 개별 입장할 수도 없었다. 안내원의 깃발하에 2열로 줄을 맞춰서 가야 했다. 1000명에 이르는 응원단이 수백m 줄지어 이동하는 장면은 해외여행 당시 마주친 일본인의 모습 그대로였다. 행렬이 이동하는 동안 자원봉사자들로 보이는 이들이 엄격하게 통제했다. "주민들에게 폐를 끼치지 않기 위해서 열을 벗어나지 말아달라"는 말을 수차례 들었다. 자전거를 탄 주민들을 만나면 반드시 이들이 먼저 가도록 배려했다. 일본인이 종교처럼 여기는 고시엔은 일본 사회의 축소판이다. 한국 사회가 전체주의적, 후진적이라고 무시하는 일본의 전통과 질서는 고시엔을 통해서도 재생산되고 있었다.

'아시아의 유럽' 꿈꾸며 럭비 월드컵에 열광

일본 도쿄에서 2019년 9월 개막한 럭비 월드컵에 일본 열도가 열광했다. 아시아에서 처음 열리는 럭비 월드컵은 일본 대 러시아 전을 시작으로 11월 2일까지 일본 전역에서 개최됐다. 남아공, 이탈리아 등 20개 팀이 참가해 총 48경기가 열렸다. 한국은 예선 탈락으로 본선에 참가하지 못했다.

북부 홋카이도부터 남서부 구마모토현에 이르기까지 일본 전역 12개 경기장에서 열리는 럭비 월드컵으로 일본은 축제 분위기였다. 전체 관람 티켓 180만장이 모두 판매됐다.

일본인들은 럭비 월드컵을 아시아에서 처음 유치한 데 대해 매우 뿌듯해했다. 럭비 월드컵은 1868년 메이지유신 이후 '탈아론(脫亞論)'을 내세우며 '아시아의 유럽'이 되는 것을 목표로 했던 일본에 특별한 의미가 있다. 메이지 정부는 럭비 종주국인 영국과 1902년 동맹을 맺기 이전부터 럭비를 장려했다. 럭비가 강조하는 팀워크, 희생정신, 끈기는 부국강병(富國强兵)을 추구하던 당시의 분위기와 잘 맞아떨어졌다. 1920년대 일본 전역에 수천 개의 럭비팀이 있었다는 기록이 있을 정도로 인기였다.

이런 전통 때문에 럭비는 지금도 일본에서 인기 스포츠 종목 중 하나로 손꼽힌다. 대학 럭비부 출신은 취업할 때 기업에서 환영하는 인재들이다. 모리 요시로 전 일본 총리는 와세다대 럭비부 출신으로 정치권에도 상당한 럭비 팬이 있다.

대회조직위의 분석에 따르면 럭비 월드컵으로 인한 경제 효과는 4372억엔. 럭비 월드컵은 맥주 생산량에도 영향을 미쳤다. 럭비 관객으로 맥주 소비량이 늘어날 것에 대비해 일본 기린 맥주는 요코하마 공장 생산량을 3배 이상 늘렸다. 럭비 월드컵을 보기 위해 수십 만명의 해외 관광객이 찾아 '관광 일본'을 알리는 데도 효과가 있었다.

일본은 럭비 월드컵을 2011년 대지진이 발생했던 동북부 지역의 부흥 계기로도 활용했다. 일본은 당시 피해 지역의 하나인 이와테현에 '부흥 스타디움'으로 명명한 경기장에서 럭비 경기가 열리도록 했다. 사모아 대표팀 캠프는 후쿠시마 원전 사고 발생 지점으로부터 불과 50㎞밖에 떨어지지 않은 곳에 설치하도록 손을 썼다.

럭비 월드컵에 맞춰서 출전국의 지도자들이 잇달아 일본을 방문, 정상외교를 펼쳤다. 럭비 애호국인 뉴질랜드의 저신다 아던 총리는 도쿄에서 아베 총리와 정상회담을 가졌다. 아던 총리는 개회식에 참석하고 뉴질랜드 대 남아공전을 관전했다. 피지, 사모아의 총리도 대회 중 일본을 방문했다.

BBC가 일본을 사랑한 이유

2019년 10월 일본 럭비 월드컵이 끝난 후 영국 공영방송 BBC가 특집 기사를 홈페이지에 게재했다. '우리가 일본 럭비 월드컵을 사랑하는 이유'가 그 제목. 일본에서 현장 취재했던 BBC 프로듀서는 일본인들의 규칙 준수를 가장 큰 매력으로 꼽았다. "일본인들은 규칙을 좋아하고 절대 그 규칙에서 벗어나지 않는다. 이런 습관은 일본에서의 생활을 기분 좋고 편안한 것으로 만든다." 구체적으로 모두가 교통신호를 지키며 기차역 플랫폼에는 줄을 서야 할 선이 그려져 있다고 했다. 누구도 새치기하지 않는다고도 썼다. BBC의 다른 기자는 "일본 사회는 (타인에 대한) 존중(respect)에 대해 많은 것을 가르쳐 준다"고 했다.

AFP 통신을 비롯한 해외 언론은 일본인들이 호주·캐나다 등 다른 참가국의 국가를 외워서 불러 주는 '오모테나시(진심 어린 마음으로 대접한다는 의미의 일본어)'에 주목해 보도했다. 마이애미 헤럴드를 비롯한 외국 언론에 일본인들이 서툰 외국어로 참가국 국가를 불러주는 동영상이 올라오기도 했다.

일본은 두 달 가까이 치른 럭비 월드컵으로 '규칙을 잘 지키는 나라', '친절한 국가' 이미지를 더 굳건히 했다. 요미우리신문이 럭비를 보러 일본에 왔던 외국 관광객 100명을 조사했더니 응답자의 79%가 '친절하다, 우호적이다'라고 답했다. 58%는 '나쁜 점이 없다'고 했다.

08
노벨상 계속 수상하는 일본

일본 통산 24번째 수상 혼조 교수의 6C 원칙

2018년 일본 통산 24번째 노벨상 수상자는 혼조 다스쿠 (本庶佑·사진) 교토대 특별교수 였다. 혼조 교수는 암(癌)을 극 복하는 면역 메커니즘을 규명 한 공로로 미 텍사스대 MD앤

더슨 암센터의 제임스 앨리슨 교수와 함께 노벨 생리의학상을 받았 다. 그는 기자회견에서 "네이처나 사이언스에 수록되는 연구의 90%는 거짓말로, 10년 후에는 10%만 남는다"며 "(다른 사람이) 쓴 것을 믿지 않고 내 머리로 생각해서 납득될 때까지 (연구)하는 것이 내 방식"이라고 했다. 다른 학자의 연구를 직접 검증한 후에야 이 를 수용, 자신의 연구를 발전시켜 왔다는 것이다.

혼조 교수는 "연구는 무언가를 알고 싶어 하는 호기심이 없으면 안 된다"고 강조했는데, 일본 언론은 이런 혼조 교수에 큰 관심을 보였다. 그는 마이니치신문 인터뷰에서는 자신의 좌우명 '유지경성(有志竟成)'을 직접 써서 보여줬다. '후한서(後漢書)'에 나오는 이 말은 '뜻이 있으면 반드시 달성할 수 있다'는 의미. 그는 "실험은 실패가 당연한 것이다. (그 실패 때문에) 주눅 들면 안 된다. 연구에 불가능은 없다. 반드시 길이 있다고 믿고 연구해왔다"고 했다.

아사히신문은 혼조 교수가 평소 시대를 바꾸는 연구에는 '6C'가 필요하다고 강조해 온 사실을 보도했다. 많은 사람에게 도움을 주는 연구를 성공하기 위해서는 Curiosity(호기심), Courage(용기), Challenge(도전), Confidence(확신), Concentration(집중), Continuation(지속)의 6개 덕목이 필요하다는 것이다. 그는 "연구만큼 즐거운 인생은 없다. 젊은 사람들이 이 분야에 참여하길 바란다"고 말한다.

혼조 교수는 일본 정부와 사회가 기초과학에 대한 이해와 지원이 부족하다고 비판하기도 했다. 그는 "무엇이 올바른지 모른 채 (기초 연구를 하지 않고) 모두 응용만 하며 산(山)을 공격하는 것은 난센스다. 예산을 더 많이 배분해서 젊은이를 비롯한 많은 사람에게 기회를 줘야 한다"고 했다. 혼조 교수는 암세포가 숨는 데 도움을 주는 단백질 'PD1'을 발견한 때가 1992년이었다며 "생명과학에는 시간이 걸린다. (연구 지원금으로) 1억엔(약 10억원)을 냈으니 5년 후에 5억엔, 10억엔이 된다는 것이 아니다"고 했다. 당장의 성과를 재촉하지 말고 기다려 주는 분위기에서 큰 결실을 볼 수 있다는 애기다. 그가 제자에게 "집을 팔아서라도 비용을 준비할 테니 실험할 수 없다고 말하지 마라"고 호통쳤다는 일화도 소개됐다. 혼조 교수는 아사히신문 인터뷰에서 "노벨상 상금과 암 치료제 판매 로열티 등을 기반으로 교토대에 젊은 연구자를 지원하는 기금을 설립하겠다"며 "과학은 미래에 대한 투자"라고 말했다.

혼조 교수는 일본의 1000엔짜리 지폐에 등장하는 전설적인 의학자 노구치 히데요(野口英世)의 삶에 감명받아 교토대 의대에 입학했다. 의학부 시절 동급생이 위암으로 사망한 것을 계기로 면역 체계에 관심을 갖기 시작했다. 1971년 미국 카네기 연구소를 거쳐 1984년 교토대 교수가 된 후에도 줄곧 면역 연구에 주력해왔다. 그는 자신을 "대단한 행운(幸運)이 있는 남자"라며 주변 사람들에 대해 감사했다. 특히 자신의 아내 시게코(滋子)에 대해선 "하느님 같은 사람"이라며 "이런 인생을 두 번 살고 싶다고 생각할 정도로 아내가 충실히 나를 돌봐줬다"고 했다.

혼조 교수는 2020년 코로나 사태가 발생하자 자신의 홈페이지에 '긴급 제언'을 올려 주목받았다. 이 제언에서 그는 코로나를 은밀하게 침투해 상대방에게 독(毒)을 뿌리는 닌자라고 규정했다. 그러면서 이를 제압하기 위한 방책으로 두 가지를 제안했다. 먼저 "적을 알지 못하면 적을 이길 수 없다"며 유전자 검사(PCR) 건수를 단번에 10배로 증가시켜야 한다고 주장했다. 일본의 PCR 건수는 당시 크게 부족했는데 이를 하루속히 늘려야 한다는 것이다.

둘째로는 주말뿐 아니라 평일도 한 달 정도 외출하지 말자고 제언했다. 구체적으로는 경제활동을 30% 줄여서 3개월간 계속하는 것보다 경제활동을 90% 줄여 한 달 만에 사태를 수습하는 게 낫다고 했다.

기업 연구자의 노벨상 수상

일본은 '노벨 과학상＝대학교수'라는 공식을 종종 깨트리는 나라다. 2019년 노벨 화학상 공동 수상자인 일본인 요시노 아키라(吉野彰·사진)도 그런 케이스다. 일본사회는 2018년 혼조 다스쿠 교토대 특별교수가 노벨 생리의학상을 받은 데 이어 일본인이 2년 연속 노벨상을 수상한 데 대해 크게 의미를 부여했다.

그는 일본에서 '기업 연구자'로 불리는 과학자다. 대학이 아닌 일반 기업 아사히 카세이(旭化成)에서 근무하며 노벨상 수상자가 됐다. 박사학위도 57세가 되던 2005년에야 받았다.

일본의 기업 연구자 출신 노벨상 수상자가 처음 나온 것은 반세기 전인 1973년이다. 에자키 레오나(江崎玲於奈)는 소니(SONY)에서 근무할 당시 반도체 관련 연구로 노벨 물리학상을 수상했다. 2002년에는 정밀기기업체 시마즈 제작소의 엔지니어 다나카 코이치(田中耕一)가 노벨 화학상 수상자가 됐다. 당시 그의 직책은 주임으로 학사학위밖에 없었다. 그럼에도 단백질 등의 고분자 물질의

질량을 순간적으로 측정할 수 있는 방법을 제시, 노벨상을 받는 이
례적인 기록을 세웠다. 니치아(日亞) 화학공업에서 청색 LED를 개
발한 나카무라 슈지(中村修二)는 2014년 노벨 물리학상을 받았다.

이런 분위기 때문에 일본에서는 과학자들이 굳이 대학에 남겠
다고 고집하지 않는다. 오히려 일본 기업에서 '작품'이 될 만한 연
구는 적극적으로 밀어주기 때문에 자신이 하고 싶은 연구를 위해
이공계 회사를 선호하기도 한다.

2019년 노벨상 수상자인 요시노는 교토대에서 석유화학을 전
공하고 석사 과정을 마친 후 아사히 카세이에 입사했다. 그가 처음
부터 리튬 이온 배터리 분야를 연구했던 것은 아니다. 아사히 신문
에 따르면, 그는 리튬 이온 배터리 연구를 하기 전에 세 가지 분야
를 연구했지만 모두 실패했다. 맨 처음에는 '유리와 밀착하는 플라
스틱 필름' 개발에 주력했다. 자동차 유리창에 밀착시켜 접착할 수
있는 플라스틱 필름을 개발하려 했지만 성공하지 못했다. 이어서 불
에 타지 않는 단열재, 빛을 비춰 살균과 오염을 제거 할 수 있는 소
재 개발도 전망이 보이지 않아 중간에 연구를 접어야 했다.

리튬 이온 배터리 개발 착수

요시노는 입사 9년차인 1981년 33세 때에 리튬 이온 배터리
로 연결되는 연구에 착수했다. 원래 당시의 테마는 '전기를 통과하
는 플라스틱의 응용'이었다. 나중에 노벨 화학상을 수상하는 시라
카와 히데키(白川英樹)가 발견한 전도성 물질 폴리아세틸렌에 주목

했다. 모교인 쿄토대에서 폴리아세틸렌 소재를 입수해 1년에 걸쳐서 이를 생성하는 기술을 익혔다.

1982년에는 노벨 화학상을 공동 수상한 존 구디너프 박사의 논문을 접한 후, 본격적으로 리튬 이온 배터리 개발에 나섰다. 이런 노력으로 리튬 이온 배터리의 기본 구조를 확립한 후 1985년 특허를 출원했다. 이어서 탄소 재료를 이용하는 실용화로 연결했다.

적지 않은 노력 끝에 혁신적인 아이템을 만들었지만, 처음부터 시장의 주목을 받은 것은 아니었다. 완제품이 만들어졌지만 팔리지 않았다. 그는 당시의 고통을 수상기자회견에서 이렇게 토로했다. "개발한 리튬이온 배터리가 3년간 전혀 팔리지 않는 시기가 있었다. 정신적으로나 육체적으로 목을 조이는 것 같은 괴로움이었다."

리튬 이온 배터리는 1990년대 들어서야 IT 산업화 붐에 힘입어 날개돋친 것처럼 팔려나갔다. 그가 개발에 참여한 리튬 이온 배터리는 스마트폰 등에 활용되며 IT산업계에 큰 진전을 가져왔다는 평가를 받고 있다. 휴대하기 편하고 반복충전되는 리튬 이온 배터리는 일상생활과 관련된 다양한 분야의 산업을 자극했다.

요시노의 연구에 힘입어 그가 지금도 근무 중인 아사히카세이는 리튬 이온전지의 양극과 음극을 분리하는 세퍼레이터 분야에서 세계 1위의 최강자 자리를 지키고 있다. 기업 연구자로 살아온 그는 언론 인터뷰에서 "기업에 취직해 기초연구부터 제품화까지 한 흐름으로 연구할 수 있었던 것이 좋았다"고 했다.

요시노는 가장 인간적인 얼굴을 한 과학자라는 평도 나온다. 그의 인상은 다른 노벨 과학상 수상자들처럼 카리스마가 있는 얼굴은 아니다. 요시노의 직장 후배들은 그가 저녁이면 동료와 어울려 술 마시며 이런저런 애기하기를 좋아한다고 했다. 부인 요시노 구미코(久美子)도 "나는 샐러리맨과 결혼했다고 생각했을 뿐 내가 학자의 아내라고는 전혀 생각하지 않았다"고 했다.

그는 노벨상 수상 기자회견에서 "노벨 물리학상 발표를 보면서 '내일은 내 이름을 부르면 좋겠다'라고 생각했다"며 인간적인 면을 드러냈다. "나 자신, (수상으로) 흥분하고 있다"고도 했다.

요시노는 초등학교 4학년 때 담임 선생님의 권유로 마이클 패러데이의 '촛불의 과학'을 읽은 후, 과학자의 삶을 꿈꿔왔다. 그렇다고 실험실에만 틀어박혀 있었던 것은 아니다. 교토대 재학 시절 때는 고고학 동아리에서 활동한 이색 경력을 갖고 있다. 전공은 석유화학이었지만 동아리 활동은 고고학을 택해서 나라(奈良)현 유적지를 찾아다니며 유적 발굴에 참여하기도 했다. "고고학과 화학은 모두 실증과학"이라며 "얼마나 새로운 데이터를 세계에 먼저 제시하는지가 중요하다는 것이 공통점"이라고 말한다.

요시노는 자신의 성공 원인에 대해 '유연성과 집념'이라는 두 개의 키워드로 답했다. "미래를 보면서 연구하는 것이 중요하다"며 "기술도, 사회의 요구도 시시각각 변화해 간다. 그 흐름을 타야 한다"고 했다. 후학들에게는 "벽에 부딪혀라. 벽을 고맙게 생각해라"며 중단 없는 전진을 강조해왔다. 스마트폰 발전에 결정적 기여를 해 놓고선 정작 본인은 "스마트폰 갖고 다니지 않는다"고 말하는 괴짜이기도 하다.

요시노는 일본인으로서는 25번째 노벨 과학상 수상자가 됐다.

일본은 멈춰 서 있고, 한국이 앞으로 매년 한 명씩 노벨 과학상을 수상한다고 해도 꼬박 한 세대가 걸려야 일본 근처에 갈 수 있다는 의미다. 일본은 미국, 영국, 독일, 프랑스에 이어서 세계에서 5번째로 많은 노벨상 수상자를 많은 나라이기도 하다.

그럼에도 자국의 기술력에 대해 결코 자만하는 분위기가 아니다. 요시노는 자신에 앞서 노벨 생리의학상을 받은 혼조 교수처럼 과학과 관련한 일본 상황을 우려했다. "최근의 일본 대학 상황을 염려하고 있다. 지금 일본은 심하게 말하면 주변부를 어슬렁거리고 있어서 어중간한 느낌"이라고 했다. 일본 정부와 사회가 기초과학에 대한 이해와 지원이 부족하다고 비판했다.

"집념만 가지고는 안 된다. 유연성을 가져라"

2020년 11월 노벨 화학상 공동 수상자인 일본인 요시노 아키라 씨를 인터뷰했다. 일본 화학회가 주최한 강연을 마친 그는 웃는 얼굴로 노벨상 수상 후 외국 언론과의 첫 인터뷰에 응했다.

- 대학교수가 아닌 '기업 연구자'로서 중요한 개발을 했는데, 소속된 회사 아사히 카세이가 어떤 지원을 했나.

"기본적으로 회사에서 모든 지원을 했다고 할 수 있다. 회사가 돈을 내서 기초연구를 하고 이를 완성한 것이다."

- 처음부터 끝까지 회사에서 지원한 결과라고 생각하나.

"기업 연구는 3단계다. 연구(research) → 심화·발전(development) → 상업화(commercialization) 3단계에서 회사에서 처음부터 끝까지 지원을 아끼지 않았다"

- 노벨 화학상 수상 회견에서 유연성과 집념을 강조했는데.

"연구에는 기본적으로는 집념이 중요하다. 연구에 대한 굳은 마음가짐이 필요한 것이다. 그러나 그것만 가지고서는 되지 않는다. 어떻게든 될 것이다. 그런 마음을 가지는 것이 중요하다."

- 연구에서 유연성이 그렇게 중요한가.

"유연성이 없으면 연구에서 '벽'을 뛰어넘는 것이 불가능하다. 반드시 연구할 때 유연성이 필요하다. 물론 100% 유연성만 가지고 있어서도 곤란하지만…(웃음)."

- 강연에서 이제는 IT혁명을 넘어서 ET(Environment & Energy Technology(환경 에너지) 혁명 시대라고 했는데.

"ET혁명은 인공지능(AI), 바이오 모든 것을 포괄하는 개념이다. 여기에 내가 전공한 리튬이온 배터리도 연결해서 환경 문제에도 분명한 답을 내야 한다고 생각한다.

- 환경 문제는 얼마나 심각하다고 생각하기에 리튬이온배터리 연구자로서 관심을 갖나.

"탄산 가스를 포함해서 환경 문제는 인간이 직면하고 있는 심각한 문제다. 그런데 이것은 역(逆)으로 보면 앞으로 큰 비즈니스 찬스가 될 수도 있다. 무엇인가 여기에 대해서 제대로 답변(새로운 기술)을 내놓으면 틀림없이 성공할 것이다."

- 앞으로 ET혁명 시대를 맞아서 어떤 연구를 할 계획인가.

"미래 기술에 내가 발견한 리튬 이온 배터리를 어떻게 연결할지를 더 열심히 생각해서 연구하는 것이 중요하다고 생각한다."

- 한국 리튬 이온 배터리를 비롯한 기술 수준은 어떻게 평가하나.

"역시 지금 이 분야에서 앞서 있는 것은 LG, 삼성 아닌가. 실질적으로 성능면에서 좋다고 생각한다."

- 한국과의 관계는.

"어떤 때는 2~3개월마다 한국의 LG, 삼성, 현대 전자를 방문하고 있다."

- 한 · 일 기업의 협력은.

"(고개를 끄덕이며) 한국과의 협력은 좋다고 생각한다. 새로운 재료를 개발할 때도 그렇고 (여러 분야에서) 서로 손을 잡고 할 수 있을 것으로 본다."

09
관광대국으로 도약하는 일본

관광명소가 된 도쿄역

2019년 6월 16일 오전 도쿄역 광장. 두 개의 일장기가 나란히 펄럭이는 도쿄역 현관에 마차 2대가 나타나자 관광객들이 일제히 휴대폰을 꺼내 들었다. 고풍스러운 마차의 옆면에는 일 왕실을 상징하는 국화 문양이 빛나고 있었다. 부르나이의 신임 주일 대사는 이곳에서 약 700m 떨어진 고쿄(皇居 · 일 왕궁)에 들어가 나루히토 일왕에게 신임장을 제정하기 위해 마차에 올라탔다. 관광객들은 마차 행렬이 사라질 때까지 신기한 표정으로 연신 사진을 찍었다.

마차가 떠난 후, 일부 관광객들은 1914년 건립 당시 모습을 그대로 재현한 도쿄역을 배경으로 사진을 찍으며 환하게 웃었다. 도쿄역 구내에 영업중인 호텔을 둘러보는 이들도 있었다. 프랑스에서 온 회사원 니콜라 뢰볼트 씨는 "도쿄역은 마치 유럽의 오래된 성을 보는 느낌"이라고 했다. 미국 워싱턴 DC에서 도쿄를 방문한

마루노우치 상업 중심지와 어울리며 새롭게 단장된 도쿄역은 일본의 신흥 관광명
소가 되었다. 신혼부부들이 결혼사진을 찍기 위해 많이 찾고 있다.

영어 교사 타일러 카르거 씨는 "지금까지 내가 본 역 건물 중에서
는 가장 멋지다. 주변 건물과 조화로운 것이 인상적"이라고 했다.

　도쿄역은 이제 단순히 기차가 오가는 교통시설이 아니다.
2017년 도쿄역과 일본의 상업중심지 마루노우치(丸の内) 지역사이
의 1만㎡가 자연친화적으로 새롭게 단장된 후, 일본에서는 물론 외
국에서 관광객이 몰리고 있다. 도쿄역에서 마루노우치를 거쳐 고쿄
로 갈 수 있도록 도로 한가운데 만든 폭 25m 보행로를 타고 관광
객들이 흘러다닌다. 외국 대사의 신임장 제정식이 열릴 때가 아니
더라도 도쿄역에 와서 사진찍는 외국인들의 모습을 쉽게 볼 수 있
다. 히잡을 둘러쓴 무슬림 여성들도 많이 보인다. 일본의 신혼부부
들이 전통 의상을 입고 도쿄역을 배경으로 사진 촬영하는 모습도
자주 목격된다.

　도쿄역－마루노우치－고쿄로 쭉 이어진 구간이 일본의 '국가

상징 거리'로 변모한 것은 일본의 민간이 15년 넘게 힘을 모은 결과다. 2002년 당시 고이즈미 준이치로(小泉純一郞) 총리는 도쿄역 주변의 도심 부활을 위해 이 지역의 고도제한을 대폭 풀었다. 용적률을 2000%로 과감하게 올렸다. 도쿄역 위의 가상공간을 공중권(空中權)이라는 이름으로 팔아서 주변 빌딩이 마천루를 이루도록 했다. 그 결과 지금 마루노우치는 40층에 육박하는 건물들이 잇달아 들어서면서 뉴욕의 맨해튼을 연상시키는 빌딩 숲이 됐다. 일본의 대형 기업들은 이곳에 각각 특색 있으면서도 시민들의 보행권과 쉴 권리를 충분히 보장하는 건물들을 멋있게 만들어 올렸다. 그 결과 지금은 도쿄를 방문하는 외국인들이 반드시 들리는 명소가 됐다. 단아하고 엄숙한 느낌을 주는 도쿄역, 잔디밭이 깔린 도쿄역 광장, 숲 속의 미술관을 연상시키는 미쓰비시 이치고칸, 명품 거리인 나카도리…

도쿄도는 이 지역을 데모, 홈리스, 쓰레기가 없는 3무(無)지역으로 만들기 위해서도 끊임없는 노력을 기울이고 있다. 도쿄역의 한 안내원은 "역 광장의 질서와 미관을 해치는 분들에게는 모두를 위해서 자제해주거나 다른 곳으로 옮겨달라고 요청하고 있다"고 말했다.

외국인 관광객 연 4000만명 목표

일본 관광 역사에서 가장 의미 있는 해는 2018년이었다. 일본을 방문한 외국 관광객이 12월에 3000만명을 돌파했다. 일본 국토

교통성은 오사카(大阪)의 간사이(關西) 국제공항에서 기념식을 갖고 이 해의 3000만 번째 관광객이 된 대만인에게 기념품을 증정했다. 이시이 게이이치(石井啓一) 국토교통상은 "관광 자원을 더 개발해 2020년 외국인 관광객 4000만명 목표 달성을 위해서 전력을 다하겠다"고 말했다.

이 계획은 2020년부터 약 3년간 지속된 코로나 바이러스 사태로 이뤄지지 못했다. 하지만 2023년 코로나 사태가 해제되고, 정상으로 돌아오면서 일본을 찾는 관광객이 대폭 늘어나고 있다. 2025년 무렵이면 4000만명 돌파할 것이라는 관측도 나온다.

일본이 관광대국으로 거듭난 것은 비교적 최근의 일이다. 20년 전인 2003년 방일 외국인은 500만명에 불과했다. 그러다가 2013년 1000만 명, 2018년 3000만 명을 넘어섰다. 외국 관광객이 15년 만에 6배, 5년 만에 3배 수직 상승한 것이다.

그 배경은 무엇일까. 일본은 2000년대 고이즈미 준이치로 총리, 2010년대 아베 신조 총리가 장기 집권하면서 '관광대국'의 틀을 닦은 덕분이다. 고이즈미 내각은 2003년 방일객(訪日客)을 두 배로 늘리는 '비지트 재팬 캠페인(visit Japan campaign)'을 시작했다. 기존과는 달리 입국을 쉽게 하도록 비자 정책을 조정했다. 일본인 위주로 돼 있던 교통, 숙박 관련 인프라를 외국인들도 이용하기 편리하게 하였다.

2012년 집권한 아베 총리는 아예 자신이 관광 분야의 컨트롤타워를 맡았다. 아무리 바빠도 관광전략회의는 거의 매달 직접 주재하며 관광 동향을 점검하고 있다. 아베가 관광에 큰 관심을 갖고 챙기다 보니 산하기관과 관광업체가 움직이지 않을 수 없었던 것이다.

아베 내각은 저비용 항공사(LCC) 노선을 대폭 확대해 도쿄, 오사카 등의 대도시뿐만 아니라 이전엔 관광과 거리가 멀었던 돗토리현 등에도 관광객이 유입되도록 했다. 지속적으로 엔화 약세를 유지해서 외국인이 큰돈 들이지 않고 쉽게 일본을 방문하게 된 것도 관광객 급증에 기여했다.

일본 관광이 활성화되면서 2017년 방일객에 의한 수입이 처음으로 4조엔을 돌파했다. '관광 활황' 때문에 그동안 지속적으로 하락하던 땅값이 2018년 27년 만에 상승세로 돌아섰다는 분석도 나왔다. 관광객이 주로 찾는 지방 4대 도시(삿포로·센다이·히로시마·후쿠오카)는 땅값이 9.2% 올랐는데, 이는 관광객 증대에 따른 것이라고 니혼게이자이 신문은 분석했다.

논란 많은 카지노 복합 리조트 신설

2020년대 동아시아의 관광 판도를 바꿀 가능성이 있는 법안이 2018년 일본 국회를 통과했다. 일본의 연립여당 자민당과 민주당은 카지노가 포함된 복합리조트(IR·Integrated Resort) 시행법안을 야당의 반대에도 불구하고 가결시켰다. 이에 따라 오사카, 홋카이도, 나가사키, 요코하마 등 전국에서 3곳이 선정돼 IR 영업을 시작하기로 했다. 카지노 사업자가 수익의 30%를 해당 지자체에 기부하는 조건이다.

IR법은 카지노를 전체 리조트 면적의 3% 이내로 제한했지만, 처음부터 규모와 영업지역이 확대될 가능성이 거론됐다. 일본에서 IR이 활성화되면 카지노가 합법화된 싱가포르, 마카오, 필리핀으로 여행을 가던 이들을 상당부분 흡수할 것이라는 전망이 나왔다. 일본은 전국에서 1만개의 파친코 매장이 영업할 정도로 도박산업이 활성화돼 있다. 여기에 미국 카지노 업계의 큰손들인 라스베이거스 샌즈, MGM과 결합할 경우, 시너지 효과를 낼 것으로 보기도 한다.

일본 정부와 연립여당은 IR에 카지노뿐만 아니라 대규모 국제회의장, 공연시설이 들어서기 때문에 관광이 활성화되는 것은 물론 지역 경기에 도움이 된다고 보고 있다. 일본 다이와(大和)연구소는 요코하마, 오사카, 홋카이도 3곳에 싱가포르와 동일한 규모의 시설을 만들 경우, 연간 약 2조엔의 경제파급 효과가 있다고 분석했다.

일본에서 IR 찬성론자들이 자주 거론하는 것은 싱가포르다. 아베는 2014년 싱가포르의 IR 시설을 직접 시찰한 후, 카지노를 밀어붙이기로 결심했다. 기회가 있을 때마다 "카지노가 포함된 복합리조트가 일본 성장전략의 핵심"이라고 말해왔다. 싱가포르는 2010년 IR도입 후, GDP가 1.5% 가까이 올랐다는 평가가 나올 정도로 큰 성공을 거뒀다. 인피니트 풀이 옥상에 있는 것으로 유명한 마리나베이 샌즈(Marina Bay Sands)를 포함, IR 두 곳이 영업을 시작한 후, 1000만명 수준이던 관광객은 2016년 1500만명을 넘겼다.

일본은 제2차 아베 내각 출범이후 계속해서 관광객이 증가했다. 2013년 1000만명 수준이던 방일 외국인은 2017년에 2800만명을 넘었다. 세 배 가까이 껑충 뛴 것이다. 그럼에도 이것만으로는 부족하다고 판단했다. 도쿄 올림픽 이후에 성장전략의 기폭제로 삼을 것이 필요하다고 보고 밀어붙였다.

　하지만 일본 내에서의 반대가 만만치 않다. 일본 모든 언론의 여론조사에서는 IR에 대해 반대한다는 입장이 찬성한다는 여론보다 높은 편이다. "일본은 빠친코 중독자도 많은데 이젠 카지노 중독자를 양산하려 하느냐"는 목소리가 높다. 지역 활성화 가능성도 있지만 도박 중독증이 더 확산할 것이라는 우려가 큰 것이다. 일본 정부는 이런 비판 여론을 의식, 내국인 카지노 출입은 주 3회로 제한하고 입장료로 6000엔을 받겠다고 했다. 또 도박중독을 치료하는 프로그램도 다양하게 개발하겠는 입장도 강조했다.

03

같으면서도 다른
한국과 일본

01
같은 한자를 다르게 쓰는 나라

文대통령 '적반하장' 발언에 발끈

2019년 8월 일본 정부가 한국을 수출 심사 우대국(화이트 국가)에서 제외하자 문재인 당시 대통령이 긴급 국무회의를 열었다. "가해자인 일본이 적반하장(賊反荷杖)으로 오히려 큰소리치는 상황을 결코 좌시하지 않겠다"며 일본을 비판했다.

그러자 일본 외무성의 차관급인 사토 마사히사 부대신이 방송에 나와 "(적반하장)이라는 품위 없는 말까지 사용한다는 것은 정상이 아니다. 일본에 대해 무례하다"고 주장했다. 이에 대해 윤도한 청와대 국민소통수석이 "차관급 인사가 상대국의 정상을 향해 이런 막말을 쏟아내는 게 과연 국제적 규범에 맞는 것인지 의문이 든다"고 맞받아치면서 감정의 골이 더 깊어졌다.

양국 간 감정싸움으로까지 확대된 이 논란은 문 대통령이 일본을 비판하면서 사용한 '적반하장'을 일본 매체들이 일본에서 쓰이는 의미로만 번역해 전달, 사태를 악화시킨 대표적인 케이스다.

마이니치신문은 '적반하장' 발언을 '정색을 하면서 강하게 나온다'는 표현으로 의역해 전달했지만, NHK 등 상당수 일본 매체는 '도둑이 정색하고 뻔뻔하게 나온다'라고 번역해 보도했다. 문 대통령의 이 발언은 일본의 거의 모든 TV 시사 프로그램이 '한국 대통령이 일본을 도둑으로 몰았다'는 내용으로 보도하면서 논란이 됐다.

마이니치신문은 "적반하장은 사전에도 '도둑이 정색하고 뻔뻔하게 나온다'라고 나와 있어서 틀렸다고는 할 수 없다"면서도 전문 통역사들의 의견을 통해 문제를 제기했다. 어떤 통역사는 "내가 번역한다면 적어도 '도둑'이라는 표현은 쓰지 않을 것"이라고 지적했다. 적반하장은 상대방을 강하게 비판하는 것은 틀림없지만, 뉘앙스는 '잘못을 한 것은 당신'이라고 했다. "적반하장은 한국에선 여성들끼리의 언쟁에서도 일상적으로 쓰이는 말로 사토 부대신의 말처럼 품위 없는 표현이 아니다"라는 것이다.

일본에서 팔방미인은 '무조건 예스맨'의 나쁜 의미

한국어·일본어 간의 번역에 '국민감정'이 이입돼 사태가 악화한 사건은 2019년 2월에도 발생했다. 문희상 국회의장이 일왕을 '전범(戰犯)의 아들'이라고 비판하자 고노 다로(河野太郎) 일본 외상이 '한·일의원연맹의 회장까지 역임한 인간(人間)'이라는 말로 문 의장을 비판했다.

상당수 한국 언론은 고노 외상이 문 의장을 '인간'이라고 지칭

한 것에 대해 막말을 했다고 보도했다. 우리 외교부도 고노 외상의 '인간' 발언에 대해 '절제되지 않은 언사로 비난을 지속하고 있다'는 내용의 항의 성명을 발표했다.

우리말에서는 '인간'이 문맥에 따라 모욕적인 의미로 쓰이지만, 일본은 그렇지는 않다. 존중하는 의미는 아니지만, 저질성 막말이라고 여겨질 어감을 담고 있지는 않다. 일본 유력 신문의 한 간부는 "고노 외상의 '인간' 발언이 문 의장을 공경하는 의미로 쓴 것은 아니지만, 한국에서 생각하는 것처럼 모욕을 주고 비하하는 의미를 가진 것은 아니다"라고 했다.

아사히신문은 2019년 5월 한·일 간에 같은 단어라고 해도 의미가 다른 것이 많고, 어떻게 번역하느냐에 따라 상대국 국민감정을 자극할 수 있다며 대표적 사례로 '인간' 사건을 소개했다. 이 신문은 일본에서는 별로 나쁜 의미를 가지지 않은 '인간'이 한국에서는 문맥에 따라 모욕적인 의미를 줄 수 있기에 고노 외상의 발언이 여론의 큰 반발을 불러일으켰다고 했다.

한·일 간 의미가 다른 단어는 드물지 않다. 한국에서 병신(病身)은 상대방을 비하할 때 욕설로 주로 쓰이지만, 일본에서는 '병든 몸'을 의미한다. 애인(愛人)이 한국에서는 연인을 의미하지만, 일본에서는 외도하는 상대방을 뜻한다.

팔방미인(八方美人)은 한국에서는 무엇이든지 잘하는 칭찬의 의미이지만, 일본에서는 완전히 다른 의미다. 자신의 주관 없이 타인의 환심을 사려고 비위를 맞추는 사람을 가리킬 때 쓰인다. 만약 이를 모른 채 한국 정치인이 나루히토 일왕을 향해 '팔방미인'이라

고 칭찬했는데, 이를 일본 언론이 그대로 보도한다면 '제2의 문희
상 사태'가 발생할 수도 있다. 이나가와 유우키(稲川右樹) 데즈카야
마학원대 교수는 아사히신문에 "한·일 양국 국민이 일본어와 한국
어의 미묘한 차이를 의식하는 것만으로도 무용한 갈등을 줄이는 것
이 가능할 수 있을 것"이라고 말했다.

최고재판소 재판관에 외교관 기용하는 일본

　나가미네 야스마사(長嶺安政) 전 주한 일본대사가 2021년 2월 일본 최고재판
소(대법원) 재판관에 취임한 것은 한국과 일본의 다른 사법부(司法府) 문화를 보
여주는 사례다. 일본 최고재판소는 한국의 대법원과 헌법재판소를 합친 기능을
하는 일본 내 최고 사법기관이다.

　일본에서 고위급 외교관이 최고재판소 재판관 15명 중 한 명으로 임명되는 것
은 1946년 '평화 헌법' 제정 후 오랜 관행이다. 외무성 조약국장(현 국제법국장)
출신인 구리야마 시게루(栗山茂)가 첫 재판관으로 활동한 후 그 전통이 이어지고
있다. 외무성 몫으로 나가미네에 앞서 2017년부터 최고재판소 재판관으로 근무
했던 하야시 게이이치(林景一) 재판관도 국제법국장 출신이다. 일본 최고재판소
재판관은 정년이 70세로 임기는 따로 없다.

　일본 최고재판소는 판사 6명, 변호사 4명, 검사 2명, 대학교수 1명, 행정 공무
원 1명, 외교관 1명으로 구성돼 있다. 최고재판소가 이런 전통을 갖는 이유는
법원이 사회의 다양한 요구와 이해관계를 반영하도록 하기 위해서다. 법관 출신
이 대다수인 한국 대법원, 헌법재판소와 다르다. 일본 최고재판소 재판관은 한국
과 달리 변호사 자격이 필수가 아니다.

　일본에서 국제법 전문 외교관을 최고재판소 재판관에 임명하는 관행은 외교와
국제법을 중시하는 일본 정치의 산물이다. 경험 많은 외교관을 포진시켜 사법부가
다른 나라와의 외교에 과도하게 개입, 큰 문제를 야기하는 것을 막는다는 취지다.

사법부가 행정부의 외교 활동에 영향 주는 것을 최소화하는 '사법 자제'의 한 형태로서 운영된다고 할 수 있다.

도쿄대 교양학부 출신인 나가미네는 1977년 외교관이 된 후 내각 법제국 참사관, 법규과장, 국제법국장을 지냈다. 일본 외무성의 대표적인 국제법 전문가다. 국제사법재판소(ICJ)가 있는 네덜란드와 영국에서도 일본 대사로 근무했다. 나가미네는 주한대사로 근무 당시 주요 행사에서 축사를 가급적 한국말로 하는 등 양국 관계 개선을 위해 노력한 인물로 평가된다. 나가미네 재판관은 기자회견에서 "사법부는 처음이지만 외교관으로서 쌓은 경험과 식견을 살려 새로운 직무를 완수하고 싶다"고 말했다.

02
격랑이 일 때마다 숨죽이는 재일교포

관동대지진 때 생사 가른 '주고엔 고짓센' 연습

도쿄에 부임하면서 알게 게 된 A씨는 재일교포 2세다. 일본에서 태어나 사업을 하며 60여 년을 일본에서 살았다. 의심할 필요도 없이 일본어가 완벽하다. 그런데 문재인 정권 출범 후 2018년부터 대법원 징용 배상 판결을 계기로 한일 간 '총성 없는 전쟁'이 계속되자 이런 얘기를 한 게 필자의 머리에 박혀 있다. "양국 관계가 최악의 상황으로 가면서 '주고엔 고짓센'을 발음해 보는 습관이 생겼다. 내 발음이 진짜 일본 사람 같은지 점검해 본다."

일본 돈 15엔 50전을 의미하는 주고엔 고짓센. 여기엔 일제시대 한국인의 생사를 갈랐던 슬픈 역사가 담겨 있다. 1923년 10만명 이상 사망한 관동 대지진이 일어났다. 아비규환의 혼란 속에서 "조선인이 살인하고 우물에 독을 넣었다"는 유언비어가 퍼졌다. 일본 군·경과 자경단이 광기(狂氣)를 번뜩이며 날뛰었다. 한국인으로 보이는 이들에게 주고엔 고짓센을 말해 보라고 윽박질렀다. 한국인이 주고엔 고짓센을 일본사람처럼 발음하기는 대단히 어렵다. 어색한 일본어가 튀어나오면 현장에서 '즉결 처분'했다. 6000명 이상의 한국인에 대한 인종 학살이 역사에 기록돼 있다.

"설마 그런 일이 다시 일어나겠느냐"며 반문하자 그가 정색했다. "한 치 앞이 보이지 않는 상황이 계속되면 10년 후 나 같은 자이니치(재일교포)들은 삶이 어떻게 될지 모른다."

도쿄의 회사에 근무 중인 재일교포 3세 여성 B씨로부터는 이런 얘기를 들었다. 그는 일본인과 결혼해 초등학생 자녀가 있다. 그녀는 한일 관계가 악화하는 뉴스가 나올 때마다 '한국계 엄마' 때문에 자녀들이 차별받지 않을지 걱정한다. "잠시 있다 가는 사람들은 잘 모를 겁니다. 늘 머리 한쪽 구석에 불안감을 가지고 살아야 하는 우리들의 심정을…."

2018년 징용 배상 판결에 이어 잇따른 위안부 배상 결정으로 한일 관계가 나락을 향해 다시 추락하자 재일교포들이 동요하기 시작했다. 재일교포를 대표하는 민단(民團)의 중앙 본부 단장이 2021년 신년회에서 "최근의 상황은 재일교포의 생사(生死)가 걸린 문제"라고 한 것은 상징적이다. 민단은 2020년 지방 본부에 돌이 날아와 유리창이 깨졌던 사건에 대해 유사 사태를 우려해 쉬쉬하고 넘어갔다.

일본에서 태어나 일본 시민으로 60년을 살아왔으면서도 자신의 '주고엔 고짓센' 일본어 발음을 점검해보는 A씨의 불안은 기우(杞憂)라고 생각한다. 일본 사회가 거리낌 없이 대규모 학살을 자행했던 야만의 시대로 다시 돌아가지는 않을 것이다. 문제는 한국에서 일본을 과도하게 때리면 어김없이 일본에서 재일교포를 괴롭히는 시스템이 작동하기에 안심할 수 없다는 것이다. 2015년 한일 위안부 합의를 마치 오물덩어리 취급하며 반일 감정을 부추겨 온 문재인 대통령 취임 후, 재일교포의 불안지수는 매년 높아졌던 것이 사실이다.

문 대통령은 2021년 신년 회견에서 아무런 설명도 하지 않은 채 "위안부 판결로 곤혹", "건설적, 미래 지향적인 관계 복원" 발언을 했다. 하지만 불과 2주 만에 여당인 민주당이 다시 반일 감정을 들쑤시고 나섰다. 서울·부산 시장 선거를 앞두고 야당이 한일 해저터널 건설을 공약하자 "4·7 보궐선거도 한일전이 되려나", "친일 DNA 발동"이라며 느닷없이 일본을 끌어들였다. 당 지도부까지 버젓이 방송에 나와 반일을 부추겼다. 반일과 혐한이 동전의 양면처럼 움직인다는 사실을 안다면, 일본에 사는 동포들이 다시 위험해질 수 있다는 것을 인식한다면, 이런 식의 저질 정치를 하지는 못할 것이다.

"민단 건물에 돌 날아와 온다"

2021년 1월 도쿄 제국호텔에서 재일 교포 사회를 대표하는 재일본 대한민국민단(민단) 신년회가 200여 명이 참석한 가운데 열렸다. 코로나 긴급 사태가 선포된 상황인데도 일본 측에서 연립 여당인 공명당의 야마구치 나쓰오 대표, 누카가 후쿠시로 일한의원연맹

회장 등 여야 중견 의원 19명이 참석했다. 하지만 신년회엔 2020년과는 달리 문재인 대통령의 영상 메시지도 없었고, 남관표 주일 대사는 아예 불참했다. 한국 정부가 이런 식의 민
단 주요 행사를 홀대한 것은 전례를 찾아보기 어렵다.

여건이(呂健二·사진) 민단 중앙본부 단장은 이날 신년사에서 한국 법원의 위안부 배상 판결 이후 "일본에 사는 100만명 재일 교포의 생활과 미래가 다시 불안해지는 것 아니냐"며 강한 톤으로 불만을 제기했다. "최근의 상황은 1973년 김대중 납치 사건 이후 가장 심각하다. 일본에 사는 우리는 안정적인 생활을 바란다"며 한국 정부가 하루속히 문제 해결에 나서줄 것을 촉구했다. 정부에서 매년 80억원을 지원받는 민단의 단장이 신년회에서 공개적으로 불안감을 호소한 것은 드문 일이었다. 민단 단장 사무실에서 그를 만나 그 이유를 물었다.

– 재일 교포가 불안해진다는 건 어떤 의미인가.

"일본인은 한국 사람이 운영하는 가게를 갈 때 그 가게가 남측인지, 북측인지를 따진다. 그런데 (위안부 판결 등으로) '한국이 약속을 지키지 않는 나라'라는 분위기가 퍼지면 교포가 운영하는 곳도 손님이 끊기게 된다."

- 상황이 어느 정도로 안 좋나.

"2018년 징용 배상 판결 이후 불안감을 호소하는 이들이 있다. 2017년에도 지방의 민단 본부에 돌이 날아 들어와 유리창이 깨지는 일이 여러 건 있었다. 이곳에도 정문 앞에 경찰차가 없으면 우익들이 몰려온다."

- 일본 사회의 차별은 많이 없어지지 않았나.

"아니다. 지금도 상당하다. 최근 '역시 조센징이다'라는 말이 많이 들린다."

- 문 대통령에게 최근 상황은 재일 교포의 사활(死活)적인 문제라고 말했다고 언급했는데.

"2019년 오사카 G20 회의 당시 재일 교포 모임에서 문 대통령이 있는 가운데 그렇게 얘기했다. 그러나 문 대통령의 반응은 없었다. '재일 교포가 고생하는 것은 알고 있다'는 일반적인 말만 있었다."

- '재일 교포는 고향이 두 개'라고 했는데, 무슨 의미인가?

"한국 사회가 그 부분을 생각해주면 좋겠다. 우리에겐 부모가 태어난 한국, 내가 태어난 일본 모두 중요한 곳이다. 재일 교포는 양국에 모두 공헌하고 싶다. 그게 보통 인간으로서 당연한 것 아닌가. 그런데 '일본 유학한 사람은 모두 친일파'라고 어린애처럼 얘기하는 게 답답하다."

- 2015년 맺은 한일 위안부 합의가 사실상 파기된 것에 대해선 어떻게 생각하나.

"있을 수 없는 일이다. 만약 그것이 불평등조약이라고 생각한다면 외교를 통해서 고치기 위해 노력을 하면 된다. 대한민국은 이승만 정권 때부터 모두 연결돼 있는 것 아닌가. 과거의 한일 합의를 비판하는 것은 좋지만, 합의의 정당성을 인정하지 않으면 근본이 무너진다."

- 민단은 한국 정부가 어떻게 하기를 바라나.

"사법부가 판단을 내리더라도 행정부가 양국 관계를 고려해서 정부가 해야 할 일을 해야 한다. 사법부 판단 후에는 정부가 개입해서 일본과 미래지향적으로 문제를 해결해주기 바란다. 어떻게 해서든 입속의 가시를 빼야 한다."

- 한국 여당의 민단과 조총련 합병 요구는 지금도 계속되나.

"북한과 밀접하게 연결된 조총련의 역사를 알면 그런 얘기를 할 수 없다. 조총련은 법적으로 일본의 감시와 제재를 받고 있는데 어떻게 합치나. 그러면 우리(민단)도 일본 정부의 감시 대상이 된다. 내가 그런 말 하는 국회의원들에게는 '공부 좀 하라'고 말한다."

- 한일 관계는 어떻게 가야 하나.

"역사는 비즈니스와 다르다. 사업은 플러스, 마이너스가 분명히 계산되지만, 역사는 그렇게 청산되는 것이 아니다. 대화로서 사이좋게 지낼 방법이 무엇인지 찾아야 한다. 그렇게 대화로 해결하지 않으면 양국이 모두 경제적인 손실을 보게 된다."

민단 일부, 反문재인 단체 결성

재일교포 사회의 주축인 재일본대한민국민단(민단)의 전직 간부들이 2019년 5월 문재인 대통령의 대일(對日) 및 대북(對北) 정책을 비판하는 단체를 만들었다. 민단의 부단장, 지부장 등을 역임한 이들이 주축이 된 '대한민국 자유민주주의를 지키는 재일 협의회(한자협)'는 도쿄 시내에서 결성대회를 개최했다.

한자협 준비위는 결성 취지문에서 "문재인 정권은 잇따른 경제실책으로 국민 불만을 증폭시키고 정권 유지의 지렛대로 친일청산을 내세워 국민간 갈등을 부추기고, 미래지향적 관계를 구축한 한일관계를 파탄으로 몰고 가려 한다"고 밝혔다. 또, "문재인 정권은 북에 대한 제재를 해제해 김정은 정권을 연명시키고 한반도 평화에 필수인 한미동맹을 파탄내려 한다"고 주장했다.

그동안 재일 교포사회에는 문재인 정부가 대법원의 징용 피해자 배상 판결에 대해 아무런 조치를 취하지 않고 한일관계를 방치한 것에 대해 불만이 팽배해 있었다. 또, 여당인 더불어민주당 의원들이 친북단체 조총련과의 통합을 거론하는 것에 대해서 격분하는 이들도 많았다. 한자협은 이런 배경에서 출범하게 됐다. 한자협 공동대표 중 한 명인 김일웅 전 도치키(栃木) 현 민단 지부장은 "우리는 반(反)대한민국 단체가 아니라 반(反) 문재인 정권 단체"라며

"문재인 정권의 대일 정책이 계속될 경우, 결국 큰 피해를 입는 것은 재일교포"라고 토로했다.

민단 본부는 주요 임원과 상임고문, 집행위원들이 참석하는 긴급회의를 열어 한자협에 대한 대책을 논의했다. 이 회의에서 "재일교포 대부분은 한자협의 취지에 공감할 것", "반대할 이유가 없다"는 등의 의견이 많이 나와 제재하지 않고 '한자협의 활동에 관여하지 않는다'는 입장만 확정했다.

03
일본 사회가 방조한 재일교포 북송

유례를 찾기 어려운 국가 사기극

1959년에 시작된 재일교포 북송사업은 결말이 없는 현재 진행형 사건이다. 2019년 12월 '재일 조선인 북송의 비극 60년 기자회견'이 도쿄의 일본 국회 중의원 회관에서 열렸다. 9만 3000명의 재일교포 북송사업 시작 60년을 맞아 열린 행사다. 일본 민주당 정권에서 문부상을 지낸 나카가와 마사하루 의원 후원으로 일본 국회에서의 회견이 성사됐다.

1960년 여덟 살에 북송됐다가 2009년 탈북한 이태경 북송재일교포협회 회장은 "지금도 1만 5,000명가량의 북송 재일교포들이 목숨을 이어가며 날마다 간절히 자유 귀향을 꿈꾸고 있다"며 "노동당 일본 지부로서 당시 유괴를 저지른 조총련 해산은 시대적 과제"라고 했다.

김충식 씨는 "1961년 7월 조총련의 속임수에 넘어가 50년 동안 독재체제에서 들을 권리, 말할 권리, 볼 권리를 빼앗긴 후 더는 참을 수 없어서 2011년에 탈북했다"고 자신을 소개했다. 김씨는 "1968년에 북한 군대에 입대한 후, 상부의 지시로 재일교포들을 모집해서 정찰국 산하에 유사시 일본의 도시를 습격하는 특수부대를 만들어서 활동했다"고 밝혔다.

기자회견에 참가한 재일교포 탈북자 중 유일한 여성인 박서연 씨는 어머니가 일본인이었다. 2006년에 탈북한 그는 "재일교포뿐만 아니라 많은 일본인들이 조총련의 잘못으로 북한에서 다 죽어가고 있다. (일본 사회는) 이들의 귀환을 위해서 노력해야 한다"고 말했다.

신변 안전 문제로 선글라스를 쓰고 회견에 나온 기노시타 기미카쓰 씨는 "북한에서 탈출해서 일본에 돌아와보니 조총련이 여전히 도쿄 한가운데서 활동하고 있는 것에 큰 충격을 받았다. 숱한 사람을 북한으로 보낸 조총련이 지금도 건재한다는 사실이 믿어지지 않는다"며 "북한의 가장 심각한 문제는 핵, 미사일보다 인권유린이라는 것을 알아야 한다"고 목소리를 높였다. 참가자들은 북송 재일교포에 대한 진상 규명, 북한 당국의 사과와 책임자 처벌 및 피해보상, 북송 재일교포의 신속한 귀국을 요구하는 발표문을 채택했다.

日北 이해관계가 맞아 떨어진 재일교포 북송

1959년부터 1984년까지 일본과 북한간에 25년간 진행된 '북송 사업'은 역사상 유례를 찾아보기 어려운 국가적 사기극이었다. 북송된 9만 3340명은 최소한의 인권도 보장받지 못한 것은 물론 차별대우에 시달려야 했다. 일본 국적을 가진 채 남편, 아버지를 따라간 일본인도 6839명이나 된다.

　북송사업이 시작될 당시 김일성 북한 정권은 재일교포의 노동력과 재력을 필요로 했다. 재일교포를 흡수함으로써 한국과의 체제경쟁에서 앞서겠다는 의도도 있었다. 일본 정부의 입장에서도 대부분 일본 강점기에 끌려와 불만을 가진 한국인을 가급적 추방할 필요가 있었다. 한일관계를 연구하는 한 전문가는 "일본과 북한의 이해관계가 딱 맞아떨어진 정책"이라고 평가했다. 북한의 지원을 받은 조총련은 북한을 지상 낙원으로 선전하며 북송사업에 앞장섰다. 일본에서 차별대우를 받던 재일교포들은 이에 속아서 북송선을 탔다.

　당시 우리 정부는 모든 외교력을 동원해 이를 막으려 했지만 실패했다. 1959년 12월 귀환선이 처음으로 니가타현의 니가타 항을 출발할 당시에는 소련 선박 두 척이 동원됐다. 5만명의 인파가 모여서 북송사업을 축하했다. 이후 만경봉호가 니가타 항과 청진항을 오가며 재일교포를 실어날랐다. 북송됐던 재일교포들의 참담한 생활상이 알려지면서 이에 대한 비판이 제기됐지만, 이 문제가 일본 정부 차원에서 표면화된 적은 없다. 일본 정부는 북송사업의 파장이 커지는 것을 극도로 경계해왔다. 북송사업으로 건너갔던 재일교포의 일본 국적 가족 문제도 모른 척 하고 있다.

"내리지마, 돌아가" 소리친 학교 선배

"조선학교 학생들은 단 한 명도 내리지 마라. 다시 그 배를 타고 일본으로 돌아가라."

고3 때인 1960년 북한에 갔다가 2000년대 초 탈북한 가와사키 에이코(川崎榮子) 씨는 북송선이 청진항 부두에 접안할 무렵 선착장에서 고래고래 고함을 지르던 학교 선배를 선명하게 기억하고 있다. 1959년 북송사업 시작직후 자신보다 1년 먼저 북송선을 타고 북한에 도착했던 그 선배는 배에 타고 있던 조선학교 학생들에게 북한 군인들이 못 알아듣도록 일본어로 "내리지 말라"고 외쳤다.

2019년 59년 만에 니가타항을 방문한 그는 악몽처럼 남아 있

북한의 선전에 속아 북한으로 건너갔다가 탈출한 가와사키 에이코 씨가 2019년 북송 59년 만에 니가타항을 다시 찾아 당시 상황을 설명하고 있다.

는 과거를 회상했다. 가와사키 씨는 배가 청진항에 접근할 때부터 무언가 이상하다고 느꼈다고 했다. 청진항 일대가 온통 잿빛이었고 높은 빌딩이라곤 보이지 않았다. 환영 인파 속 사람들은 쌀쌀한 날씨인데도 제대로 옷을 갖춰 입거나 양말을 신은 사람이 드물었다.

'지상 천국'이라던 선전과는 딴판이었다. 배에서 내린 재일교포들이 "속은 것 아니냐"고 웅성거리기 시작했다. 집단 합숙소에 들어간 가와사키 씨와 재일교포들은 첫날 저녁부터 먹을 것이 없어서 제대로 먹지 못했다. 생지옥 생활의 시작이었다.

가와사키 씨는 원래 자신이 태어난 일본을 떠나 북한에 가는 것에 소극적이었다. 그러나 한국에서 4·19가 발생하자 생각을 바꿨다. 조총련이 "한국은 이승만 체제가 곧 붕괴되고 사회주의 통일이 될 텐데 미리 북한에 가서 이를 준비하자"고 선동하는 데 넘어갔다. 그의 아버지는 눈물을 흘리며 북한행을 말렸지만, 그의 결심을 꺾지 못했다.

"1960년 북송선이 떠날 때는 굉장한 분위기였다. 조총련 계열 조선학교 취주악단이 나와서 계속 쿵작거렸다. 지상낙원에 간다는 들뜬 분위기였다. 재일교포뿐 아니라 일본인들도 나와서 열성적으로 환송했다." 가와사키 씨 등을 태운 북송선은 일본 해상보안청 함정의 인도를 받아서 출항했다. 배가 일본 영해를 벗어날 때 일본 함정에서 "이제 공해로 들어갑니다. 안녕히 가십시오"라는 인사를 했다고 기억했다.

2박 3일간 운항했던 북송선에서 북한 관리들로부터 처음 받은 명령은 일본에서 가지고 온 음식을 모두 바다에 버리라는 명령이었다. 북한 사람들은 일본 음식을 좋아하지 않는다고 설명했다. 가와사키 씨는 그때 불안감이 엄습했다고 했다. "왜 먹는 음식을 일본 식품이라고 버리라고 하는 걸까. 그러면 '메이드 인 재팬'인 재일교포도 좋아하지 않는다는 것 아닐까."

북한으로부터 속았다는 것을 깨달은 그가 청진에 도착해 가장 먼저 한 일은 일본의 가족들이 북한으로 오지 못하도록 하는 것이었다. "이런 비인간적인 생활은 나 혼자만으로 충분하다고 생각했다. 그래서 가족들에게 편지를 썼다. 소학교 4학년인 남동생이 대학을 졸업하고 결혼한 뒤에 만나자는 내용만 계속 써서 보냈다. 절대 오지 말라는 내용이었다." 그의 부모는 딸이 '지옥에서 보낸 편지'의 의미를 깨닫고 북한행을 단념했다.

그는 자신의 잘못된 판단을 바꿀 수 있는 마지막 기회를 놓쳤던 것을 지금도 아쉬워했다. "북송선을 타기 전날 국제적십자사의 곱게 생긴 스위스 출신 여성이 나를 심사했다. '본인 의사로 가느냐'는 형식적인 질문이 전부였다. 1분도 채 안 걸렸다. 그때 제대로 심사가 이뤄졌다면 많은 사람의 운명이 바뀌었을 것이다."

니가타항에서 동해를 바라보며 상념에 잠겨 있던 그가 말했다. "북송선을 탔던 재일교포 9만명에게 시간을 돌려서 다시 물어본다면 단 한 명도 북한에 가지 않겠다고 할 겁니다."

가와사키 씨는 북한에서 결혼해 1남 4녀를 낳았다. 남편이 사망하고 1990년대 아사자(餓死者)가 속출하는 것을 보고 탈북을 결심해 2000년대 초반 딸 하나를 데리고 국경을 넘었다. 가족들이 아직도 북한에 남아 있는 탓에 자신의 한국 이름과 자세한 내용을 공개하지 못한다고 했다.

2004년 일본에 정착한 그는 2007년 일본인이 됐다. 일본 국적을 선택한 것은 북송사업 피해자를 돕기 위한 일을 하기 위해서였다. "내가 일본 국적이기 때문에 만약 내가 북한의 위협을 받거나 위해를 당하게 되면 일본 정부가 나서지 않을 수 없다. 귀환 사업에 책임이 있는 일본 정부가 이 문제 해결에 열심히 나서라는 뜻도 있다." 가와사키 씨는 9만여 명을 사지로 몰아넣은 북한 정권을 규탄하고 일본 정부에는 책임 있는 해결을 요구하고 있다. 그는 비슷한 처지의 탈북자들을 모아 김정은 정권을 피고로 지목, 총 5억엔의 손해배상 소송을 도쿄지방재판소에 내기도 했다.

김정은 정권에 손해배상 소송

북송사업 희생자 가와사키 씨는 일본에서 북한인권과 관계된 활동을 활발하게 하고 있다. 도쿄에서 그를 여러 차례 만나 인터뷰를 했다.

– 고등학생 신분으로 왜 혼자 북한에 갔나.

"부모님이 곧 뒤따라온다고 해서 나 혼자 갔다. 청진에 도착한 첫날, 뭔가 잘못됐다는 것을 깨달았다. 아무런 자유가 없었다. 먹을 것도 제대로 먹지 못해 가족은 오지 못하게 해야겠다고 마음 먹었다."

– 북한에서 어떻게 43년을 견뎠나.

"북한 체제는 내가 찬성할 수도 없고, 협력할 수도 없는 나라였다. 그래도 살아야 했다. 원래 나는 문과 계열이었지만, 먹고살기 위해서 이과를 선택해 공업대학을 갔다. 그 후 기계 설계원으로 일했다."

– 북한은 어떤 체제였나.

"완전히 이중적인 체제다. 아무리 당의 높은 간부도 자신의 월급으로 사는 것은 불가능했다. 그래서 뇌물을 받거나 먹고살기 위해서 다른 일을 해야 한다. 내 경험으로는 '사회주의＝뇌물 정치'다."

– 원래 직업 외에 무슨 일을 했나.

"일본에서 북한으로 온 귀국자가 굶어 죽는 것도 봤다. 가족들이 먹고사는 것이 중요했다. 그래서 개인 식당을 운영했다. 당에 뇌물을 일부 바치고 남는 것은 강냉이를 사서 꽃제비들에게 가져다 줬다."

– 한국의 일부 세력은 1990년대 후반 북한의 대기근이 과장됐다고 말하는데.

"현장에서 내가 봤다. 500만명 이상 굶어 죽었다고 본다. 1994년부터 길거리에 시체가 나돌기 시작했다. 당시 북한 노동당이 회의할 수 없을 정도로 굶어 죽었다."

– 지금 국적은 왜 일본인가?

"2004년 일본에 온 후 2007년 지금의 국적을 가졌다. 입국 당시 일본 법무성 공무원에게 일본 국적을 갖겠다고 했다. 그래야만 법적으로 차별을 받지 않고 북한에 대해서도 책임을 물을 수 있다고 생각했다."

– 문재인 정권에서 남한과 북한은 화해 분위기 아닌가.

"(쓴웃음을 지으며) 나는 북한을 믿지 않는다. 김정은이 지금 대화에 나온 것은 북한 백성을 생각해서가 아니다. 유엔의 제재가 자신들의 사생활에 영향을 미치기 때문이다. 외국 제품으로 호화로운 생활을 하기 어려워지니까 그러는 것이다."

– 이번엔 다를 것이라고 생각하는 사람들도 많다.

"(한심하다는 듯이 바라보며) 북한이 어려울 때 문재인 대통령이 계속 러브콜을 보내자, 당 간부들이 '남조선을 이용하자'고 해서 시작된 게 이번 국면의 본질이다. 자유민주주의 체제와 독재 체제가 어울릴 수 있나."

"한국인을 지옥에 보내는 데 일조했다"

1959년부터 니가타항에서 재일교포 북송선이 떠날 때마다 현장을 취재해 '니가타협력회 뉴스'를 만들어 배포했던 일본인 고지마 하루노리(小島晴則) 씨는 회한이 가득했다. 2019년 12월 니가타시의 자택에서 만난 고지마 씨는 "결과적으로는 내가 그들을 지옥으로 보내는 데 일조했다는 '구야미(뉘우침, 후회라는 의미의 일본어)'가 있다"고 말했다. "북송선을 타는 순간 재일교포들에게는 지옥이 시작된 겁니다. 당시는 모든 일본 신문과 TV가 북한이 지상낙원이라고 선전해서 그것을 몰랐습니다."

공산당원이던 그는 당시 재일조선인귀국협력회의 니가타 지부에서 사무국장을 맡아 '니가타협력회 뉴스'의 실질적인 편집장으로 활동했다. "한 달에 세 차례가량 귀환 사업 관련 신문을 발간했다. 니가타항에서 떠나는 이들을 사진 찍고, 기사 쓰고 약 5000부를 찍어서 각계에 보냈다."

고지마 씨가 변한 것은 1960년대 북한을 방문한 뒤부터다. "북한 체제는 잘산다고 하는데 그게 아니었다. 사람의 얼굴은 거짓말을 안 한다. 가서 만나보니 모두 영양실조의 얼굴을 하고 있었다." 그는 돌아와서 귀국협력회 활동을 중단했다. 공산당에서도 탈당했다. 1997년부터는 북한에 의해 납치된 여중생 메구미 구출을 위해 일하고 있다.

그는 재일교포 북송 사업이 일본 사회에서 이대로 잊혀서는 안 된다는 생각으로 2016년 자신이 편집했던 신문과 사진을 모아서 '귀국자 9만 3000여 명 최후의 이별'을 펴냈다. 고지마 씨는 "귀환 사업은 재일교포뿐만 아니라 일본인 처와 자녀 6000여 명도 관련된 일"이라며 일본인 납치 문제만 중요한 것이 아니라고 했다.

일본, 책임 철저히 외면하고 소송도 각하

9만 3,000여 명의 재일교포가 1959년부터 25년에 걸쳐 북송(北送)된 사건은 북한 정부가 끌고 일본 정부가 등 떠민 희대의 인권 유린 사건이다. 특히 1950년대 말 일본 체제는 "식민지배에 원한을 가진 한국인을 한 명이라도 더 일본 땅에서 내보내는 것이 좋다"는 판단하에 북한의 귀환사업을 적극 지지했다. 일본의 공산당부터 자민당까지, 일본의 언론 매체와 사회단체까지 나서서 재일교포를 북한에 보내는 데 열성적이었다.

그 후 북송 재일교포는 물론 일본인 처와 자녀 6000여 명도 차별대우를 받으며 고통스러운 생활을 하는 것이 확인됐지만 일본 정부는 미동도 하지 않고 있다. "모두가 재일교포의 자유의사에 의해서 진행됐다"며 외면하고 있다.

일본 정부뿐 아니라 법원도 이들의 피해 구제에 소극적이다. 2018년 8월 재일교포 북송 사업으로 북한으로 건너갔다가 탈북한 피해자 가와사키 에이코 등 5명이 김정은 정권을 상대로 일본 법원에 5억원의 손해배상 소송을 제기했다. "북한이 지상낙원이라고 속인 귀환 사업에 참가해 인권을 억압당했다"며 일본 법원에 호소한 것이다.

소송을 제기한 가와사키씨 등은 1960~1970년대 북한에 갔다가 2000년대 탈북했다. 이들은 북한에서 충분한 식량을 배급받지 못한 채 저항하다가 탄압을 받았으며 출국을 금지당했다고 주장했다. 마이니치 신문은 이들 중 한 명이 "가혹한 생활을 하다가 부모는 원통하게 일생을 마쳤다. 인생을 돌려달라고 부르짖고 싶다"고 말했다고 보도했다.

일본에서 2009년 제정된 '대(對)외국 민사(民事)재판권법'에 의해 북한은 미승인 국가로 '국가면제'를 받을 수 있는 외국에 해당하지 않는다는 판단에 의해 재판이 시작됐다. 재일교포 탈북자가 일본 내에서 친북단체인 조총련을 상대로 소송을 제기한 적이 있지만, 북한 정부를 상대로 제소하기는 이번이 처음이었다. 오사카 지방법원은 2009년 3살 때 부모와 함께 북송사업으로 입북했다가 2003년 일본으로 돌아온 탈북자가 조총련을 상대로 제기한 소송을 증거 불충분 등의 이유로 기각한 바 있다.

이런 상황에서 재판이 시작된 것 자체가 큰 진전이어서 원고들에게 유리한 판결이 나올 것으로 기대됐다. 하지만 재판부는 1심에서 2022년 3월 피해자들에게 손해배상을 청구할 권리가 소멸됐다고 판단, 소송 자체를 각하했다. 원고들이 북한행을 택한 것은 40여 년 전의 일로 손해배상을 청구할 수 있는 기간이 지났다는 것이다. 재판부는 일본 사법부의 관할권도 없다고 판단했다. 북한이 사기행위로 재일교포를 데려간 후 출국을 허락하지 않은 것은 일종의 납치이기에 민법상 불법행위 시효가 적용되지 않는다는 주장은 받아들여지지 않았다.

북한에서 억류됐다가 고문 후유증으로 사망한 미 대학생 오토 웜비어 부모가 미 법원에 제기한 손해배상 소송이 인정된 것과는 다른 판결이었다. 미 법원은 김정은 정권의 책임을 물어서 5억 달러의 손해배상을 명령했다. 일본은 행정부의 결정에 관여하지 않으려는 사법 소극주의가 만연해 있어서 일본 법원이 일본 정부의 눈치를 보는 것 아니냐는 분석이 나왔다.

04
우경화 하는 일본 사회

"기미가요 제창 때 일어서라"

일본 최고재판소가 국가(國歌)인 기미가요(君が代) 제창과 관련, 하급심과 다른 판결을 내려 논란이 발생한 것은 2018년 7월이었다. 최고재판소는 도쿄도립(東京都立)고 전직 교사들이 기미가요를 제창할 때 기립하지 않았다는 이유로 재고용을 거부당한 것은 부당하다며 낸 소송에서 원고 패소 판결을 내렸다. 이들은 졸업식에서 기립해 제창하라는 지시를 어겼다는 이유로 도쿄도 교육위로부터 징계를 받아 재고용되지 못했다. 1심과 2심 법원은 도쿄도 교육위의 결정에 문제가 있었다며 1인당 약 200만엔의 손해 배상을 하라고 판결했다. 하지만, 최고재판소는 이날 "교육위가 재량권을 남용했다거나 현저하게 합리성이 결여됐다고 말할 수 없다"며 정반대의 판결을 내렸다. 재판부는 "제창 시 기립하지 않은 것이 졸업식의 질서와 분위기를 어느 정도 훼손, 참석한 학생들에게 영향을 미쳤다"고도 했다.

그러자 아사히 신문은 "군국주의와 밀접한 관계가 있는 일본 국기, 기미가요에 대해 어떻게 하느냐는 개인의 역사관과 세계관과 관련된 미묘한 문제"라며 이 판결을 비판하는 사설을 게재했다. 아사히 신문은 "헌법이 정한 사상, 양심의 중요성을 판별하지 못한 부당한 판결이라고 말하지 않을 수 없다"고 비판했다. 기미가요는 일본 제국주의의 국가로 제2차 세계대전 패전 이후 공식석상에서 사라졌다가 1999년에 관련 법이 만들어지면서 다시 일본의 국가가 됐다. 이번 판결은 일본 사회의 우경화를 상징하는 것으로 받아들여지고 있다.

J팝 영웅도 우익들이 공격

J팝을 대표하는 여성 가수 아무로 나미에(安室奈美惠)가 오키나와(沖繩) 미군 기지 이전 문제에 휘말린 것도 일본 사회의 우경화 맥락에서 볼 수 있다. 1992년 연예계에 데뷔한 아무로는 'J팝의 여왕', '일본의 마돈나'로 불리며 전 세계적으로 사랑을 받아왔다. 1995년 솔로 데뷔 앨범 '스위트 19 블루스'는 300만장 넘게 팔렸으며 '유 아 마이 선샤인', '바디 필즈 엑시트' 등 숱한 히트송을 만들어냈다.

아무로는 2018년 은퇴 직전에 미군기지 반대운동을 이끌다가 사망한 오나가 다케시(翁長雄志) 오키나와현 지사에 대한 추모문을 발표 후, '넷우익'(인터넷에서 주로 활동하는 일본 극우파)의 집중적인 공격을 받았다.

오키나와 출신의 아무로는 당시 자신의 홈페이지에 '조의를 표합니다'라는 제목의 글을 띄웠다. "오나가 지사가 병에 걸린 것은 뉴스를 보고 알았는데, 현민영예(県民榮譽)상 수여식에서 봤을 때 야위신 것 같다는 인상을 받았다"며 "오키나와를 위해서 노력하신 오나가 지사의 유지가 앞으로도 이어져 많은 이들에게 사랑받는 오키나와가 되기를 기원한다"고 했다. 오나가 지사는 오키나와 미군의 후텐마(普天間) 비행장을 나고(名護)시 헤노코(邊野古)로 이전할 것이 아니라 현 밖으로 옮겨야 한다는 주장을 펼쳐왔다. 특히 헤노코 이전을 위해 실시중인 매립공사 승인 철회를 발표해 일 중앙정부와 격하게 대립했다.

블로그와 트위터 등 SNS상에서 아무로가 '오나가 지사의 유지'를 강조한 것에 주목한 글이 나오기 시작했다. 일부 넷우익 인사들은 '반일친중(反日親中)의 유지를 잇자는 것이냐', '아무로 나미에는 반일(反日)'이라고 비판했다. '아무로 나미에는 정치 음치(音癡)다. 반일 오나가 지사가 죽어서 일본의 장래는 밝은 빛이 보인다'고도 했다. 아무로는 오키나와를 알리는 Be.Okinawa 홍보 사업의 동영상과 포스터를 만들며 사실상 관광대사 역할을 해왔다. 이 때문에 그가 추모문을 발표하지 않으면 오히려 더 이상하지 않느냐는 반론도 나왔지만 아무로에 대한 비판은 넷우익을 중심으로 한동안 계속됐다.

도쿄 한복판에서 독도 영유권 주장

일본 정부는 독도가 일본 땅이라고 주장하는 영토주권전시관을 2020년 1월 대폭 확장해 재개관했다. 신설한 지 2년 만이었다. 일본 정부는 독도, 센카쿠 열도(중국명 댜오위다오), 러시아와 영토 분쟁 중인 쿠릴 열도 4개 섬의 영유권을 주장하는 영토주권전시관을 도쿄 지요다구 가스미가세키의 미쓰이(三井)빌딩 1·2층에 새로 열었다. 2018년 1월 문을 연 구(舊)전시관은 히비야 공원 안의 시세이(市政)회관 지하 1층에 있었고, 전체 크기도 100㎡에 불과했다. 아베 내각은 이곳이 좁고 일반인이 방문하기 어렵다는 판단에 따라 통행이 많고 관광객이 많이 찾는 아카사카(赤坂)와도 가까운 곳으로 이전해 670㎡ 크기로 재개관했다.

이 전시관은 문부과학성 청사 맞은편에 들어서 접근성이 크게 좋아졌다. 이전과는 달리 길을 가다가도 쉽게 들어가 볼 수 있도록 '領土主權展示館(영토주권전시관)'이라는 대형 간판도 세워 올렸다.

독도관은 센카쿠 열도, 쿠릴 열도 전시장 사이에 자리 잡았다. 옛 독도관은 일본 주장을 담은 유인물과 서적을 모아놓은 작은 서점 분위기였다. 동영상도 24인치 TV 모니터로 보는 것이 전부였다.

하지만 이번에는 약 120㎡로 크게 넓어졌고, 첨단 박물관 같은 분위기로 달라졌다. 전에는 일본인들이 독도에서 강치(바다사자)를 잡던 사진을 전시해놓았지만 신(新)독도관에는 대형 강치 모형을 만들어 일본인들의 감성을 자극했다. 동영상을 볼 수 있는 모니

일본 도쿄 중심지로 확대 이전한 영토주권전시관 내부 모습. '1953년 여름부터 지금까지, 한국의 실력 행사에 따른 (독도) 불법 점거' 게시판 뒤에 멸종된 독도 바다사자, 일명 강치 모형이 보인다.

터도 두 배 이상 커졌고, 증강현실(AR)과 디오라마(3차원 축소 모형)를 활용해 독도가 일본 영토라는 주장을 강조했다.

일본 정부는 독도관 출입구부터 큼직한 글씨로 '다케시마(竹島·독도의 일본 명칭)' '1953년 여름부터 현재, 한국의 실력 행사에 따른 불법 점거'라고 써 놓았다. 한국이 불법행위를 하고 있다고 강조한 것이다. 독도관 오른쪽 면에도 1951년 샌프란시스코 강화 조약 이후 이승만 대통령의 평화선 설치 등을 일지 형식으로 나열하면서 '한국의 불법행위'를 홍보하고 있다. 일본은 '영토주권전시관의 세계화'에도 신경을 쓰고 있다. 전시관 주소를 확인하기 위해 구글 지도를 검색하면 'National Museum of Territory & Sovereignty(영토 주권 국립박물관)'라는 영문명이 나온다.

영토주권전시관 확대 재개관은 아베 정부가 독도를 비롯한 영유권 문제에 더욱 강경한 태도로 임하겠다는 선언이다. 아베 정권은 일본 우익의 주장을 그대로 받아들여 독도를 비롯한 영토 문제에 공격적 태도를 보여왔다. 특히 독도는 역사적, 법적으로 한국 영토라는 것이 입증됐는데도 억지 주장을 펴고 있다. 아베 정권이 전시관 확대 재개관으로 독도 문제를 센카쿠 열도, 쿠릴 열도문제와 동등하게 다루겠다는 자세를 명확히 함에 따라 한·일 갈등이 새로운 차원으로 번질 수 있다는 관측이 나왔다.

일본 정부는 독도를 일본 땅이라고 주장하는 영토주권전시관을 확대 재개관하면서 독도 전경을 담은 탁상용 달력도 만들어 배포했다. '다음 세대로 보존, 일본 영토의 사람과 마음'이라는 제목의 이 달력은 독도, 중국 러시아와 영토 분쟁 중인 센카쿠열도(일본명 댜오위다오), 쿠릴열도 네 섬을 테마로 만들어졌다.

일본 정부는 이 달력 2월 사진에 독도와 쿠릴열도 지도를 나란히 배치, '수복해야 하는 영토' 이미지를 만들었다. 하늘에서 바라본 독도 사진(4월), 바다에서 본 독도 사진(11월)도 실려 있다. 독도, 쿠릴열도, 센카쿠열도가 나란히 형상화된 손가방도 배포했다.

영토주권전시관에서 만난 이승만

일본 정부의 영토주권전시관은 일본 측 의도와는 달리 이승만이 일본에 맞서 독도를 지키기 위해 노력했던 업적이 역설적으로 부각돼 있는 장소다. 독도는 1945년 일본의 패망(敗亡)과 함께 자동으로 한국 영토로 인정받지 못했다. 미국의 오락가락하는 입장으로 독도가 다케시마(독도의 일본명)가 될 뻔한 위험천만한 상황도 있었다. 이때 이승만의 강단(剛斷)과 국제적 감각이 빛을 발했다. 일본의 영토주권전시관은 한국의 불법행위를 강조하면서 '1952년 이승만 라인(평화선)'에 대해 이렇게 기술하고 있다.

"이승만 한국 대통령은 해양주권선언을 만들어 이른바 이승만 라인을 공해상의 광범위한 해역에 일방적으로 설정함과 함께 이 라인 안에 다케시마를 포함했다." "그 후, 이 라인을 침범한 일본 어선을 나포하는 사안이 제주도 남방 어장을 중심으로 다수 발생하게 돼 선원들이 억류되는 문제가 심각해졌다."

이승만 평화선이 선포되던 1952년은 어떤 상황이었나. 당시는 김일성의 동족살해(同族殺害) 남침(南侵)에 따른 전쟁 중이었다. 개전 초기의 절체절명 위기는 면하고 휴전협상이 시작됐지만, 모든 것이 불확실했다. 모두가 38선 근처만 바라보고 있었다. 그런 때에도 이승만은 해외 상황을 면밀히 봐가며 국제사회를 놀라게 하는 결정을 내렸다. 샌프란시스코 강화조약 발효 석 달 전에 평화선을 선포, 독도에 대한 실효적 조치를 취했다. 이어서 1954년엔 독도에 등대를 설치했다. 경찰 경비대도 파견했다. 일본이 이에 항의하는 구술서를 보내왔지만 일축했다. 오히려 독도 풍경을 담은 기념우표 3종을 발행, '독도는 한국 땅'임을 명백히 했다.

이런 역사가 서술된 독도관을 찬찬히 보고 있노라면 일본 정부가 이승만을 얼마나 미워했는지가 느껴진다. 식민지배 청산을 위해 1951년부터 시작된 한일협상에서는 사죄와 배상을 강하게 요구, 일본이 골머리를 앓았다. 재임 시기가 이승만과 겹쳤던 요시다 시게루(吉田茂) 총리는 이승만에 대해 진절머리를 냈다. 그가 가장 싫어하는 인물로 정적이었던 고노 이치로(河野 一郎·고노 다로 현 디지털상의 할아버지) 농림대신과 이승만을 꼽은 것은 일본에서는 잘 알려진 얘기다.

이승만은 35년간 지도에서 사라졌던 나라 재건을 위해 집권 초기 일제시대의 전문 관료들을 기용했다. 이 때문에 친일파라는 오명(汚名)을 뒤집어썼으나 사실은 일본 측이 상대하기 껄끄러운 인물이었음을 역설적으로 일본의 영토주권전시관은 보여주고 있다.

부임 못할 뻔한 강창일 대사

2021년 문재인 대통령이 강창일 전 의원을 주일대사로 내정한 데 대해 일본 정부와 자민당 일각에서 반발 기류가 표면화했다. 강 대사는 2011년 5월 국회 독도특별위원회 위원장 자격으로 다른 의원 2명과 한국 정치인으로서는 처음으로 러시아가 주권을 행사하는 쿠릴 열도의 쿠나시르섬을 방문했다. 이 섬을 포함해 쿠릴열도 4개 섬을 북방영토로 부르며 영유권을 주장하는 일본에서 강하게 반발한 바 있다. 당시 민주당의 간 나오토(菅直人) 내각은 깊은 유감을 표명했고, 일한의원연맹은 이를 문제 삼아 방한을 연기하기도 했다. 자민당 간사장 대행을 지낸 이나다 도모미(稲田朋美) 의원은 국회에서 강 내정자 등에 대해 "입국 금지 조치를 취해야 한다"는 주장을 펴기도 했다.

이 같은 배경 때문에 자민당의 강경파 의원들은 강 대사에 대한 불쾌감을 표명했다. 이에 따라 강 내정자에 대한 아그레망(외교 사절에 대한 사전 동의) 절차가 난항을 겪거나 장기화할 가능성도 거론됐다. 도쿄의 소식통은 "일본 정부가 강 내정자의 북방영토 방문을 이유로 그의 부임을 거부하기는 쉽지 않을 것"이라면서도 "외무성 내에는 북방영토의 러시아 영유권을 인정한 인물에게 아그레망을 내주는 것은 좋지 않은 선례가 된다는 주장도 있다"고 했다. 강전 의원은 한일의원연맹 회장을 지냈으나 자민당 내에 그를 환영하는 인물이 많지 않은 것도 변수였다.

결국 일본은 2019년의 반도체 소재 등의 수출 규제가 역으로 문재인 정부의 반일 기류를 강화시키는 데 도움을 줬다고 판단, 그를 '페르소나 논 그라타(기피인물)'로 지정하지 않았다. 한국과의 외교적 마찰이 심화되는 것을 피한 것이다 그 대신 강 대사는 철저히 투명 인간으로 만들어 이전의 한국 대사에게 해 주던 예우를 하지 않았다. 일본 정부와 자민당의 고위직 인사들은 강 대사의 면담 요청을 대부분 거부했다.

교도통신은 일본 정부가 강창일 신임 주일 대사에 대해 의도적으로 차갑게 대하고 있다고 보도했다. 강 대사가 일본 외무상을 만난 것은 2022년 6월 그가 부임 후 1년 반 만에 처음으로, 이것은 그의 이임(離任) 인사였다.

고령자일수록 혐한

한·일 관계가 극도로 악화하면서 일본의 고령층일수록 한국을 싫어한다는 여론조사가 잇달아 나왔다. 아사히신문이 2019년 9월 일본인 유권자를 대상으로 실시해 발표한 여론조사에 따르면 '한국이 싫다'는 응답은 29%로 '좋다'(13%)는 답변보다 두 배 이상 많았다. '어느 쪽도 아니다'는 56%였다.

이 중에서 70세 이상을 대상으로 한 조사에서는 '한국이 싫다' 41%, '한국이 좋다' 7%로 나와 '싫다'는 응답이 '좋다'에 비해 6배 가까이 높았다. 60대에서는 36%(싫다) 대(對) 10%(좋다)로 나타났다. 50대에서도 한국이 싫다는 비율이 33%로 '좋다'(11%)에 비해 3배 높았다. 아사히신문은 50대 이상의 남자는 약 40%가 한국이 싫다고 답변했다고 전했다. 이에 비해 18~29세에서는 23%(좋다) 대 13%(싫다)로 고령층과는 정반대의 결과가 나왔다. 30대에서는 '좋다'(17%)와 '싫다'(23%)가 큰 차이가 없었다.

같은 해 6월 한국의 동아시아연구원(EAI)과 일본의 비영리기관인 언론 NPO가 한·일 국민을 공동 조사한 연구에서도 비슷한 현상이 나타났다. 당시 60대 이상의 일본인 중 57.1%가 한국에 대해 '좋지 않은 인상을 갖고 있다'고 답했다. '좋은 인상을 갖고 있다'는 응답은 12.8%에 그쳤다. 50대 일본인들은 '좋지 않은 인상' 52.7%, '좋은 인상' 19.2%였다. 반면 20대 미만에서는 '좋은 인상' 36%, '좋지 않은 인상' 40%로 큰 차이가 없었다.

이 같은 현상의 배경에는 중장년 일본인들 사이에서 경제 규모가 커진 한국이 양국 간 합의를 무시하고 일본을 경시한다는 분노가 깔려 있다는 분석이 나온다. 일본의 한 전문가는 "2018년 대법원의 징용 배상판결 이후 50대 이상의 일본인 남성들이 한국에 대한 강경 조치를 집요하게 요구하고 있다"며 "아베 정권이 2019년 7월 참의원 선거 직전에 경제 보복 조치를 취한 데에는 이들을 만족시키기 위한 측면도 있었다"고 말했다.

한국인 면접 0점 처리 후 전원 불합격시킨 수의학부

아베 신조 총리 취임 후 특혜를 받아 신설됐다는 의혹을 받고 있는 오카야마(岡山) 이과대 수의학부가 2020년 3월 한국인 응시자 8명을 면접에서 0점 처리해 전원 불합격시켰다. 주간문춘 보도에 따르면 2019년 11월 실시된 이 대학 수의학부 A방식 추천입시에서 한국인 응시자 8명 전원이 면접에서 0점을 받아 불합격했다.

수의학부 교수진은 "일본어 의사소통이 현저히 곤란했기 때문"이라고 설명했다고 한다. 하지만 일본어로 출제되는 학과 시험에서 만점에 가까운 점수를 받은 한국인 지원자의 일본어에 문제가 있다는 주장은 설득력이 없다는 지적이 나왔다. 당시 이를 폭로한 내부 관계자는 "공정해야 할 입시에서 국적 차별이 자행된 사실에 분노한다"고 했다. 가케학원은 아베 총리의 친구인 가케 고타로(加計孝太郎)가 이사장을 맡고 있는 곳으로 2018년 10월 한국 대법원의 징용 배상 판결 이후 한일관계 악화가 한국인 불합격 결정에 영향을 끼쳤다는 분석이 제기됐다.

05
가교(架橋) 역할 하는 한국인, 일본인

"한국은 아버지, 일본은 어머니의 나라"

"저에게 한국은 아버지의 나라, 일본은
어머니의 나라입니다. 아버지와 어머니가
사이좋게 지내기를 바라는 것이 아들의 마
음 아니겠습니까." 조선 도공의 후예로 사쓰
마야키(薩摩燒·가고시마 도자기)를 통해 한일
관계에 기여해 온 심수관(沈壽官·사진) 15대
가 2021년 4월 주(駐) 가고시마 명예 총영사
로 활동을 시작했다.

가고시마현 히오키시(市) 미야마(美山)
의 심수관요(窯)에서 열린 명예총영사관 개
관식에는 시오타 고이치 가고시마현 지사를 비롯, 이 지역의 주요
인사들이 다수 참석했다. 우리 정부를 대표해 참석한 이희섭 주후

쿠오카 총영사는 "1998년 김종필 총리, 2004년 노무현 대통령이 가고시마를 방문한 것은 심수관요가 있었기 때문"이라며 "앞으로도 심수관요가 계속해서 한일을 잇는 가교 역할을 해 주기 바란다"고 말했다. 심수관 15대는 "명예 총영사 활동을 통해 일본에서는 친한파(親韓派)를, 한국에서는 일본에 우호적인 사람들을 더 늘리고 싶다"고 했다. 그는 "최근 한일 관계는 양국을 연결하는 파이프가 얇아진 것이 문제"라며 "이해관계에 좌우되지 않는 시민 관계를 더욱 두텁게 해 가는 것이 중요하다"고 말했다.

심수관은 1598년 정유재란 당시 전북 남원에서 가고시마 영주 시마즈 요시히로에 의해 끌려간 심당길의 후손이다. 심씨 가문은 일본에 강제로 정착 후에 도자기를 만들어 살면서 사쓰마야키를 세계에 알리는 데 큰 역할을 했다는 평가를 받는다. 심씨 가문의 12대 심수관은 1873년 오스트리아 빈 박람회에 높이 180㎝의 '금수 대화병'을 출품, 유럽인들을 놀라게 했다. 이후 후손들은 대대로 '심수관'을 이어받아 사용하며 일본의 대표적인 도자기 브랜드가 됐다.

심수관가(家)에서 한국의 명예 총영사가 나온 것은 두 번째다. 14대 심수관은 1989년 노태우 대통령에 의해 명예총영사로 임명된 후 30년간 활동하다가 2019년 별세했다. 14대 심수관은 사쓰마 지역의 도기를 의미하는 사쯔마야기(薩摩燒) 진흥에 전력을 다한 인물로 일본에 알려져 있다. 1970년 오사카 엑스포에 큰 꽃병을 출품해 관심을 끌었으며 1998년 개최된 '사쓰마야키 400주년 축제'에서는 중심적 역할을 맡았다. 그는 일본의 유명 소설가 시바 료타로(司

馬遼太郎)가 쓴 소설 '고향을 어찌 잊으리'의 모델로 일본 사회에서 주목받기 시작했다.

심수관 14대는 1998년 왜군의 납치 400년을 맞아 서울에서 전시회를 개최했다. '400년 만의 귀향 – 일본 속에 꽃 피운 심수관가 도예전'은 당시 김대중 대통령이 참석할 정도로 화제였다. 심수관가의 뿌리인 남원에서 도자기 제작에 사용할 불을 채취해 현해탄을 건너는 행사도 기획했다. 1974년 서울대 강연 당시 일제 식민 지배에 대해 어떻게 생각하느냐는 질문을 받았다. 그는 "(일본이 저지른 죄가 큰 것이기는 하나) 거기에만 얽매일 경우 젊은 한국은 어디로 갈 것인가. 여러분이 36년을 말한다면 나는 370년을 말해야 하지 않겠나"라고 답변해 화제가 됐다. 일제의 악행은 기억하면서도 미래를 위해 협력해야 한다는 의미였다. 심수관요(窯)는 2018년 6월 도쿄의 한국문화원에서 한일 국교 정상화 53주년 기념 특별전을 개최했다.

안중근 동양평화상 첫 수상한 日류코쿠대

"안중근 의사는 1910년 사형집행 전까지 5개월의 짧은 기간에 많은 일본인 간수와 신뢰 관계를 구축할 수 있었던 분입니다. 그가 강하게 희망한 한일 화해와 동양 평화가 진전되기를 바라는 마음입니다."

2021년 신설된 '안중근 동양평화상'의 첫 수상자는 일본에서 나왔다. 교토에 위치한 류코쿠대(龍谷大) 안중근 동양평화연구센터

리수임 안중근동양평화연구센터장이 안중근 의사의 유묵에 대해 설명하고 있다.

는 안중근의사숭모회가 제정한 이 상을 받았다. 2021년 3월 류코쿠대 교정에서 만난 리수임(李洙任) 안중근동양평화연구센터장은 "안중근 평화사상의 핵심은 이질(異質)적인 상대와 대화할 수 있는 능력"이라며 이번 수상이 일본에서 안중근 연구를 주목받게 하며 활력을 주게 될 것이라고 말했다.

　안중근의사숭모회 이사장을 맡고 있는 김황식 전 총리는 "안중근 동양평화연구센터는 대학 부설 기구로 일본에서 안 의사를 체계적으로 알려온 최초의 단체"라며 "안 의사의 평화 사상을 일본 사회에 전파하기 위해 노력해왔을 뿐만 아니라 일본 학생들에게 그를 올바르게 교육해왔다"고 평가했다.

　자신을 재일교포 2세가 아니라 한국계 일본인으로 소개하는 그가 안중근에 대해 관심을 가진 것은 한일 강제 합병(合併) 100주년을 맞은 2010년 무렵이다. 1995년부터 류코쿠대에서 영어 교육을 가르쳐 온 리 교수는 이곳에 안 의사가 남긴 유묵(遺墨)이 4점 있는 것을 알게 된 후, 그의 사상에 대해 관심을 가지기 시작했다. 여기엔 모두 왼손 약지가 없는 장인(掌印)이 뚜렷이 찍혀 있다. 이 유묵은 안 의사가 초대 조선통감 이토 히로부미를 사살하고 순국하기 전에 만난 일본인 스님을 통해서 시즈오카현의 사찰에 보관돼 오다가 1997년부터 류코쿠대학 도서관으로 옮겨졌다.

리 교수는 "안 의사가 남긴 고인의 유묵은 말로는 다 할 수 없는 힘을 가지고 있다"고 강조했다. 2013년 안중근 동양평화연구센터를 만든 그는 이 유묵을 활용해서 '동아시아의 미래'라는 제목으로 안 의사의 평화 사상을 강의해왔다. 누적 수강생은 약 800명. "안 의사는 동양 평화에 대한 소망을 담아서 소프트 파워로서 많은 유묵을 남겼다고 생각합니다. 안 의사의 유묵을 보여주면서 수업을 하면 많은 학생이 감동을 합니다." 그는 "수업에 참가한 학생들은 상상했던 것보다 더 훌륭한 발상을 하는데, 한 학생이 안 의사가 민족, 인종을 뛰어넘은 대화를 실천하는 월경(越境)을 했다고 말했을 때 놀랐다"고 했다.

일본대학에 안중근 연구센터를 만드는 데 반대는 없었을까. "류코쿠대의 설립 이념에는 인류의 대화와 공존을 바라는 평화의 마음이 담겨 있다"며 "학교에서 정치적인 이유로 반대하는 사람은 없었다"고 했다. 현재는 안 의사의 동양평화론을 독일 철학자 칸트의 '영구평화론'과 연관지어 해석해 주목받은 마키노 에이지 호세

이(法政)대 교수 등 15명이 비상근 연구원으로 참여하고 있다.

안중근 동양평화연구센터는 안중근의사숭모회와 연대해 2014년부터 매년 학술 심포지엄을 열어 그의 평화사상을 발전시키고 있다. 2020년에는 코로나 상황에서도 일본의 대표적 진보학자인 와다 하루키 도쿄대 명예교수 등이 참가한 가운데 화상 심포지엄을 개최했다. '안중근과 동양 평화 - 동아시아의 역사를 둘러싼 월경(越境)적 대화'를 출간하기도 했다. 우익 인터넷 사이트에 "조센징이 테러리스트를 추모하는 센터를 운영한다"는 글이 올라오기도 했지만 그는 신경 쓰지 않는다고 했다. 2021년 수상 후 정년퇴직한 그는 이 센터의 사무국장을 맡아 계속 활동하고 있다.

"동북아 변화하는 정세에서 안중근을 배우자"

2018년 9월 도쿄 긴자(銀座)의 한국 음식점에서 열린 모임은 일본에서는 보기 드문 행사였다. 한·일 양국에서 일본의 조선 초대 통감 이토 히로부미(伊藤博文)를 사살한 안중근 의사를 기리는 이들이 모여 추모 모임을 가졌다. 일본에서 안 의사의 평화정신을 알리는 활동을 해 온 일본인 10여 명이 마이크를 잡고 안 의사가 펼치려 했던 평화사상의 중요성을 역설했다.

일본 아사히신문 서울지국장을 지낸 오다가와 고(小田川興) 씨는 "안 의사는 100년 전에 유엔의 사상을 제시했기에 21세기 현시점에서도 존경한다"며 "동북아시아의 변화하는 정세 속에서 안 의사를 배워야 한다"고 말했다. 도쿄에 거주하는 A씨는 "안 의사의 평화사상에 대해 책을 쓰고 있다"며 "일본의 극우세력이 나를 공격할지도 모르지만, 그의 뜻을 널리 알리고 싶다"고 했다. 안 의사의 유해 발굴을 위해 27년 전부터 수차례 중국을 방문한 교토쿠 테츠오(行德哲男) 씨는 "유골을 찾기 위해 백방으로 노력했지만, 아직 찾지 못하고 있다"며 안타까워했다. 그는 안 의사가 즉각 처형되지 않았다면 생동감 넘치는 붓글씨를 많이 남겼을 것이라며 자신이 직접 써 온 작품을 참석자들에게 나눠줬다.

마키노 에이지 호세이(法政)대 교수는 안 의사의 '동양평화론'을 독일 철학자 칸트의 사상과 연결해 해석해 주목받아온 인물. 마키노 교수는 "철학자의 입장에서 안 의사의 평화 사상을 연구해 한·일 관계를 더 가깝게 하는 것이 목표"라며 "안 의사와 관련된 유고(遺稿)를 더 발굴해 한국에 돌려주는 것이 사명이라고 생각한다"고 말했다.

일본 학생들에게 '안중근 사상'을 가르치는 교사들도 참석했다. 일본인들에게 안중근 사상을 강연하는 B씨는 40년 전 한국을 처음 방문할 때 우연히 만난 한국인으로부터 안중근 기념관에 꼭 가보라는 얘기를 들었다고 했다. 그후 한국을 200차례 넘게 방문할 때마다 안중근 기념관은 거르지 않고 들르고 있다.

김황식 안중근 의사 숭모회장은 안 의사의 관선 변호사였던 미즈노 키치타로(水野吉太郎)가 "나는 안중근을 생각하면 언제나 눈물이 난다"고 말한 것을 언급하다가 자신도 눈시울을 적셨다. 김 이사장은 "기회 있을 때마다 일본에 안 의사의 고귀한 뜻을 제대로 알려서 한·일 양국이 평화와 번영의 시대로 나갈 수 있도록 하겠다"고 했다.

미야기(宮城)현 구리하라(栗原)시의 다이린지(大林寺)는 매년 안 의사 추모법회를 열고 있다. 다이린지는 안 의사와, 그를 존경하게 된 뤼순 감옥의 간수 치바 도시치(千葉十七) 위패가 안치된 절로 안 의사의 '위국헌신 군인본분(爲國獻身 軍人本分)' 석비가 세워져 있다.

이수현 추모모임, 유학생 1000명에 장학금

2001년 철로에 떨어진 일본인 을 구하려다 숨진 고려대생 이수현 씨를 기리는 장학금 수혜자가 1000 명을 넘어섰다. 그의 이름을 딴 'LSH 아시아 장학회'의 가토리 요시 노리(鹿取克章·사진) 회장은 2021년 1월 인터뷰에서 "국적을 넘어서 인간에 대해 동료 의식을 가진 그 의 정신이 장학 사업을 통해 계승되고 있다"고 말했다.

LSH 아시아 장학회는 이씨의 부모가 그의 사후에 기부한 1억 원이 바탕이 됐다. 2001년 8월 이씨의 희생정신에 감동한 일본인 들을 중심으로 장학회 준비위원회가 결성되자 각계 인사들이 참여 했다. 위험에 처한 이의 국적을 가리지 않고 몸을 던진 그의 뜻을 기리기 위해 아시아 국가에서 일본으로 유학 오는 학생들을 돕기로 했다. 2002년 NPO(비영리) 법인으로 발족 후 93명에게 장학금을 수여한 것을 시작으로 매년 약 50명을 꾸준히 선발해왔다. 1인당 장학금 10만엔은 아르바이트를 해가며 공부하는 학생들에게 '이수현 정신'을 알려가며 작은 격려금 역할을 했다.

가토리 회장은 "장학회가 발족한 지 20년째인데, 일본의 유명 인사들이 모인 '도쿄 클럽'을 비롯해 지속적으로 후원해주는 이들이 있다"고 말했다. 국제교류기금은 장학 활동을 돕는 이들에게 기부금 감면 혜택이 돌아갈 수 있게 했다. 일본항공(JAL)은 명예회장을 맡고 있는 이씨의 어머니 신윤찬 씨가 일본을 오갈 때 왕복 비행기표를 제공하고 있다.

가토리 회장은 주이스라엘·주인도네시아 대사를 지낸 엘리트 외교관 출신. 2000년부터 2년간 주한 일본 대사관의 총괄공사를 역임했던 인연으로 2017년부터 제2대 회장을 맡고 있다. "일·한 양국 관계에 도움이 된다면 어떤 역할이든 하고 싶었다"고 했다. 한국을 떠난 후에도 신각수 전 외교부 제1차관, 김영선 전 주인도네시아 대사 등 일본통 외교관들과 꾸준히 교류해온 것도 영향을 미쳤다.

장학회는 그동안 '가케하시(架橋·떨어진 양쪽을 잇는 다리)'라는 제호(題號)의 회보를 매년 펴내며 이수현 추모 분위기를 확산시켜왔다. 가장 최근호인 가케하시 34호는 이씨를 다룬 다큐멘터리 영화를 특집으로 소개했다. 한국인이 일본인을 위해서 몸을 던지고 이에 감명받은 일본 사회가 장학회를 만들어 활동하고 있다는 점에서 LSH 아시아 장학회는 한일 간의 새로운 모델로 평가된다. 가토리 회장은 이수현씨를 한·일 젊은 세대의 새로운 상징으로 평가한다. "한·일 관계가 어려울수록 그의 용기와 희생정신을 양국이 이어가야 합니다."

이수현 씨의 어머니 신윤찬 씨는 '이수현 정신'을 널리 알리기 위해 만들어진 'LSH 아시아 장학회'의 수혜자가 1000명을 돌파하는 것에 큰 의미를 부여했다. "수현이 이름으로 장학금을 받은 아시아 학생은 모두 내 아들딸 같습니다. 그들이 자신의 꿈을 이루기를 바라는 마음이 간절합니다."

이 장학회 명예회장인 그는 "수현이가 숨진 지 20년이 됐는데 한 번도 만나지 못했던 분들이 장학금을 내고 있다"며 "이수현이라는 이름 하나에 이렇게 많은 응원을 하는 데 대해 감사드린다"고 했다. 신씨는 지난 20년간 가장 기억에 남는 것으로 추모 영화 '가케하시'가 여러 지역에서 상영된 것을 꼽았다. 이씨가 숨진 후 일본인들로부터 받은 편지가 2000통이 넘는다며 "그래서 슬픔을 가라앉히고 20년을 보낼 수 있었다"고 했다.

2020년까지 이수현 씨 이름으로 장학금을 받은 학생은 한국인 242명을 포함 총 998명이다. 중국·베트남·네팔·몽골·캄보디아·파키스탄 등 18국 학생에게 1인당 약 10만엔의 장학금이 전달됐다.

"인생을 걸고 북한을 취재하고 있다"

북한을 전문 취재하는 아시아프레스의 이시마루 지로(石丸次郎·사진) 오사카 사무소 대표가 주력하는 문제는 재일교포 9만여 명의 북송 사업이다. 그는 재일교포 북송 사업 60년을 맞아 '북조선(북한) 귀국자의 기억을 기록하는 모임'을 발족하는 데 주도적 역할을 했다. 기회가 있을 때마다 탈북 재일 교포들이 등장하는 심포지엄을 열어 일본 사회의 관심을 환기시켰다.

이시마루 씨는 2019년 인터뷰에 서 "약 200만엔을 '크라우드 펀딩'으로 모은 후 현재 일본에 정착한 재일교포

탈북자 15명을 인터뷰해 기록했다"며 "총 50여 명의 증언을 통해 북송사업의 실상을 알리고 이들을 돕는 것이 목표"라고 했다.

그는 북송됐다가 탈북한 재일교포와 그 자녀를 약 500명으로 추정했다. 이 중에서 200~300명이 일본에 정착했다고 보고 있다. "한국이나 일본에 정착한 탈북 재일교포들은 북에 남은 가족이나 지인들에게 피해가 갈까 봐 증언에 소극적이다. 또 북한에서 살다 가 왔다는 것을 밝히면 주택 임차, 이웃 관계 등에 좋지 않은 일이 생길까 우려한다."

"인생을 걸고 북한을 취재하고 있다"고 말해온 그가 북송 사 업에 구체적으로 관심을 갖기 시작한 것은 1998년부터다. "당시 중 국의 북한 접경지역에서 북한의 대기근에 대해 취재하다가 일본말 하는 여성 탈북자를 만나 충격을 받았어요. 북송된 재일교포 부모 를 중국으로 데리고 나올 테니 살려달라고 해서 도우면서 북송 사 업에 눈을 뜨게 됐습니다."

그는 북송 사업의 가장 큰 문제점으로 "북한에 건너간 후 인 생의 자기 결정권이 없어진 것"을 꼽았다. "거주지 선택 자유도 없 었다. 자신의 뜻으로 인생을 개척할 수 없는 환경에 가게 된 것이

불행하다고 생각한다"고 했다.

일본 정부와 일본 사회의 책임에 대해서도 언급했다. "재일교 포 북송은 일본 사회가 절대 잊어버리면 안 되는 문제다. 절대 로…. 이들은 일본 사회가 등을 밀어서 사지(死地)로 보낸 사람들이 다. 최소한 일본에 구사일생으로 다시 입국한 사람들을 제대로 지 원했으면 좋겠다는 생각이다."

"한일은 운명 공동체" 강조하는 여걸

일본 정계의 여걸(女傑)로 불릴 만했다. 다른 남성 정치인들이 코로나 긴급사태를 핑계로 기존 약속마저 깨는 상황에서 노다 세이코(野田聖子·사진) 자민당 간사장 대행은 달랐다. 한일관계가 악화된 상황에서 한국 기자의 인터뷰 요청에 응한 것은 물론 화상 인터뷰 대신 직접 만나자고 했다.

2021년 2월 자민당 4층 사무실에서 마주 앉은 그는 자신의 할 아버지가 '일한의원연맹' 창립자 중 한 명이라고 밝혔다. "태평양전 쟁에 대해 사죄하는 의미에서 정치를 시작한 할아버지는 한국에 대 해 미안한 마음을 갖고 일한의원연맹 간부 일을 적극적으로 했다" 고 언급했다. 그의 남편은 재일 교포 3세다. 하지만 이런 이유 때 문에 한국과의 관계를 중시하는 것은 아니라고 선을 그었다.

"한국과 일본은 대국(大國)이 아닙니다. 미국, 중국 등 큰 나라에 둘러싸인 상황을 극복해야 하기에 운명 공동체 같은 생각을 가질 필요가 있습니다." 특히 한·일의 인구 감소 문제를 거론했다. "양국 모두 인구가 줄어드는 상태로 돌입하고 있는데 서로 협력하는 현명한 선택을 해야 하지 않겠느냐"고 했다.

노다는 양국 정치인들의 역할과 관련, "모두가 양국의 미래를 생각했으면 한다. 미래를 위한 플랫폼을 만들기를 바란다"고 했다. "양국 정치가들의 싸움이 일시적으로는 정권 부양(浮揚)에 도움이 될지 몰라도 국민이 입는 피해를 생각해야 한다"고 했다.

1993년 중의원에 진출, 총무상, 우정상(체신업무 담당 장관), 자민당 총무회장 등을 역임한 그는 10선을 기록 중이다. 자민당의 실세인 니카이 도시히로 간사장이 그를 '일본의 첫 여성 총리'로 만들려고 한다는 보도가 나오기도 했다. 그는 손을 내저으면서도 차기 총리에 대한 의지를 강하게 피력했다. "자민당 중의원 여성 의원 중에서는 내가 당선 횟수가 가장 많다. 그래서 내가 총재 선거에 출마하는 것은 의무"라고 했다.

모리 요시로 도쿄올림픽 조직위원장이 여성 폄하 발언으로 물러난 것에 대해서도 "일본을 바꾸는 길은 여성이 총리가 되는 것이다. 여성이 총리가 되면 여성 비하 분위기가 없어질 것"이라고 강조했다.

2011년 미국에서 난자를 받아 체외수정으로 출산한 아들은 심각한 장애를 갖고 있었다. 약 10차례 수술을 받고 지금은 특수교육을 받고 있다. 노다는 "한 사람의 어머니가 된 후 정치에 대한 생각이 바뀌었다"고 홈페이지에 썼다. "정치는 약자(弱者)의 곁에 있어

주는 것이라고 생각해왔다. 그런데 정말 생각할 수도 없었던 약자가 내 아들로 태어났다. 일본은 아직 약자에 대해서 차갑다는 것을 깨닫고 그동안의 정치에 대해 반성하고 있다"고 했다. 실제로 노다는 2021년 9월 자민당 총재 선거에 출마하면서 "그동안 주역이 되지 못한 여성, 어린이, 고령자, 장애인이 살만한 가치가 있다고 생각할 수 있는 보수 정치를 자민당에서 만들어보고 싶다"고 했다.

지금은 남편이 "모든 것을 다 내려놓고 (장애인) 아들 한 명을 키우는 데 전념하고 있다"고 했다. 기자가 "훌륭한 남편을 뒀다"고 하자 "내게는 몹시도 엄격하다"며 미소 지었다. 그가 창밖을 바라보며 "유감스럽게 생각하는 것은 (장애인, 재일 교포를) 차별하는 일본인이 있다는 것"이라고 말하는 것이 들렸다.

노다는 한국의 정치가들 사이에서 친한파로 높은 평가를 받고 있는 데 대해 "내가 폭탄주를 잘 마시기 때문"이라고 재치 있게 답했다.

"G7, 한국과 호주까지 G9으로 확대하자"

"제 구상의 핵심은 일본의 총리가 '한국과 호주를 G7(주요 7국)에 추가해 G9으로 확대하자'고 제안하는 겁니다. 트럼프 대통령 생각처럼 러시아와 인도까지 포함해 G11이 되면 정체성이 모호하고 의사(意思)를 통일하기도 어렵기에 G9이 바람직합니다."

2020년 트럼프 미 대통령이 G7 정상회의에 한국 호주 인도 러시아 4국을 추가 초청하겠다고 발표하자 일본의 야당 의원이 이에 대해 수정 제안을 하고 나섰다. 당시 일본 제1야당인 입헌민주당의 정조회장 대리로 활동 중이던 야마우치 고이치(山內康一·사진) 의원은 인터뷰에서 G7은 G9으로 개편돼야 한다고 주장했다.

그는 "일본의 중요한 이웃인 한국과 호주가 G9에 참가하는 것은 일본의 국익에도 좋다고 생각한다. 특히 한국은 경제 규모 면에서 G7 멤버인 캐나다보다 앞서며 인구도 더 많아 자격이 충분하다"고 했다. 트럼프 대통령의 생각대로 G7에 민주주의와 경제발전 정도가 다른 러시아와 인도가 추가된다면 현재의 G20처럼 이해관계가 일치하기 어렵게 된다고 지적했다.

그는 G7을 확대해 한국과 호주가 참여하는 방안을 오래전부터 구상해왔다며 이런 제안을 아베 신조 총리가 해 주기를 바란다고 했다. "G9 구상에서 의미가 있는 것은 한국의 참여를 일본이 제안한다는 점"이라며 "한국에 대해 강경파인 아베 총리가 이런 제안을 한다면 일본 우익도 반대하지 못할 것"이라고 했다.

그는 일본의 제안으로 한국이 G9에 포함될 경우, 한·일 관계에 긍정적인 영향을 미칠 것이라고 내다봤다. "민주주의를 공유하는 G9 국가들이 일·한 관계의 보증인이 된다면 현재처럼 양국이 합의했다가 싸우는 일이 반복되지 못할 것"이라고 말했다.

야마우치 의원은 G9이 되면 유럽에 편중된 현재의 시스템을 고치고, 중국 문제에 대해 공동 대응하는 데도 도움을 줄 것이라고 했다. "이제 국력이 커진 중국을 각국이 일대일로 다루는 것은 어

렵게 된 만큼 민주주의를 공유하고 같은 경제체제를 가진 G9으로
맞서야 한다"고 했다.

야마우치 의원은 일본 국제협력기구(JICA) 출신. 고노 다로(河
野太郎) 방위상의 지원을 받아 자민당 소속으로 처음 당선됐다. 중
의원 외무위원회 간사, 입헌민주당 외교부회 회장도 역임했다. 그
는 평소 남북통일이 일본 경제에도 활로가 된다며 이를 적극 지지
하는 입장을 밝혀왔다.

스무 살 때부터 한국 사진집 14권 출간

50년간 한국 관련 사진을 찍어 온 일본인
사진작가 후지모토 타쿠미(藤本巧·사진) 씨가
2020년 3월 마이니치신문사가 주최하는 제39
회 도몬 겐(土門拳)상을 받았다. 일본의 유명
사진작가 도몬 겐의 업적을 기리기 위해 1981
년 제정된 이 상을 받는 것은 사진작가에게는
큰 영예다.

역대 도몬 겐상 수상자 목록에 오른 후지모토 씨의 작품집은
'과묵(寡默)한 공간, 한국으로 이주한 일본인 어민과 하나이 젠키치
(花井善吉) 소록도 원장.' 그의 14번째 한국 관련 사진집으로 일본의
식민통치 시대에 만들어진 적산(敵産) 가옥을 집중적으로 조명했다.
도몬 겐상 심사위원회는 "그동안 파묻혀 있던 일한(日韓) 역사의 한
단면을 조명하는 이 책은 도몬 겐상에 걸맞은 작품"이라며 "후지모

토 씨의 50년에 걸친 한국 촬영에는 다른 나라에서는 느낄 수 없는 매력이 가득했다"고 평가했다.

후지모토 씨는 이날 인터뷰에서 "일제시대 만들어진 적산가옥은 일·한 관계의 '부(負)의 유산'이지만 이런 역사가 있었음을 일반인들과 전문 연구가들에게 알리고 싶었다"고 했다.

그가 한국과 인연을 맺은 것은 스무 살 되던 1970년 여름. 어릴 적부터 존경하던 민예운동가 야나기 무네요시(柳宗悅)와 한국과의 관계를 더 깊이 알고 싶어서 방한했다. 이때 경북 안동·김천 등을 다니며 설명하기 어려운 한국의 매력에 끌렸다. 그는 당시를 이렇게 회고한다. "갑작스러운 내방객을 한국 사람들은 친근감 있게 맞아줬다. 나는 사진 구도를 생각하기 전에 (한국이라는) 피사체를 향해 돌진하고 있었다."

후지모토 씨의 한국에 대한 열정이 알려지면서 그의 사진집은 한국에서도 출간됐다. 2012년에는 서울에서 전시회를 갖기도 했다. 그가 90여 차례 한국에 사진을 찍으러 갈 때마다 많은 한국인이 도와줬다고 했다. "한번은 한국의 시골 이곳저곳을 사진 찍으러 돌아다니다가 경찰관에게 길을 물었다. 그랬더니 그 경찰관이 사진 소재가 될 만한 곳으로 나를 직접 안내해서 데려다 줬다."

후지모토 씨는 "일본은 고대부터 한국과 관계를 맺었다. 백제와 일본이 함께 동맹 관계를 맺기도 했다. 역사를 좁은 시야에서 볼 게 아니라 큰 시야에서 보면 두 나라 사이엔 그동안 좋은 일이 더 많았다."

한국인 제자 대학에 도쿄 전범재판 책 기증

태평양전쟁 책임을 물었던 극동 국제군 사재판(도쿄 재판) 연구의 권위자인 아와야 겐 타로(粟屋憲太郎·사진) 전 릿쿄(立教)대 명예 교수의 연구자료 및 2,000여 권의 관련 서적 이 한국 원광대에 기증됐다. 유지아 원광대 동북아시아인문사회연구소 교수는 2020년 8 월 "2019년 타계한 아와야 교수는 생전에 도

쿄 재판 관련 자료는 일본에 있는 것보다 한국이나 다른 나라에서 소장하는 것이 좋겠다고 했는데 유족들이 한국에 기증하기로 해 1 차분이 최근 도착했다"고 밝혔다.

1944년생인 아와야 교수는 도쿄 재판 관련 국제검찰국 자료 를 수집하고 분석해 세계적으로 권위를 인정받아왔다. 그는 1980 년대 미국 국립문서기록관리청(NARA)에 매일같이 출퇴근하며 박 스에 담긴 채 분류되지 않고 있던 자료들을 발굴했다. 이를 바탕으 로 52권으로 된 '국제검찰국 심문조서'를 발간, 도쿄 재판 연구를 가속화했다.

아와야 교수는 도쿄 재판에서 히로히토 일왕이 면책된 것을 문제 삼은 것으로도 유명하다. 그는 그 외에도 일본의 식민지 지 배, 화학전·생물전의 책임이 다뤄지지 않은 것과 기시 노부스케 전 총리 등 전범이 일찍 석방된 것에 대해 비판했다. 이로 인해 우 익의 협박을 받기도 했으나 "내가 정의감에 불타기 때문이 아니라

사실이기에 말하는 것"이라며 담담한 태도를 취했다.

그의 석사·박사 과정 제자였던 유지아 교수는 "아와야 교수는 릿쿄대 퇴임 강연에서 도쿄 재판에 대해 일본이 인정해야 하며 그 의미를 되새김으로써 전쟁 책임 인식을 분명히 해야 함을 언급했다"고 말했다.

아와야 교수는 2005년에는 일본인 학생들을 데리고 방한, 판문점을 견학할 때 일부러 한국 노래를 배워서 올 정도로 한국에 대해 관심이 많았다고 한다. 유 교수는 "아와야 교수가 기증한 자료는 미국의 일본 점령 당시 연구와 해방 후 한·미·일 관계 연구에 새로운 활력을 불어 넣을 것"이라고 말했다.

06
와다 하루키와 오구라 가즈오

"3·1 평화 운동 알면 일본인들도 달라질 것"

한·일 관계가 계속 악화하는 상황에서 일본의 지식인 226명이 2019년 2월 3·1 독립운동 정신을 바탕으로 양국이 화해하고 동북아시아의 평화를 위해 협력할 것을 권고하는 성명을 발표했다. 와다 하루키(和田春樹·사진) 도쿄대 명예교수를 비롯한 일본 지식인들은 일본 국회에서 발표한 성명에서  "올해는 3·1 독립선언이 발표된 지 100주년이 되는 기념비적인 해"라며 "(한국인들은) 일본에 병합돼 고통을 겪으면서도 일본을 위해서라도 조선이 독립해야 한다고 설득하고자 했다"고 밝혔다.

와다 교수를 비롯, 다나카 히로시 히토쓰바시대 명예교수, 우치다 마사토시 변호사, 오다가와 고코 재한피폭자문제시민회의 대표 등은 이 성명에서 "(지금은) 조선 민족의 위대한 설득의 목소리에 귀 기울여 동북아 평화를 위해 식민지 지배에 대한 반성과 사죄를 바탕으로 일·한, 일·북 간의 상호 이해와 협력의 길로 나아가야 할 때"라는 입장을 밝혔다.

와다 교수는 '일본의 한국 강제병합 원천 무효' 공동 성명을 주도하고, 위안부 문제 해결 등 한·일 관계의 올바른 회복에 앞장서 온 공로로 2019년 만해평화대상을 수상했다.

와다 교수는 "만해 한용운 선생은 한국의 유명한 시인으로, 3·1운동의 공약(公約) 3장을 쓴 지도자로 알고 있다"며 "그 이름을 딴 상을 3·1운동 100주년인 해에 수상하는 것에 대해 무게감을 느끼고 있다"고 말했다.

1960년 도쿄대 서양사학과를 졸업한 와다 교수는 박사학위가 없는 상태에서 도쿄대 교수가 돼 소련·러시아사와 북한 현대사를 주로 연구했다. 1970년대부터 한·일 관계에 깊숙이 발을 들여놓은 후, 주요 모임을 조직해 일본 정부의 식민지배에 대한 반성을 촉구해왔다. '러일전쟁과 대한제국', '김일성과 만주항일전쟁', '한국전쟁' 등의 저작이 있다.

– 이번 성명을 낸 계기는.

"아베 총리가 최근 국회 시정연설에서 한국에 대해 한마디도 안 한 것에 충격받았다. 가장 중요한 이웃 국가와의 관계가 이렇게 가서는 안 된다고 생각해 성명을 준비했다."

- 주로 어떤 인사들이 참여했나.

"2010년 한·일 병합 100주년 당시 일본의 식민지배가 잘못됐다는 성명에 참여한 이들이 약 3분의 2이다."

- 성명에서 3·1 운동 선언문을 인용한 부분이 눈에 띈다.

"1919년의 3·1 운동 선언문을 다시 읽어보고 감명받았다. 3·1 운동은 비폭력으로, 평화적으로 침략자를 설득하고자 했다. 중국의 5·4 운동에도 영향을 미쳤다는 점에서 큰 의미가 있다."

- 일본에서는 한국의 3·1 운동 100주년 기념에 대해 우려하는 분위기가 있는데.

"일본의 TV에서 그런 방송을 하는 것을 봤다. 일본인들이 3·1 운동 정신을 제대로 안다면 달라질 것이다. 100년 전에는 일본인들이 3·1 운동에 대해 제대로 알기 어려웠다. 하지만 지금은 그렇지 않다. 일본인들이 이젠 여기에 답해야 한다."

- 강제징용 문제는 어떻게 해결해야 하나.

"일본은 위안부 문제를 해결하기 위해 일본 국민의 세금으로 100억원을 한국에 전달했다. 마찬가지로 강제노역 피해자에 대해서 조처를 해야 한다. 일본의 기업들이 협력해야 한다."

- 한·일 관계 관련, 한국에 조언한다면.

"한국은 일본과 협력해서 동북아시아 평화를 이뤄내야 한다. 이를 국민에게 설명해야 하는데 문재인 대통령은 이게 좀 부족해

보인다. 일본이 현명하지 않다고 야단치지 말아야 한다. 이런 시기
야말로 일본을 설득하는 게 중요하다는 태도를 가져야 한다. 그것
이 바로 3·1운동 정신 아니냐."

**- 만해상 수상 이유로 2010년의 한·일 강제병합 무효성명을 주도한
것이 가장 먼저 꼽힌다.**

"1965년 한·일 기본합의 당시 일본 측의 반성과 사죄가 없었
다. 역사가로서 이에 대한 문제의식을 가지고 있었다. 그러던 차에
김영호 경북대 명예교수 등이 지식인 공동성명을 제안, 일본 측의
사무국장 역할을 맡게 됐다."

- 일본에서 한·일 병합이 무효라고 하기 쉽지 않았을 텐데.

"양국 간에는 을사조약, 한·일 합병에 대한 논쟁이 계속되고
있다. 일본은 부당한 것이었지만 유효한 조약이라고 한다. 그러나
역사가의 눈으로 볼 때 조약이 폭력적으로 이뤄진 것을 보면, 무효
라고 본 한국 측의 해석이 타당하다고 생각한다."

- 당시의 병합 무효 선언은 2010년 간(菅) 담화로 이어졌다.

"한·일 병합 100년을 맞아 간 나오토 총리가 내각회의 결정을
통해 낸 '간 담화'는 3·1 운동과 '한국인들의 뜻에 반(反)한 식민지
배'를 명기했다는 점에서 의미가 있다."

**- 그런데 역설적으로 2010년 이후의 한·일 관계는 계속해서 후퇴
했다.**

"당시 간 담화는 민주당 정권의 단독성명이었다. 자민당이 크

게 반발했다. 그 후 2011년 한국 헌법재판소의 '위안부 문제 부작위' 판결이 나오고, 박근혜 대통령이 취임 초부터 이에 대한 해결을 요구하고 나서면서 사태가 복잡해졌다."

– 결국 2015년 위안부 합의가 맺어졌는데.

"최근 (경제 보복 조치까지 나온) 사태는 위안부 합의에 대한 문재인 정부의 문제 제기에서 시작됐다고 할 수 있다. 위안부 합의에 대한 문재인 대통령의 태도는 문제가 있다. 전임 대통령이 한 약속은 좀 부족해도 계승하겠다고 했어야 했다. 일본 국민 세금에서 100억원을 낸 것은 큰 의미가 있는 것이다. 일본 정부가 이렇게까지 한 것은 처음인데, 사실상 이게 파기되면서 일본에서 한국을 불신하기 시작했다."

– 위안부 합의를 계속 유지했어야 한다는 것인가.

"문 대통령은 줄곧 '피해자 중심주의'를 얘기해오지 않았나. 그러면 위안부 피해자 36명이 일본 국민의 세금에서 나온 위로금을 받은 것도 피해자 중심으로 생각해야 마땅하다. 한국 정부가 이 사실을 인정하고 공식 발표하는 게 좋다."

"일본인들, 한국과 대화해봤자 변할 것 없다 생각"

오구라 가즈오(小倉和夫·사진) 전 주한 일본 대사는 2019년 8월 일본 정부가 발동한 대한(對韓) 경제 제재에 대해 "일본인들에게 가끔은 한국에 강하게 대응할 수 있다는 것을 보여주는 차원"이라고 말했다. 오구라 대사는 자신이 대표
로 있는 '패럴림픽 연구회' 사무실에서
가진 인터뷰에서 "한국에 대한 일본인
들의 감정이 대단히 나빠져 있으니 한
국에 주의해달라는 의미도 있다"고 말
했다. 그는 한일 관계 악화를 막을 해
법으로 "일본인은 식민 지배에 대한
한국 국민의 기분을 이해하고자 노력해야 하며, 한국인은 식민 지
배에 대한 감정과 외교 문제는 또 다른 문제라는 것을 알아야 한
다"고 조언했다.

　　오구라 대사는 주프랑스 대사, 주베트남 대사, 국제교류기금이
사장, 도쿄2020올림픽유치위원회평의회 사무총장을 역임한 일본 외
교계의 원로. 1997년 주한 일본 대사로 부임할 때 "한국과 일본이
손잡고 국제사회에 기여하는 새로운 파트너십이 필요하다"고 강조
한 후, '김대중·오부치 뉴파트너십 공동선언'을 설계한 지한파다.

**– 아베 내각이 2019년 7월 참의원 선거에 맞춰서 경제 제재를 발동
　했는데.**

　　"일본 정부가 이렇게 하는 데는 첫째 국내적 의미가 있다. (참
의원 선거를 앞두고) 일본 국민에게 (논란이 된 징용 문제에 대해) 일본
정부의 자세를 보여준다는 차원이다."

– 또 무슨 의미가 있나.

"한국에 대한 '워닝(경고)', 일종의 충고이기도 하다. 앞으로 일
본 국민의 대한(對韓) 감정을 좋게 하려면 한국에서 무엇을 하는
것이 좋지 않다는 일종의 '어드바이스'이다."

**– 일본의 한국에 대한 여론이 어느 정도 악화돼 있기에 이런 조치가
나왔나.**

"2019년 도쿄에서 한일 미래 대화가 열릴 때 일본의 주최 측
인 '언론 NPO'에 이를 반대하는 이메일이 6500건이나 쇄도했다.
예년과는 달리 어떤 기업도 이 행사를 후원하지 않았다. '한국과 대
화해도 달라지는 게 없으니 만나는 게 의미가 없다'고 생각하는 일
본인이 많아졌다."

– 한일 관계가 이렇게까지 악화된 이유는 무엇이라고 보나.

"장기적 차원에서 살펴보는 게 중요한데, 한일 관계의 구조적
변화를 일본도 한국도 충분히 인식하지 못하고 있다. 양국 국민 상
당수는 여전히 '일본은 선진국, 한국은 중진국 또는 떠오르는 나라'
라고 생각하는데, 그렇지 않다. 지금은 동등한 파트너 관계가 됐다.
이를 깨닫는다면 지금같이 감정이 나빠지지 않았을지도 모른다."

– 단기적 이유는 무엇인가.

"역시 북한 문제다. 납치, 핵, 미사일 문제에 대한 국민 의식,
감정이 일한 간에 차이가 매우 크다. 다른 하나는 중국이다. 한국
은 지리적으로 중국과 가까이 있어서 급격히 부상한 중국에 대한

자세가 다르다. 최근에는 외교관, 비즈니스맨, 사회적 지도자들 사이의 신뢰 관계가 약해진 것도 문제다."

– 대사가 생각하는 해법은 무엇인가.

"일본인은 식민 지배에 대한 한국 국민의 기분을 더욱 이해해야 한다. 1965년 한일 청구권 협정으로 모든 것이 다 끝났다고 해서는 안 된다. 한국인은 식민 지배에 대한 감정과 외교 문제는 또 다른 문제라는 것을 알아야 한다. 한국은 징용 문제를 외교 문제로 바꾸는 데에는 신중해야 한다. 그러지 않으면 양국 관계가 더욱 꼬일 수밖에 없다."

– 그렇다면 배상 문제는 한국에서 책임지고 해결해야 하나?

"일본의 기본적 생각은 그렇다. 대법원 판결에 대해서는 한국 국내에서 어떻게든 해결해야 한다. 일본도 할 일이 있다. 한국이 그렇게 할 만한 환경을 만들 수 있도록 도와줘야 한다."

– 그렇다고 해도 징용 피해자와 관련된 일본 기업이 가만히 있어도 되는 건가.

"일본 일반 기업이 후원하는 한일 고교생 교류 캠프가 열려왔다. 기업들이 징용 문제와 관계없이 미래 세대를 위해서 했던 것이다. 징용 문제와는 별도로 한일 미래 세대를 위해서 장학금을 만드는 방법도 좋을 것이다."

한국 알기에 몰두하는 일본, 일본 무시하는 한국

윤석열 정부가 출범하기 전 한·일 관계가 징용 배상 문제로 최악인 상황에서 일본 지식인들의 벤쿄카이(勉强会·공부 모임)에 초대받았다. 휴무(休務)인 토요일에 열린 모임이라 가벼운 마음으로 참석했다가 금세 자세를 가다듬어야 했다.

발표자가 "일본은 약속을 중시하는 반면 한국은 정의가 중요하다"며 양국을 비교 분석하자 참석자 20여 명은 깨알 같은 글씨로 메모했다. 문재인 정권과 한국 사회에 대한 분석에 귀를 쫑긋 세우고 경청하는 모습엔 긴장감마저 느껴졌다. 한 참석자는 어디서 들었는지 "난난갓토(남남갈등·南南葛藤)가 무슨 뜻이냐"고 기자에게 물어보기도 했다.

비슷한 시기에 도쿄의 한 신문사에서는 서울 특파원으로 파견됐던 중견 기자의 사내 특강이 열렸다. 당시 문 대통령은 누구인지, 한국의 집권 세력은 어떤 이들인지에 대해 궁금해 하는 이가 많아 기자들과 직원들을 상대로 벤쿄카이를 연 것이다.

2018년 10월 대법원의 징용 배상 판결로 양국 관계가 '정치적 단교'에 이른 후 일본 사회에는 한국 공부 붐이 불기 시작했다. NHK도 아닌 민영 상업방송이 주말 황금시간대에 한·일 관계를 2시간 동안 다루기도 했다. 일본의 주간지, 월간지에는 한국 관련 기사가 빠지지 않고 등장했다. 이 분위기가 과열돼 자극적인 혐한(嫌韓) 기사로 연결되는 부작용도 나왔다.

도쿄 특파원으로 일한 3년 동안 일본인들로부터 한국의 현 상황을 설명해 달라는 요청을 많이 받았다. 그 덕분에 오랫동안 일본엔 생소한 '세키헤이세산(적폐청산·積弊清算)'의 뜻을 자주 설명해줘야 했다. 일본의 대학생 10여 명을 상대로 강의한 후 "궁금한 것이 있으면 이메일을 보내 달라"고 했다. 그랬더니 여러 학생들이 한국 젊은이들의 정치 참여 등을 물어보는 이메일을 보내와 놀라기도 했다. 한일 양국을 종합적으로 비교해 보면, 한일관계가 악화하자 일본 사회는 한국 연구에 몰두한 반면, 한국은 일본 비난에 더 많은 힘을 쏟았다고 생각한다. 일본으로부터 초유의 경제제재를 당하면서도 일본을 알려고 하기보다는 일본을 비난하고 '쇄국(鎖國)'으로 맞서려 한 것이 '노 재팬'운동으로 나타나지 않았던가.

한·중·일 3국 협력사무국 사무총장으로 서울에 부임한 일본 외교관 미치가미 히사시(道上尙史)는 이런 상황을 분석해 2019년 '문예춘추'에 기고한 바 있다. 그는 '한국을 뒤덮은 위험한 낙관론의 정체'라는 글에서 한국에서는 이제 일본을 공부하는 분위기가 사라졌다고 지적했다. "일본은 (한국인에게) 관광 음식의 대상이 돼버렸다"며 "과거처럼 상대방 일본의 산업기술 법률 행정 학문 패션에 대해 열심히 연구해서 배우는 것은 대폭 줄었다"고 했다. 그는 서울대 유학 후 주한 일본 대사관 참사관·공사, 부산 주재 총영사로 10년간 근무한 한국 전문가라는 점에서 그의 관찰은 아프게 다가온다.

조선 시대 이후 한·일 관계를 결정지은 것은 상대 국가에 대한 연구였다. 일본에서는 임진왜란의 치욕을 다시는 반복하지 말자는 뜻에서 유성룡이 기록한 징비록(懲毖錄)을 번역해 읽었지만 조선 왕조는 이를 금서로 지정했다. 일본은 메이지유신 전후로 모든 수단을 동원해 조선을 연구한 후 정한론(征韓論)의 토대를 만들었지만 우리는 '왜놈'이라고 비하하며 일본을 비난하는 데 그쳤다. 그 결과는 우리 모두가 알고 있는 그대로다. 통한의 35년 일제 식민지배를 겪었다. 한국이 일본을 분석하고 배우려는 노력이 없으면 언제든 불행한 역사가 반복될 수도 있을 것이다.

07
한일 화합의 모델, 교토 국제고

한국어 교가 NHK 통해 日 전역에

"동해 바다 건너서 야마토(大和) 땅은 거룩한 우리 조상 옛적 꿈자리~." 2021년 3월 24일 일본 야구의 성지(聖地)로 불리는 효고현 니시노미야시의 고시엔(甲子園) 구장. 일본 선발고교야구대회(봄에 열리는 고시엔 대회)에 처음 출전한 한국계 교토국제고가 연장 접전 끝에 시바타고(미야기현)에 5대4로 역전승을 거뒀다. 고시엔 전통에 따라 상대 팀이 부동자세로 경의를 표하는 가운데 교토국제고의 한국어 교가가 울려 퍼졌다. 앞서 1회 말 공격이 끝난 후, 모든 출전 학교 교가를 소개하는 전통에 따라 이 학교 교가가 처음으로 고시엔 구장에서 불려졌다. 두 차례 모두 NHK를 통해 일본 전국에 생방송됐다.

삼루 측에 위치한 약 1500명의 교토국제고 응원단은 감격한 표정으로 교가가 방송되는 것을 지켜봤다. 이 학교의 왕청일 전 이

교토 국제고 야구부가 2021년 처음 출전한 고시엔의 첫 시합에서 승리한 후 응원단 앞에 도열했다.

사장은 "한국어 교가가 방송될 때 눈물이 멈추지 않고 흘러내렸다"고 했다. 한국 대학 입학을 목표로 공부 중이라는 3학년 구로가와 아스카는 "고시엔 구장에서 교가를 듣게 돼 정말로 기분이 좋았다"며 활짝 웃었다.

선수 전원이 일본 국적인 교토국제고는 이날 6회까지 2대0으로 끌려갔다. 7회 초 만루 기회에서 3득점, 역전에 성공했다. 이후 시바타고가 1점을 만회해 연장전에 돌입했으나 10회 2점을 얻어 5대4로 승리했다. 박경수 교장은 "다른 학교와는 달리 운동장이 작아 외야 연습은 다른 구장을 빌려서 해왔다"며 "그런 상황에서도 고시엔에 진출해 1승을 거둬서 너무 고맙다"고 했다.

교토국제고는 전체 학생 수가 131명에 불과하다. 이런 미니 학교가 일본의 약 4000개 고교 야구단 중 32개 팀만 출전하는 고시엔에 외국계 학교로는 처음 진출한 데 이어 첫 승리까지 거둔 것이다. 100년 가까운 역사를 가진 고시엔에서 경이적인 기록을 세웠다는 평가를 받는다. 이 경기를 보기 위해 아침부터 재일교포들은 전세 버스 20여 대에 나눠 타고 고시엔 구장에 집결했다. 오사카의 같은 한국계 학교인 건국, 금강학교도 학생들을 보내 응원했다.

1947년 재일교포들이 세운 이 학교는 1990년대 심각한 운영난을 겪었다. 학생 수가 줄자 학교를 살리기 위해 1999년 창단한 것이 야구부였다. 그때부터 야구에 관심 있는 학생들이 오기 시작했다. 2004년 일본 교육법 제1조 적용을 받는 학교로 전환, 지금은 한국 교육부와 일본 문부성의 재정 지원을 받는다. 일본 학생이 60% 이상이어서 사실상 '한일 연합' 성격을 갖고 있다.

당시 이사장을 역임한 이우경 교토 민단 고문은 "학교의 성격을 바꿔 일본인 학생을 받아들이기로 했을 때 '학교를 팔아먹는다'는 비판을 받기도 했다"며 "우리 학교 졸업생과 학생들이 한일 관계를 밝게 만든다는 생각을 하면 그것은 올바른 결정이었다"고 했다.

일반 관람객들은 눈치채지 못했지만, 이날 경기는 일본 경찰과 주일(駐日) 한국 공관이 긴장한 가운데 펼쳐졌다. 한국계 학교가 고시엔에 진출한 데 대해 일부 일본 우익은 반감을 보였다. 특히 '동해'로 시작하는 한국어 교가가 전국에 생방송되는 걸 문제 삼았다. 이 때문에 교토국제고는 일본 경찰에 학생과 선수 보호를 요청했고, 오사카총영사관과 고베총영사관도 경찰에 신경 써 줄 것을 요구했다. 이 학교 선수들도 '만약의 사태'를 우려, 기존과 다른 출입구를 통해 야구장에 들어가야 했다.

NHK는 교토국제고 교가를 방송하면서 '동해'를 '동쪽의 바다'로 번역한 일본어 교가 자막을 내보냈다. 하단엔 "일본어 번역은 학교가 제출했다"고 소개했다. 이에 대해 박경수 교장은 "우리는 교가 음원(音源)을 제공했을 뿐, 그런 일본어 자막을 보낸 적이 없다"고 했다. 앞서 교도통신은 마이니치신문과 함께 대회를 주최하는 일본고교연맹이 '동해'를 '동쪽의 바다'로 번역한 일본어 자막을 만들어 NHK에 제공할 것이라고 보도한 바 있다. 일본의 한 중견 언론인은 "학교가 그런 자막을 보낸 적이 없는데 NHK가 왜곡 방송을 했다면 큰 문제가 될 수 있다"고 했다. 이 학교의 김안일 야구부 후원회장은 "일본에는 다른 외국계 학교도 많아 영어 등으로 된 교가도 부른다"며 "70년 넘게 불러온 교가를 문제 삼는 것은 어불성설"이라고 말했다.

• 고시엔 야구

매년 일본 효고현 니시노미야시의 한신 고시엔 구장에서 열리는 일본 고교 야구 대회. 마이니치신문이 주최해 3~4월 열리는 '봄의 고시엔'은 선발고교야구대회, 아사히신문이 여는 8월의 '여름 고시엔'은 전국고교야구선수권대회라고 부른다. 모두 한신 타이거즈의 홈구장에서 열리기 때문에 고시엔이라는 같은 이름이 붙었다.

고시엔 진출 기적 이끈 박경수 교장

고시엔 고교 야구는 일본인 1억
2500만명을 거느린 거대한 종교를 연상
시킨다. 일본 열도 전체를 들썩거리게 하
는 초대형 행사다. 요미우리신문이 2020
년 10대 국내 뉴스 중 하나로 '코로나로
인한 고시엔 중단'을 꼽은 것은 이 대회
의 무게감을 보여준다.

한국계 교토국제고는 2021년 제93회 일본 선발고교야구대회
(봄에 열리는 고시엔)에 외국계 학교로는 처음 진출한 데 이어 첫 승
을 거뒀다. 재일교포가 세우고 한일 학생이 함께 공부하는 이 학교
는 고시엔 구장에 처음으로 '동해 바다'로 시작하는 한국어 교가가
울려 퍼지게 해 깊은 감동을 줬다. 전교생 131명의 미니 학교를 고
시엔에 진출시킨 박경수 교장(사진)을 고시엔 구장 등에서 만나 관
련 얘기를 들었다.

**– 16강전에서 9회 말 투아웃까지 이기다가 5대4로 역전패 당해 8강
진출에 실패했는데.**

"많이 아쉽다. 상대 팀을 보니 우리보다 선수가 2배는 더 많더
라. 일본 고교 야구팀은 100명이 넘는 경우가 많은데, 우리는 작은
학교라서 40명에 불과하다. 우리가 고시엔에 진출해 1승을 거둔 것

은 기적이라고 말할 수밖에 없다. 선수들이 고마울 뿐이다."

– 역전패도 교체할 투수가 부족했기 때문 아닌가.

"그렇다고 할 수 있다. 우리 학교에 오는 야구 선수들이 '넘버 원'이라고 할 수 없다. 넘버원은 모두 여건이 좋은 고교로 간다. '넘 버 투'를 받아서 여기까지 왔다. 운동장이 작아서 외야가 반쪽밖에 없는 고교 팀은 우리밖에 없을 것이다."

– 일본 고교야구 팀 4,000개 중에서 32팀만이 진출하는 고시엔 출 전이 확정됐을 때 학교 안팎 반응은.

"난리가 났다. 학교 이사회 어르신들이 놀라 자빠지셨다. 일본 전역의 교포들로부터 셀 수 없을 정도로 많은 전화를 받았다. 90대 고령의 한 교포는 굳이 학교를 찾아와서 20만엔을 기부하고 갔다. 한국야구위원회(KBO)의 정지택 총재, 국회 교육위의 유기홍 위원 장이 '무엇이 필요하냐'고 물어왔다."

– 고시엔 진출을 예상했었나.

"내가 기독교인이다. 잠을 깨면 매일 아침 선수 40명의 이름 을 부르면서 기도했다. 심판에게는 정확하게 볼 수 있는 눈을 주시 고, 우리 아이들은 실수 없이 눈 감지 말고 배트를 휘두르게 해 달 라고 기도했다. 나는 1승은 거둘 것으로 생각했다."

– 고시엔의 전통대로 경기 중에 한 차례, 승리 후 또다시 한국어 교가 가 울려 퍼진 것이 한국에도 큰 화제였다.

"70~80대 재일교포들이 눈물을 많이 흘렸다. 한국어 교가가

NHK를 통해 방송되는 날이 오리라고는 생각도 못 한 것 아닌가."

– 고시엔 구장 응원석에서 걸음걸이도 힘든 고령의 재일교포들을 많이 봤다.

"우리 학교의 고시엔 진출은 교민 사회가 하나로 되는 계기를 마련했다고 생각한다. 서로 입장이 달라도 하나로 뭉쳐서 많은 후원을 해줬다. 교포 사회의 결속을 다지는 자리가 된 것 같아 기쁘다."

– 교토고의 '동해 바다' 가사는 NHK에 '동쪽의 바다'로 번역한 자막이 나갈 정도로 민감한 문제였는데.

"여러 가지 말 못 할 사연이 많이 있다. 확실한 것은 우리는 음원(音源)만 제공했을 뿐 그런 자막을 보낸 일이 없다. 일본 미디어도 여기에 큰 관심을 가져서 내가 교가 문제에 대해서는 일절 답하지 않겠다고 했다. 우리 학생들의 안전과도 관계된 문제이기에 일본 경찰에 경호 요청도 했다."

– 다행히 교가 문제가 커지지 않아 안도하는 것 같다.

"우리 아이들은 야구를 좋아하고 학교를 사랑할 뿐이다. 어른들의 정치는 모른다. 교육 이외의 다른 것으로 우리 학교에 접근하지 않았으면 한다."

– 학생들이 한국어 교가에 대한 거부감은 없나.

"국제 학교로 성격을 바꾼 후 고민이 없었던 것은 아니다. 그래서 이와 관련해서 학생들에게 조사를 한 적도 있다. 그랬더니 학생들 대다수가 반대했다. '한국이 좋아서 들어왔는데 왜 한국어 교가를 바꾸느냐'고 했다. 아이들이 너무 예뻐 보였다."

"일본에 할 말 많지만 미래만 보고 가야"

**− 일본 국적의 학생이 60%가 넘는다. 한일 학생이 서로 모여서 공부
하는데 갈등은 없나.**

"(고개를 흔들며) 우리 학교에 오면 금방 친구가 된다. 국적을
따지지 않는다. 처음에는 말이 잘 안 통해서 번역 프로그램을 통해
서 말하다가 금방 친구가 된다. 한일의 청소년들은 무조건 자주 만
나게 해야 한다."

박 교장과 교토고의 인연은 그가 일본 유학 후, 2002년 교육
부에 돌아와 국제교육협력과에 근무하면서 시작됐다. 당시 그는
1947년 교토조선중학으로 설립됐던 이 학교가 극심한 운영난을 겪
자 일본 교육법에 따라 문부성 지원을 받을 수 있는 '제1조' 학교로
전환하도록 실무 작업을 했다.

− 학교의 성격을 바꿔서 일본 학생을 받을 때 반대가 많지 않았나.

"학교를 일본에 팔았다는 비판을 받았으나 죽어가는 학교를
살린 것이다. 일본 정부가 지원하는 조건을 맞추기 위해 땅을 더
사들여 테니스장을 만들기도 했다. 한국 학교만 고집했으면 벌써
문 닫았다."

– 당시의 판단을 지금 어떻게 생각하나.

"우리가 일본 학생 받아도 한국계 학교다. 외국에 숱한 한국 학교가 있다. 그런데 왜 꼭 한국 정부만 해외의 한국 학교를 책임져야 하나. 외국 정부도 지원해서 공생(共生) 사회 만드는 것이 중요하다."

– 현재 학교 재정은 어떻게 하나.

"1년에 한국 교육부에서 약 10억원, 일본 문부성에서 15억원가량을 지원받는다. 일본 학생들은 대부분 자신의 출신 지역에서 장학금을 받는다."

– 2017년 교장 취임 때는 어떤 상황이었나.

"주오사카 총영사관에서 영사로 활동해서 정년퇴임하기 직전이었다. 그때 운영난을 겪던 학교에서 연락이 왔다. '내가 하고 싶은 것을 할 때 브레이크 걸지 말라'는 조건을 달고 취임했다. 그런데 부임해 보니 학교가 엉망이었다."

– 학교가 얼마나 어려웠나.

"전체 학생 수가 70명도 채 되지 않았다. 교사들 월급을 제대로 주지 못해 사기가 형편없었다."

– 무슨 일을 가장 먼저 했나.

"학교의 틀을 잡기 시작했다. '남학생은 야구, 여학생은 K팝'으로 특화해서 학교를 살리자고 생각했다. 야구부원들의 숙소를 화

장실, 목욕탕부터 개선해서 모두 새롭게 바꿔줬다. 기숙사도 벽지를 바꾸고, 에어컨·세탁기를 모두 교체했다. K팝을 하고 싶다는 학생들을 위해서는 오사카의 연예 전문가를 불러서 특별 교육을 시켰다."

- 어떤 변화가 생겼나.

"환경을 바꿔주니 학생들이 달라지고 정원 미달의 학교가 경쟁률이라는 게 생기기 시작했다. 내가 강성이라는 것을 학교 교사들이 알고 움직이지 않으면 안 된다는 인식이 확 퍼졌다. 지금은 모든 교사들이 자발적으로 움직인다."

- 재정이 부족한 것은 어떻게 해결하나.

"교장이 할 일은 장학금 끌어오는 것이다. 학생들이 편의점에서 아르바이트 하지 말고 그 시간에 공부하도록 장학금 끌어오는 것을 본업으로 삼고 있다. 그런데 그게 쉽지 않다(웃음)."

- 한국어 교육은 얼마나 시키나.

"한국어, 영어, 일본어 중에서 한국어 시간이 제일 많다. 내가 직접 편집한 조선통신사 책으로 교육시키고, 4~5회 한국을 방문시키고 있다. 학생들에게 한국인의 근성을 갖게 하는 것도 교육 목표다."

- 교토 국제고는 어떤 학생들이 오나.

"남학생들은 공부고 뭐고 다 싫다, 그저 야구공만 가지고 놀고 싶다는 학생이 많다. 여학생들은 대부분 매일 K팝 노래하며 댄스만 하고 싶다는 아이들이다(웃음)."

– '박경수 리더십'이 앞으로의 어디를 향할지 궁금하다.

"어느 정도 학교가 안정화돼서 이제 아이들이 좋은 대학에 가
도록 지도하는 것이 목표다. 중학교에는 골프부를 만들까 하는 생각
을 하고 있다. 건물을 더 지어서 학생 수를 늘리는 것도 중요하다."

– 고시엔에는 다시 도전하나.

"야구부 만들 때 '고시엔 가자'라고 했지만, 정말 진출할 줄은
몰랐다. 한번 개화(開花)하면 두 번째 개화는 쉽지 않나. 이번에 고
시엔에 대한 이해도가 높아지면서 올해 여름 아니면, 내년에 보다
좋은 경기를 할 것으로 기대한다."

– 일본에서 한국계 학교를 운영하면서 느낀 한일 관계는.

"외할아버지가 일제 식민지 시절 홋카이도 탄광에서 28세 때
돌아가셨다. 그 후 우리 어머니가 얼마나 힘들게 살았겠나. 어렸을
때 어머니가 외할아버지를 생각하며 눈물 흘리는 것을 많이 봐 왔
다. 일본에 대해서 말하자면 내가 더 할 말이 많지 않겠나. 그러나
이제는 양국이 함께 가야 한다. 우리나라 일부에서 자꾸 과거 역사
를 들춰서는 곤란하다."

– 용서하고 가야 한다는 것인가.

"과거에 일본이 잘못한 문제는 과거대로 끝내고 앞만 바라봐
야 한다. 과거·현재·미래의 한일 관계에서 이제는 미래만 생각해
서 가야 한다. 하나보다는 둘이 낫다는 게 내 신념이다."

04

일본의 뉴스메이커

01
97세의 일본사회 마지막 괴물
와타나베 쓰네오 요미우리 주필

윤석열 대통령 9개면 인터뷰 지시

　일본 최대 신문인 요미우리신문이 2023년 3월 15일자에서 윤석열 대통령과 인터뷰를 1면부터 총 9개면에 걸쳐서 보도했다. 유례없는 일이었다. 윤석열 대통령이 3·1절 기념사를 통해 조건 없는 한일 관계 개선을 언급하고, 징용 문제를 한국이 먼저 책임지고 배상하는'제3자 변제'안을 발표하자 파격적인 편집과 보도로 호응한 것이다. 이는 일본사회의 여론을 바꾸는 데 적지 않은 역할을 한 것으로 평가된다.

　요미우리 신문이 이처럼 대규모의 지면을 할애해 보도한 데는 97세의 와타나베 쓰네오(渡邊恒雄) 대표 겸 주필의 영향력이 결정적이었다. 와타나베 주필은 일본 사회에서 '일본의 마지막 괴물' '막후(幕後)의 쇼군(최고 실력자)'으로 불리는데, 한일관계 개선의 결정

2020년 NHK 다큐멘터리에 출연한 와타나베 쓰네오 요미우리 신문 주필.

적인 기회를 놓쳐서는 안 된다고 판단한 것으로 알려졌다.

자신의 이름을 축약시킨 '나베쓰네'라는 별명으로 통하는 그는 70년 넘게 일하는 요미우리는 물론 일본 사회에서 여전히 큰 영향력을 갖고 있다.

와타나베는 현재의 관점에서 보면 정언(政言) 유착의 대표적 기자이나 그의 활약은 전설적이다. 1950년대 당시 미래의 총리 후보로 꼽혔던 정계의 거물 오노 반보쿠(大野伴睦) 자민당 부총재를 담당하면서 두각을 나타냈다. '오노의 양아들'이라는 평판을 얻을 정도로 그의 신임을 얻어 국회의원 공천에도 관여했다고 한다.

나카소네 야스히로(中曽根康弘) 전 총리와도 의기투합했다. 나카소네가 아직 두각을 나타내기 전부터 그를 총리로 만들기 위해 존 F. 케네디가 미 대통령이 된 과정을 다룬 '대통령 만들기(The making of the president)'라는 책으로 학습 모임을 시작, 10년 넘게 함께 공부하며 친분을 두텁게 했다. 나카소네를 설득해서 그가 41

세 때인 1959년 과학기술청장관으로 입각하게 하기도 했다. 그가 갖고 있는 묘비명은 나카소네가 써 줄 정도로 친밀한 사이를 유지했다.

그는 아베 신조가 2012년부터 8년간 총리로 집권할 때는 '언제든 총리와 통화가 가능한 인물'이라는 평가를 받았다. 총리 관저의 비밀 문으로 들어가 아베를 만난 것도 여러 차례였다.

"1962년 JP·오히라 메모 특종은 JP가 내게 흘린 것"

와타나베는 2020년 NHK 다큐멘터리에 출연, 큰 화제를 만들었다. 2020년 3월과 8월에 걸쳐 2부작으로 방송된 이 다큐멘터리는 총 4차례 재방송될 정도로 주목받았다. 그는 이 다큐멘터리에서 김종필 전 중앙정보부장의 도움으로 한·일 국교 정상화의 단초가 된 'JP-오히라' 메모를 특종 보도했다고 밝혔다. 정치부 기자 신분으로 한·일 수교 협상에 깊숙이 개입했던 그가 김종필-오히라 메모 보도 경위에 대해 육성(肉聲)으로 구체적인 내용을 밝힌 것은 처음이다.

와타나베가 한·일 간 역사적인 메모를 접하게 된 것은 1962년 서울 방문 때였다. "오히라-김종필 합의 문서는 김종필로부터 정보를 얻었다. 무상 원조 3억 달러, 유상 2억 달러, 민간 1억 달러라고 쓰인 문서를 그가 보여줬다. 3·2·1…. 배상 금액이 이렇게 적혀 있었다." 요미우리신문은 1962년 12월 이를 1면 톱기사로 보도했다. 그는 김종필에 대해 "두뇌가 우수했다. 인격도 좋고…. 재팬(일본) 콤플렉스도 없었다"고 평가했다.

와타나베는 한·일 국교 정상화의 또 다른 계기가 된 당시 자민당의 실력자 오노 반보쿠 부총재의 방한 특종에 대해서도 회고했다. "오노 부총재는 처음엔 국교 정상화에 대해 소극적이었다. 한국에 대해 편견을 갖고 있어서 이전부터 한국을 싫어했었다." 1962년 한국 정부로부터 도와달라는 요청을 받고 있던 와타나베가 그런 오노를 움직였다. "오노와 김종필을 만나게 해줬더니 얘기가 잘 통해서 서로 좋아하게 됐다. 그래서 오노가 방한 결단을 내렸다." 오노는 1962년 11월 방한, 박정희 대통령을 만나 한·일 국교 정상화의 기틀을 놓았다.

그와 같은 시대에 활동했던 니시야마 다키치(西山太吉) 전 마이니치신문 기자는 "와타나베가 오노 부총재의 방한을 기획하고 동행자의 명단까지 만든 것은 물론 섭외도 했다"고 말한 바 있다. 그의 증언대로 와타나베는 자민당 부총재를 한국에 가게 하여 1면 톱 특종 기사를 쓴 데 이어 '김종필-오히라' 메모를 다시 단독 보도해 한·일 양국을 모두 흔들어 놓았다.

와타나베는 기자 신분이었지만, 1965년 한·일 수교 과정에서 빼놓을 수 없는 역할을 한 인물로 평가된다. 그런 경력이 있었기에 윤 대통령의 요미우리 신문 인터뷰도 파격적으로 편집해 양국관계 개선에 영향을 미친 것으로 보인다.

그는 NHK 다큐멘터리에서 1960년대 자신의 역할이 기자로서의 선을 넘은 것 아니냐는 질문에 당당하게 답했다. "나는 그때 젊었고 에너지도 많았다. 전례 없는 것이지만 양국 간 국교가 없으니

다른 방법이 없었다. 국교 정상화가 양국 모두에 플러스가 된 것 아니냐."

와타나베는 1995년 아사히신문이 2002년 한·일 월드컵 공동 개최론을 주장하고 나서자 "공동 개최한다면 양국 모두 큰 비용을 들이지 않아도 된다"며 이를 지지하고 나서기도 했다.

도쿄대 시절 공산당 지부장에서 전향

1926년생인 와타나베가 2020년 NHK 다큐멘터리에서 전성기 못지않은 기억력과 논리력으로 쇼와(昭和), 헤이세이(平成) 시대 정치에 대해 회고하는 모습은 많은 일본인을 놀라게 했다.

와타나베는 당시 일본 정치의 이면(裏面)에 대해서도 비화를 털어놓았다. 1950년에 기자생활을 시작한 그는 당시 일본 정계에서 돈이 자주 오갔다고 회고했다. 1957년 기시 노부스케(岸信介)가 총리가 될 때 전당대회장 복도에서 의원들이 돈을 주고받은 것을 목격한 그는 "마치 성관계 장면을 보는 것 같았다"고 말했다.

당시 한일 국교정상화를 주도한 이는 오히라 마사요시(大平正芳) 외무상이었다. 그는 이케다 하야토(池田勇人) 총리가 대장성(大藏省) 대신일 때 비서관을 지낼 정도로 신임을 받았다. 하지만 오히라가 정치적으로 성장, 주목받기 시작하자 이케다가 경계하기 시작했다고 한다. 그는 "오히라 외상이 내게 '이케다 총리가 나를 싫어한다. 넘버 원은 넘버 투를 싫어한다. 그것은 질투다. 나는 아버지와 아들과 같은 관계라고 믿었는데… 정치는 미묘하다'라고 말했다"고 기억했다.

유능한 정치부 기자의 조건으로 두 가지를 거론한 것도 눈에 띄었다. 정치인이 불우할 때 정성을 들여서 각별한 관계를 맺고, 쓰지 않겠다고 약속한 것은 반드시 지켜야 한다고 강조했다.

와타나베는 걸을 때 가끔 보행기를 이용하나 건강에 큰 문제가 없는 상태다. 말은 다소 어눌해졌지만, 기억력과 논리력은 전성기 때에 못지않다는 게 요미우리신문사 관계자의 평가다. NHK는 1991년 요미우리 사장에 취임한 와타나베의 주장과 행동이 헤이세이 시대에도 큰 영향을 줬다고 평가했다.

요미우리 신문의 라이벌인 아사히 신문은 상(上)편이 방송된 후 "와타나베 주필의 마음 좋은 할아버지 같은 모습은 독재자 이미지와는 매우 다른 것"이라며 "다음 방송도 꼭 보고 싶다"는 리뷰를 내보내기도 했다.

70년 넘게 요미우리신문사에서 활동해 온 와타나베는 하나의 색깔로 정의하기 어려운 인물이다. 도쿄대 시절에는 공산당 지부 책임자였지만, 개인보다 조직을 우선시하는 것에 반발해 전향했다.

"발전 없는 일본 정치… 패전 후 군국주의자 처벌했어야"

그는 NHK 인터뷰에서 일본 군국주의를 강하게 비판했다. 도쿄대 시절 유서(遺書)를 써 놓고 징집됐던 그는 군부(軍部)가 일본을 잘못된 길로 이끌었다고 지적했다. 그는 당시 이유도 없이 얻어맞아야 하는 일본 군대에 강한 반감을 가졌다고 회고했다. 또 실탄도 제대로 지급되지 않는 것을 보고 전쟁에서 이길 리가 없다고 판단했다고 한다.

와타나베는 "일본 군국주의자들의 책임을 묻지 않았기에 좋은 정치가 될 리가 없었다"고 지적했다. 1945년 패전 이후에 군국주의자를 엄격하게 처벌했어야 일본 정치가 발전할 수 있었다는 의미다.

그는 요미우리 신문이 2005년부터 1년간 '검증(檢證) 전쟁책임'이라는 기획물을 연재한 것에 대해 "(군국주의자들이) 수백만 명을 죽여 일본을 폐허로 만들었다. 젊은이들에게 전쟁 책임을 알리지 않으면 안 된다는 것이 당시의 내 생각"이라고 말했다. 그는 자신이 친한 관계를 맺었던 요시다 시게루, 하토야마 이치로, 이케다 하야토 전 총리는 모두 전쟁에 반대했었다고도 했다.

NHK는 이번 프로그램에서 1983년 다나카 가쿠에이와 나카소네 야스히로가 연합해 나카소네가 총리가 된 배경에도 전쟁에 대한 혐오감이 있었다고 전했다. 둘 다 젊은 시절 군국주의가 일으킨 전쟁을 겪으면서 다시는 이런 일이 있어서는 안 된다는 데 공감했기에 나카소네가 지원을 요청하고 100여 명의 의원을 거느리고 있던 다나카가 그를 지원했다는 것이다.

그가 야스쿠니 신사 참배에 찬성할 것으로 생각하는 이가 많지만 정반대다. 야스쿠니 신사 참배를 강행한 고이즈미 준이치로 전 총리에 대해선 "역사도 철학도 모르고, 공부도 하지 않으며 교양도 없다"고 맹비난을 퍼부었다.

'요미우리의 황태자'로 불리며 승승장구해 온 그는 1991년 사장이 된 후 콘텐츠를 눈에 띄게 업그레이드했다. 일본 사회 우경화에 맞춰 보수적 색채가 강한 신문을 만들면서 공격적 경영으로 신문 부수를 늘려왔다. 일본 언론계에서는 그의 지나친 권력 지향성을 지적하는 이가 적지 않다. 조직 내에서 자신을 반대하는 이들을 차례로 제거하면서 '와타나베 왕국'을 만들었다는 비판을 받는다. 일본에서 요미우리신문은 디지털화에 가장 늦은 신문으로 통하는데 그 배경으로 '페이퍼 신문'에 집착하는 와타나베를 지적하기도 한다.

'전횡(專橫)의 카리스마 와타나베 쓰네오'라는 책을 출간한 저널리스트 오시타 에이지(大下英治)는 그가 사내(社內) 권력 투쟁을 일삼으며 대표 자리에 오른 후 '종신 독재자'가 됐다고 비판했다.

02
한국학교 이전 반대 공약
고이케 유리코 도쿄 도지사

아베 총리에게 코로나 긴급사태 선언 요구

2020년 4월 코로나 사태의 여파로 도쿄도, 오사카부를 포함한 일본의 7개 지역에 한 달간 '사회적·경제적 계엄(戒嚴)'을 의미하는 긴급사태가 선포됐다. 아베 신조 당시 총리는 "사람들 간의 접촉을 최대한 줄이기 위해 지금까지 해 왔던 것 이상의 협력을 요청한다"며 긴급사태 조치를 발령했다.

일본 국민 생활에 큰 영향을 끼치는 이 조치는 아베가 적극적으로 나서서 한 게 아니었다. 일본 국회는 '신종 인플루엔자 등에 대한 특별조치법'을 개정, 코로나 사태에도 적용 가능토록 함으로써 언제든지 긴급사태 선포가 가능했다. 그럼에도 아베는 경제에 끼칠 영향을 의식해 소극적이었다. 자신의 유일한 업적인 '아베노믹스'가 한순간에 무너질 가능성을 우려했다.

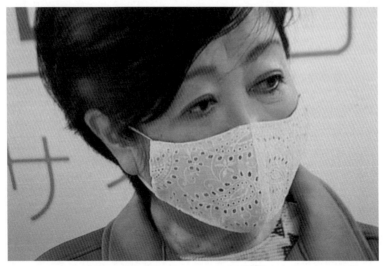

고이케 유리코 도쿄지사는 코로나 사태에 대응하는 과정에서 뛰어난 정치적 감각을 발휘했으나 지나친 우익성향으로 논란을 만들어왔다.

일본 초유의 긴급사태 조치는 고이케 유리코(小池百合子·사진) 도쿄 도지사가 적극적으로 밀어붙여 가능했다. 고이케는 도쿄의 상황이 심상찮게 돌아가자 총리가 긴급사태를 선포해야 한다고 주장하고 나섰다. 누적 환자가 1000명을 넘어서자 긴급 기자회견을 열었다. 생방송 기자 회견을 통해 아베에게 "하루속히 긴급사태 선언을 하라"고 촉구했다.

그러자 그 다음 날 아베 총리가 긴급사태를 선포하겠다는 입장을 밝혔다. 정치는 '타이밍의 예술'이라는 말이 있는데, 고이케는 적시에 긴급사태 선포를 총리에게 촉구함으로써 도민들에게 강한 인상을 심어줬다. 긴급사태가 선포된 직후에는 TV에 나와 어려운 말보다 "스테이 홈(Stay Home)"이라고 강조함으로써 필요한 메시지를 명확하게 전달했다.

사실, 고이케는 당시 도쿄가 뉴욕처럼 될지 모르는 상황을 만든 데 책임이 있다는 비판을 피하긴 어려웠다. 심각해지는 코로나 사태에서도 도쿄 올림픽 개최에 미련을 갖고 대책 마련을 소홀히 해왔다. 그러다가 2020년 3월 하순 올림픽 연기가 확정될 즈음에야 뒤늦게 도시 봉쇄 등을 언급하며 긴급사태를 요청하고 나서는 순발력을 발휘했다.

정치적 목적 위해 무엇이든 하는 '집념의 여인'

고이케는 일본의 정치 1번지 나카타초(永田町·총리관저, 국회의사당이 모여 있는 곳)에서는 '집념의 여인'으로 불린다. "정치적 목적을 위해서는 언제든 입장을 바꾸며 무엇이든 할 수 있는 정치인", "권력자가 있는 곳만 찾아다닌다"는 비판도 따라다닌다.

TV도쿄의 앵커로 활동하던 고이케는 40세에 정계에 입문했다. 일본신당, 신진당, 자유당, 신보수당을 거친 후, 자민당에 2003년에 입당했다. 정치 철새의 전형이지만 고이즈미 준이치로 전 총리는 그를 환경상, 오키나와 담당상을 맡기며 정치적 중량감을 갖추게 했다. 2016년 도지사에 당선된 고이케는 '일본의 첫 여성 총리'가 돼 남성 위주의 일본 정치를 일거에 바꿀 수 있는 인물로 꼽혔다.

일본 정치사에서 1993년은 '1955년 자민당 체제'가 무너진 해로 기록돼 있다. 고이케는 2017년 중의원 선거 당시 '어게인 1993

년'을 실현시킬 수 있는 정치인으로 주목받았다. 고이케는 2017년 7월 도쿄도 의회 지방선거를 앞두고 자민당을 탈당, 도민 퍼스트회를 만들었다. 창당한지 한 달 밖에 되지 않은 도민 퍼스트회는 돌풍을 일으켰다. 도쿄도 의회 127석 중 49석을 획득, 제1당이 되면서 자민당을 경악시켰다.

고이케는 그 여세를 모아서 10월 중의원 선거 직전에 다시 '희망의 당'을 창당했다. 신생정당이지만, 87석의 제1야당이었던 민진당을 사실상 흡수 합병한다는 분석이 나올 정도로 기세가 거셌다. 민진당의 마에하라 세이지 대표는 "출마를 원하는 사람은 희망의 당에 공천을 하라"고 발표할 정도였다. 당시 중의원 선거를 앞두고서는 신문, 방송에서는 '아베 – 고이케 양자 대결' 식의 제목이 넘쳐났다.

그러나 딱 거기까지였다. 우익 성향의 고이케는 민진당의 진보성향 의원들을 추려내고 보수 성향 의원들만 공천하겠다는 입장을 밝혔다. 이는 '배제의 정치'로 불리며 민진당 전체를 흡수하는데 실패했다. 고이케에 반발하는 민진당의 진보 성향 의원들은 입헌민주당을 만들어 독립해 나갔다. 결국 이 선거에서 고이케 바람은 불지 않았다. 자민당은 연립여당을 구성하는 공명당과 함께 개헌안 단독 발의선(전체 의석의 3분의 2)을 확보했다. 반면, 희망의당은 40석을 간신히 넘는 제3당에 그쳤다. 고이케는 총선에서 패하자 51일 만에 당 대표직에서 물러났다.

고이케는 2017년 아베와 맞붙으면서 회복하기 어려운 관계가됐다. 이 때문에 2019년까지만 해도 자민당이 고이케를 꺾기 위한 도지사 후보를 낼 것이라는 전망이 나왔다. 하지만, 고이케는 다시 정치적 수완을 발휘했다. 당시 니카이 도시히로(二階俊博) 자민당 간사장의 강력한 지지를 받는데 성공했다. 니카이 간사장은 "고이케가 지사직을 잘 수행해왔으며 그를 상대할 만한 후보가 없다"는 이유로 그에 대한 지지입장을 공개적으로 밝힌 바 있다.

한국학교 이전 막고 관동대지진 한인 희생자 추모 안 해

일본 우익의 구심점인 '일본회의' 소속인 고이케는 한국에 대해선 혐한(嫌韓)에 가깝다는 평가를 받는다. 도쿄 지역 재일 교포들에게 도쿄 한국 학교의 확대 이전이 숙원 사업인데, 이를 막아버린 인물이 고이케 지사다. 2020년 재선된 이후에도 그는 이에 대해서 부정적이다.

동경한국학교 지하의 협소한 교실에 책걸상이 다닥다닥 붙어있다. 정상적인 교육이 어려워 확대이전하려 했으나 고이케 도쿄도지사가 선거공약으로 이를 반대했다.

2020년 7월 도쿄 신주쿠구 와카마쓰초에 위치한 동경한국학교를 취재했을 때 그 협소함에 놀란 기억이 있다. 햇볕이 거의 들어오지 않는 지하의 다목적 교실 문을 여니, 역겨운 냄새가 코를 찔렀다. 도쿄에 당시 계속해서 내린 비로 지하실 특유의 냄새가 났다.

20여 개 책상이 놓여 있는 이 교실은 30㎡(약 9평)가 채 안 돼 보였다. 교실이 부족해 기존의 지하 회의실을 잘라서 만든 교실 중의 하나였다. 한국은 물론 일본에서도 아이들의 정서를 고려해 여간해서는 이런 '지하 교실'을 만들지 않는다.

초·중·고 한국 학생 1,400명이 약 6000㎡ 부지의 두 개 건물에서 생활하는 동경한국학교는 매우 협소하다. 약 50㎡인 초등학생 교실에는 책걸상이 다닥다닥 붙어 있었다. 운동장 크기도 가로 60m, 세로 50m에 불과하다. '축구 절대 금지'가 학교 규정이다.

1954년 개교한 이 학교는 일본에서 유일하게 한국 교육법에 따라 가르치며 재일교포 사회의 정체성을 상징하는 존재로 자리 잡아왔다. 부지가 워낙 작아 만성적인 과밀화 문제에 시달려오다 오공태 현 이사장(전 재일본대한민국민단 단장)이 주축이 돼 '제2의 한국학교'를 만드는 방안을 추진해왔다.

2014년 당시 박근혜 대통령은 이런 뜻을 전해 듣고 서울을 방문한 마스조에 요이치(舛添要一) 도쿄 도지사에게 이에 대한 협조를 요청했다. 이후 도쿄도는 현재의 한국학교와 면적이 비슷한 구(舊) 이치가야 상고 부지를 유상 임대하기로 결정했다.

그런데 2016년 도쿄 도지사 선거에 출마한 그는 당시 현지 주민들이 반대한다며 '제2한국학교 설립 계획 백지화'를 공약으로 내걸었다. 도지사에 당선된 그는 취임 첫 기자회견에서 한국학교에 도유지(都有地)를 유상 임대하기로 한 결정을 취소한다고 발표했다. "현지로부터 반대 서명도 있고, (부지를) 보육이나 고령자를 위해 써달라는 요망도 있다"고 이유를 댔지만, 그가 속해 있는 극우 단체 '일본 회의'의 입김을 강하게 받았다는 분석이 유력하다.

고이케 지사 측의 '방해'는 이뿐만이 아니다. 학교 측에서 운동장에 건물을 지으려고 했으나 유사시 '대피 장소'라고 못 건드리게 했다고 한다. 기존의 학교 건물을 증축하려고 했으나 이것도 규제에 어긋난다고 해 실현되지 못했다. 오공태 이사장은 "서울의 일본학교는 우리 정부와 서울시의 배려로 상암동의 최신 건물로 이전했는데 동경한국학교는 막혀 있는 상태"라고 비판했다.

고이케는 역사문제에서도 심각한 문제를 드러내고 있다. 일본에서는 매년 9월 1일이면 1923년 관동(關東)대지진 당시 일본인에 의해 살해된 한국인 추도식이 1974년부터 열린다. 당시 학살당한 6,000명 이상의 조선인을 추념하는 것이다. 이 추도식에는 극우 성향의 이시하라 신타로(石原愼太郎)를 비롯, 역대 도쿄 지사들이 추도문을 보내 희생자들을 위로했다.

하지만 고이케는 취임 첫해인 2016년을 제외하고는 조선인 희생자를 위한 추도문 발송을 매년 거부하고 있다. 특히 2023년 2월 도쿄도의회에서 조선인 학살에 대한 질의에 "무엇이 명백한 사실이었는지에 대해선 역사가가 연구해 밝혀야 할 일"이라며 학살 사실을 인정조차하지 않았다. 2023년 관동대지진 100주년을 맞았지만 고이케의 혐한 인식은 변하지 않아 한일관계의 큰 걸림돌로 작용할 수 있다는 우려가 나온다.

03
차기 총리 노리는 야심가
고노 다로 디지털 담당 대신

한일관계 악화 때 악역

2018년 한국 대법원의 강제징용 배상 명령 판결 후 일본 언론에 가장 많이 등장하는 정치인은 고노 다로(河野太郎) 외상이었다. 평소에도 심각한 얼굴이 더 굳어진 채 기회가 있을 때마다 한국을 향해 고압적인 언사(言辭)를 연발했다. 당시 평소 '사이가 좋다'고 했던 강경화 외교부 장관과의 전화 통화 내용까지 공개했다. 강 장관이 사태 해결을 위해 "서로 지혜를 찾자"고 했지만 "이 문제는 100% 한국에 책임이 있다"고 면박을 준 사실을 밝혔다.

자신의 지역구인 가나가와현에서는 거리 연설을 통해 "(1965년) 당시 한국의 국가 예산이 3억 달러일 때 일본은 (청구권 협정에 따라) 5억 달러를 일괄적으로 지불했다"고 목소리를 높였다. 한국이 곤궁했던 때를 상기시키는 발언으로 모욕적으로 들린다. 전쟁 중에

외무상에 이어 2019년 방위상에 임명된 고노 다로가 자신의 트위터에 올린 사진. 현재는 디지털 담당 대신(장관)으로 일하고 있다.

도 협상을 통해 문제를 풀어야 하는 외교 책임자가 이렇게 나온 것은 이례적이다.

　　2019년 7월 고노 외상이 남관표 주일 한국대사를 초치(招致)한 자리에서는 보기 드문 일도 벌어졌다. 남 대사가 접견실에 도착했는데도 고노 외무상은 나타나지 않았다. 남 대사는 3분간 서서 기다렸는데도 고노 외무상이 나타나지 않자 의자에 앉은 채 2분을 더 기다렸다. 그제야 나타난 고노 외무상은 자리에 앉자마자 "한국이 국제법 위반 상태를 방치하는 것은 문제"라며 "매우 유감"이라고도 말했다. 그러자 남 대사도 메모를 꺼내 "일본의 일방적인 조치가 한일 관계의 근간을 해치고 있다"고 읽으며 반박했다. 이어 "우리 정부는 이런 노력(징용문제 해결 노력)의 일환으로 우리의 구상을 제시한 바 있다. 이 방안을 토대로 더 나은 해결책 마련을 위해 함께 지혜를 모아가기를 기대한다"고 말했다.

남 대사의 이 말을 통역이 전하며 "우리의 구상을 제시한 바 있다"고 할 때였다. 고노 외상이 갑자기 "잠깐 기다려 달라"며 소리치듯 말을 끊었다. 그리고는 "한국 측의 제안은 국제법 위반 상태를 시정하는 해결 방법이 될 수 없다고 이전에 전했다. 그것을 모르는 척하면서 (다시) 제안하는 것은 지극히 무례하다"고 말했다.

일본 외무성에서 벌어진 고노 외무상과 남 대사 간의 이날 설전(舌戰)은 양국이 '정치적 단교(斷交)' 상태에 들어갔음을 보여줬다는 평가가 나왔다.

고노 외상은 남 대사와의 만남 이후 8개 항으로 된 담화 발표와 기자회견을 통해 한국을 다시 비판했다. 1965년 한일 청구권 협정을 바탕으로 대법원 판결의 문제점을 지적하면서 "일본 정부로서는 한국 측이 야기한 엄격한 한일 관계의 현황에 비춰 한국에 대해 필요한 조치를 강구할 것"이라고 했다. 추가 보복 조치까지 예고한 것이다.

고노는 1993년 발표된 위안부 담화로 널리 알려진 고노 요헤이(河野洋平) 전 관방장관의 아들이다. 위안부 문제 '고노 담화' 주인공의 아들이 '강제 징용공 배상' 문제로 야기된 일본 경제 보복의 선봉에 섰다는 지적이 나왔다.

고노 전 총재는 자민당 총재로서는 처음으로 총리가 되지 못했는데 고노 방위상은 아버지의 한을 풀기 위해서라도 총리가 되겠다는 집념이 강해 우익 아베 신조와 손을 잡았다는 평가가 나왔다.

그는 뚜렷한 개성과 돌파력 때문에 아버지보다는 할아버지인 고노 이치로(河野一郎)를 닮았다. 1960년대 총리 후보로도 거론됐던 고노 이치로는 건설상, 올림픽 담당상을 지내면서 돌파력을 발휘, 1964년 올림픽을 위한 고속도로 신설 등을 성공적으로 지휘했다. 마이니치신문은 "고노 다로 개혁상은 친(親)한국·중국의 비둘기파였던 아버지보다는 돌진하는 스타일의 할아버지 DNA를 계승하고 있는 것 같다"고 했다.

이지스 어쇼어 배치 중단 단독 결정

고노 방위상은 2020년 6월 5000억엔 규모의 육상미사일 방어 체계 '이지스 어쇼어(Aegis Ashore)' 배치를 중단한다고 발표, 일본 정계에 회오리를 몰고 왔다. 아베 내각은 2017년 북한이 핵실험과 ICBM급 미사일 발사로 긴장을 고조시키자 미국으로부터 이지스 어쇼어 도입을 결정한 바 있다. 야마구치(山口)현과 아키타(秋田)현에 배치해 2023년부터 운용한다는 계획이었다. 이지스 어쇼어는 해상 이지스함의 미사일 요격 체계를 지상에 적용한 것으로, 현재 미군이 유럽에 실전 배치해 운용 중이다.

아베 정권의 신뢰도, 미일동맹, 대중(對中) 및 대북(對北) 방어 체제가 걸린 이지스 어쇼어 배치 중단은 완벽한 고노의 1인극(人劇)이었다.

자민당 수뇌부는 물론 일본 안보를 총괄하는 국가안전보장국(NSS)과도 어떠한 논의도 없었다. 아베 총리를 두 차례 만나 설득

후, 이를 일방적으로 발표하면서 지지율과 인지도를 높였다. 영화 한 편이 일단 흥행에 성공했는데 각본, 감독, 주연을 모두 혼자 한 격이다.

고노가 밝힌 이지스 어쇼어 중단 이유는 요격미사일 발사 시 분리되는 부스터를 안전한 장소에 확실히 낙하시키지 못하는 기술상의 문제와 고액의 비용 때문에 합리적이지 않다는 것이다. 때마침 주간문춘(週刊文春)은 이지스 어쇼어가 '원래부터 요격 불능'이라는 요지의 방위성의 비밀 보고서를 입수했다고 보도했다. 방위성의 간부가 사격관제 능력이 없어서 요격 불능이라는 보고서를 올렸는데도 사업을 강행했다는 것이다.

고노의 결정은 상당수 국민의 지지를 받지만 자민당 내부에는 비판적인 견해가 많았다. 아베 내각은 그동안 이지스 어쇼어를 향후 8척의 이지스함과 함께 일본 미사일 방어 체계의 요체가 될 것이라고 강조해왔는데 이런 계획 자체가 흔들린다는 것이다. 정권에 대한 신뢰가 무너지고 있다는 지적도 나왔다.

긴급히 열린 자민당 국방부회, 안전보장조사회의 합동회의에서도 이번 결정에 대한 비판이 쏟아졌다. 아사히 신문은 자민당 내부에서 "다로짱(고노 방위상)의 나쁜 버릇이 또 나오기 시작했다. 방위성에서 난동을 부리고 있다"는 비판이 의원들 사이에서 나왔다고 전했다.

미국과의 뒷처리를 맡아야 하는 모테기 외무상은 격노했다. 2017년 12월 이지스 어쇼어 배치를 결정할 당시 방위상이었던 오노데라 이쓰노리 자민당 안보 조사회장은 "북한의 위협은 변하지 않았는데, 일본의 방위는 후퇴하고 있다"고 직설적으로 비판했다. 아베 총리는 고노로부터 이지스 어쇼어 배치 중단 계획을 듣고서는 "당신도 외무대신 했으니까 (미국과 관련된) 상황은 알고 있겠지?"라고 반문했다고 한다.

고노는 이 결정 한방으로 차기 자민당 총재선거의 '다크 호스'로 뛰어올랐다는 평가가 나왔다. 일본의 언론은 당시 야마구치현, 아키타현으로 다니며 이번 결정을 설명하는 고노에 초점을 맞췄다. 일본의 방위상은 그동안 존재감이 크지 않았는데, 이번 결정으로 주목도를 높였다고 할 수 있다.

고노 방위상은 2020년 7월 자위대에서 불필요해진 군사 장비 경매도 실시했다. 경매 대상은 수송기의 조종간, 항공자위대 조종사의 헬멧 등 약 30개. 경매 육상 자위관이 사용하던 도시락·수통 세트 5000엔, 항공 자위대의 수송기 C-1의 조종간이 1만엔, 항공 자위대 조종사가 쓰던 항공 헬멧, 항공 헬멧 수납 전용 가방, 산소 마스크 3점 세트가 3만엔에 나왔다. 고노 방위상은 "어려운 재정 상황에서 재원의 확보를 도모하는 것이 필요하다"며 경매 실시 이유를 밝혔다.

'코스트 커터(비용 삭감기계)'라는 별명을 갖고 있는 그는 2019년 9월 외무상에서 방위상으로 옮기면서부터 이번 경매를 계획했다. 그는 부임 직후 방위성 자체 수입을 늘리기 위해 사용연한이 지난 장비를 인터넷으로 판매하는 방안을 연구하라고 지시했다.

고노 방위상은 2020년 코로나 사태 대응 실패, 가와이 전 법무상 부부의 공직선거법 위반 사건으로 아베 총리 지지율이 하락하는 가운데 유일하게 돋보이는 각료였다는 평을 받았다.

고노 행정개혁상의 첫 개혁은 '도장, 팩스 없애기'

아베 신조 정권에서 외무상·방위상을 역임한 고노는 2020년 9월 스가 요시히데 내각에서 행정개혁·규제개혁 담당상으로 임명 됐다. 그는 새로 자리를 옮긴 첫날부터 총리 관저의 관행을 직설적 으로 비판하며 언론의 주목을 받았다. 일본엔 신(新)내각이 발족하 면 첫 내각회의를 하고 관저에서 신임 각료가 한 명씩 기자들 앞에 나와 회견을 하는 관례가 있다. 스가 내각 각료들도 9월 16일 국회 의 총리 선출, 나루히토 일왕 인증식, 기념 촬영에 이어 저녁 11시 쯤부터 1층 회견장에서 다음날 오전 1시 45분까지 1명씩 기자회견 을 했다.

고노는 이날 자신의 차례를 기다리다가 밤 11시 15분쯤 "기자 회견 두 명째인데 6분 늦었다. 나는 14번째"라고 트위터에 썼다. 이어 자정 무렵에는 "4명 끝났는데 (벌써) 27분 예정보다 늦었다"고 불평했다. 17일 오전 0시 30분쯤에는 "드디어 50분 지연"이라고 썼다.

오전 1시쯤 연단에 선 그는 "이렇게 대신들이 새벽까지 기자 회견 하는 건 그만두는 게 좋다고 생각한다"고 직설적으로 말했다. "이런 것은 전례(前例)주의, 기득권, 권위주의의 최고 단계"라고도 했다. 행정개혁·규제개혁 담당상으로서 심야의 기자회견 관행을 비판한 것이다.

트위터 팔로어가 200만명에 육박하는 그가 이 같은 글을 올리자 즉각 그를 지지하는 반응이 나왔다. "이것이야말로 나쁜 관습", "근로 방식 개혁한다고 하면 이런 기자회견 이제 그만둬야 한다" 등 지지하는 내용이 많았다. 하지만 "고노 대신이 기자회견을 '이런 것'이라고 단언해 국민의 알 권리를 훼손했다", "성급한 그의 성격답다"는 등의 비난 내용도 있었다.

고노는 행정개혁 담당상에 취임하자마자 일본에서 몇 차례 실패했던 '도장 없애기'에 적극 나섰다. 일본에서 도장이 필요한 공문서는 약 1만 건. 고노는 2020년 9월 모든 중앙 행정기관에 이런 공문서에 도장을 사용하지 말라고 요청했다. 관료주의 상징으로 꼽히는 도장 문화를 없애자는 취지다. 그는 디지털 개혁을 위한 각료회의에선 도장이 사라지면 행정의 디지털화가 가속화될 것이라며 "도장을 곧바로 없애고 싶다"고도 했다.

일본의 도장 문화는 뿌리가 깊다. 관청과 회사 서류에는 담당자의 도장이 필수적이다. 일반인들이 은행 계좌를 개설할 때도 도장이 필요하다. 식당, 서점에서 손님에게 영수증을 발행해 줄 때도 도장을 찍어서 준다.

이에 대해 일본에 진출한 외국계 기업과 유학생 등은 불편함을 호소해왔다. 일본 정부도 도장을 찍는 문화가 행정의 디지털화를 막는다며 변화를 시도했지만 바뀌지 않았다.

2020년 코로나 사태는 일본 도장 문화의 문제점을 부각시킨 계기가 됐다. 전 세계에 재택근무가 확산됐으나 일본에선 도장을 찍기 위해 출근할 수밖에 없는 현실이 알려지면서 개혁이 필요하다

는 여론이 일었다. 그렇다고 도장이 쉽게 사라질지는 미지수다. 도
장은 일본 사회에서 '일본 문화를 상징하는 가장 작은 물건'으로 인
식돼 왔다.

고노는 일본의 아날로그 문화에서 탈피하기 위해 '팩스 폐지'
방침도 밝혔다. "이메일을 이용하고, 온라인으로 정보를 모으면 기
업이나 지방자치단체의 편리성이 높아진다"며 일본 관가에서 뿌리
깊은 팩스 문화를 개혁하겠다는 것이다.

트위터 팔로워 200만명 넘으며 '차기 총리'로 부상

고노는 2021년 1월 코로나 백신 담당상을 겸하면서 트위터 팔
로어가 급증했다. 스가 요시히데 총리는 정치인으로서 그의 실행력
을 높이 평가, 후생노동상 대신 그에게 백신 업무를 맡겼다. 2020
년 스가 내각 출범 당시 그의 팔로어는 약 170만명이었는데 5개월
만에 50만명이 늘어 226만명이 될 정도로 인지도가 높아졌다. 요
미우리신문은 "고노 대신이 코로나 백신 접종 관련 준비 상황 등을
적극적으로 트위터에 게재했는데, 이런 모습이 국민의 호감도를 높
인 것으로 보인다"고 했다.

고노는 2021년 초 각종 여론조사에서 차기 총리 1순위로 꼽혔
다. 2월 JNN여론조사에서 차기 총리에 어울리는 인물 1위(22%)를
차지했다. 이에 앞서 마이니치신문과 니혼게이자이신문 조사에서도
각각 12%, 25%로 1위를 기록했다.

스가 내각에서 규제 개혁을 총괄하면서 유력한 총리 후보로

발돋움한 고노는 2021년 10월 자민당 총재 선거에 출마했다. 기시다 후미오 의원이 1위로 총재에 당선돼 일본의 100대 총재가 됐으며 2위를 한 고노는 디지털 담당 대신으로 활동하며 차기를 노리고 있다.

04
파벌 정치에 희생된 비운의 정치가
이시바 시게루 전 자민당 간사장

여론조사서 차기총리 압도적 1위였으나 3위로 낙마

이시바 시게루(石破茂·사진) 전 자민 당 간사장은 비운의 정치가다. 2020년 1 월부터 모든 여론조사에서 단 한 번도 빠 짐없이 차기 총리 후보 1위에 올랐으나 파벌 정치에 의해 꿈을 이루지 못했다. 국 민 여론과 상관없이 움직이는 일본 정치 를 상징적으로 보여주는 대표적인 인물로 기록될 가능성이 크다.

이시바는 돗토리현 출신의 2세 의원이다. 게이오대 졸업 후 은행원 생활을 하던 그는 돗토리현 지사와 자치대신을 지낸 아버지 가 사망하자 다나카 가쿠에이 전 총리의 권유로 29세에 국회에 입

성했다.

2023년 현재 연속 12선(選)을 기록 중인 그는 고이즈미 내각에서 방위청 장관으로 처음 입각한 후, 후쿠다 내각에선 승격된 방위성 대신을 맡았다. 외교 안보 분야에 관심이 많을 뿐 아니라 해박하다. 태평양 전쟁 A급 전범을 합사 중인 야스쿠니신사 참배에 대해선 부정적이나 전력(戰力) 보유 금지를 규정한 헌법 개정엔 아베보다 적극적이다. 그는 2012년과 2018년 자민당 총재 선거에서 아베와 맞붙어 선전했으나 패배했다.

이시바는 2020년 1월부터 8월까지 차기 총리 여론조사에서 부동의 1위를 차지했다. 8개월간 단 한 번도 '차기 총리로 적합한 정치인' 여론조사에서 1위 자리를 놓친 적이 없었다. 심지어 이시바는 8월 28일 아베의 사임 발표 후 교도통신의 차기 총리 선호도를 묻는 긴급 여론조사에서도 34.3%의 지지율로 1위를 차지했다. 당시 관방장관인 스가 요시히데는 2위(14.3%)였는데 20%포인트 차이가 날 정도로 압도적이다. 일본 국민 사이에선 '반(反)아베' 노선의 이시바가 총리가 돼 일본 사회를 바꿔줬으면 하는 여론이 크다고 할 수 있었다.

하지만 파벌 간 밀실 협상에 의해 자민당 총재가 결정되고 이어 총리가 되는 관례가 바뀌지 않아 다시 분루(憤淚)를 삼켜야 했다. 2012, 2018년 자민당 총재 선거에서 '이시바 악몽'에 시달렸던 아베가 "무슨 일이 있더라도 이시바에게 총리직을 물려 줄 수 없다"며 총재 선거에서 측근인 스가 요시히데 관방장관이 되도록 영향력을 발휘했다.

자민당의 최대 파벌로 100명 가까운 의원을 보유한 호소다파
는 2020년 8월 31일 긴급 계파모임을 갖고 9월 14일 총재 선거에
서 스가를 지지하기로 결의했다. 니카이 도시히로 간사장과 아소
다로 부총리가 이끄는 니카이파(47명)와 아소파(54명)도 기존 정책
계승을 위해 스가에게 표를 몰아주기로 결정했다. 54명을 보유한
다케시타파와 46명의 기시다파도 스가를 지지하는 방향으로 움직
였다. 이와는 별도로 30여 명의 무파벌 소장파 그룹도 스가에게 입
후보를 요청함으로써 그에 대한 지지를 표명했다.

파벌주의, 밀실주의 여전한 일본

자민당 총재 선거에서 대부분의 파벌이 스가 요시히데 당시
관방장관을 지지하고 나서자 소속의원 20명의 이시바파 내에서는
그가 입후보하지 않는 것이 좋다는 신중론이 나왔다. "망신당할 가
능성이 크니 후일을 기약하는 것이 낫지 않느냐"는 것이었다.

하지만 이시바는 출마를 결심했다. 2012년 자민당 총재 선거
에 출마, 당원 투표에서 아베에게 이겼으나 의원 투표에서 역전패
한 이시바는 이번 선거가 당원 투표 50%, 의원 투표 50%로 결정
돼야 한다고 주장했다. 이시바를 지지하는 의원들과 지방 당원들도
당원 투표 실시를 강하게 요구했다.

하지만, 소규모 파벌을 이끄는 그의 주장은 아무것도 반영되
지 않았다. 결국 당원 투표는 하지 않고, 중·참의원 의원 394명과
광역지자체 대표 141명 등 총 535명의 투표로 차기 자민당 총재가

결정됐다. 아베의 뜻을 읽은 자민당 5대 파벌 영수(領袖)의 밀약에 의해 스가가 차기 총리로 옹립됐고, 그는 최하위인 3위로 탈락했다. 그가 얻은 표는 전체 535표 중에서 68표에 불과했다.

2020년 8월 28일 아베의 총리 사임후 2주간 나가타초(永田町)에서 벌어진 일은 일본의 정치가 자민당이 출범하던 1955년에 머물러 있음을 보여줬다. 파벌주의, 밀실 정치는 여전했다. 국민 여론과 민주주의는 중요하지 않았다. 자민당을 지배하는 호소다파 등 5파벌의 영수들은 밀실 회합에서 일찌감치 스가를 차기 총리로 결정했다. 9월 14일 자민당 총재 선거와 16일 국회의 총리 선출은 요식행위라고 해도 과언이 아니다.

니혼게이자이신문의 평가처럼 전광석화 같았다. "막(幕)이 오르자 연극이 끝나버렸다"는 평가도 나왔다. 사석에서 만나는 일본의 지식인 상당수는 이를 부끄럽게 여겼다.

총재 투표에서 3위로 낙선한 이시바는 결국 자신이 만들고 이끌어 온 파벌 스이게쓰카이(水月會) 회장에서 물러났다. 12% 득표로 '최하위 탈락'한 그는 이시바파 모임에서 "다수의 기대에 부응하지 못한 책임이 내게 있다"며 사임했다. 파벌이 사실상 해체된 것은 물론 그가 자민당 총재 선거에 다시 출마하기 어려워졌다는 평가가 지배적이다.

이시바 전 간사장 낙마를 지켜보면서 드는 궁금증은 일본 국민은 왜 여론과 관계없이 움직이는 파벌정치를 용인하느냐는 것이다. 일본 국민은 파벌 정치에 의해 스가 요시히데가 사실상 밀실에서 차기 총리로 결정된 데 대해 반발하지 않았다. 그뿐만이 아니다. 스가 총리 취임 후 처음 실시된 일본 언론의 여론조사에서 스가 내각은 일본 국민으로부터 약 65% 이상의 높은 지지를 받고 있는 것으로 나타났다. 특히 니혼게이자이신문 조사에서는 스가 내각 지지율이 74%로 정권 출범 당시를 기준으로 고이즈미 준이치로(80%), 하토야마 유키오(75%) 내각에 이어 역대 3위를 기록했다. 한 달 만에 일본사회의 여론이 어떻게 이렇게 급변할 수 있는지, 일본인은 정치는 유력 파벌이 결정하면 따라야 한다는 생각을 갖고 있는지 궁금하다.

일본 정권 교체의 3가지 법칙

2020년 6월 코로나 바이러스 사태로 아베 신조 총리가 휘청거리면서 누가 그의 뒤를 이을 것인지에 대한 논의가 본격화했다. 아베의 임기는 2021년 10월 21일로 아직 1년 4개월 넘게 남아 있었다. 하지만 지지율이 20%대로 급락한 여론조사가 잇달아 나오면서 일본 국민의 관심은 '포스트 아베'에 쏠렸고, 결국 아베는 건강을 이유로 8월 28일 사임했다.

일본 정계에서는 정권이 교체되는 조건으로 통상 3개의 법칙이 거론된다. 첫째는 아오키 법칙. 관방장관, 자민당 참의원 간사장을 역임한 아오키 미키오(青木幹雄) 전 의원이 주장한 일종의 경험칙이다. '내각 지지율과 정당 지지율의 합계가 50% 이하로 떨어지면 총리가 퇴진하게 된다'는 것이다. 두 번째는 30:50:20 법칙. 자민당 지지율 30%, 무당파 50%, 전체 야당 지지율 20%의 비율이 무너질 경우에도 정권 교체 현상이 나타난다. 세 번째는 10% 법칙. 내각을 지지하지 않는 비율이 내각을 지지하는 비율보다 10%포인트 높으면 위험하다는 것이다.

당시 여론조사는 아베 총리가 내각 사퇴를 초래하는 3가지 법칙에 해당하거나 그 경계선에 걸쳐 있음을 보여줬다. 2020년 5월 마이니치신문 여론조사에서 아베 내각 지지율은 같은 달 초 조사 당시의 40%에 비해 13%포인트 하락, 27%를 기록했다. 또 아베 내각을 지지하지 않는다는 응답은 전회보다 19%포인트 늘어난 64%였다. 내각 부(不)지지율과 지지율의 차가 37%포인트로 한계를 넘어섰다. 그동안 지지율이 한 자릿수에 머물던 제1야당 입헌민주당 지지율이 직전의 9%에서 12%로 올랐다. 오사카에 기반한 지역정당 일본유신회는 11%를 유지하면서 야당 전체의 지지율이 20%를 훌쩍 넘었다. 자민당 지지율도 25%로 내려앉으며 '내각 지지율+자민당 지지율'은 52%로 아오키의 법칙에 근접했다.

2012년 12월부터 8년 가까이 장기 집권 중이던 아베의 지지율이 하락하면서 그가 구상한 후계구도도 영향을 받았다. 당시 2020년 6월 발표된 FNN(후지뉴스네트워크)과 친(親)아베 성향인 산케이신문의 여론조사는 아베 총리에게 큰 충격을 안겨줬다. 이 여론조사에서 '차기 총리로 가장 어울리는 정치인'에 아베 총리의 정적(政敵)인 이시바 시게루 전 자민당 간사장이 18.2%로 1위를 차지했다. 반면 그가 후계자로 밀고 있는 기시다 후미오(岸田文雄) 자민당 정무조사회장은 1.9%로 최하위였다. 아베는 이때부터 이시바를 정치적으로 '제거'하는 작업에 착수했는지도 모른다.

아베는 처음에는 자신의 후계자로 기시다 후미오 당시 자민당 정조회장(현 총리)를 밀려고 했다. 기시다는 2019년 12월 아베 총리가 자신의 후계자와 '포스트 아베'에 대해 기시다 정조회장, 모테기 도시미쓰(茂木敏充) 외무상, 스가 요시히데(菅義偉) 관방장관, 가토 가쓰노부(加藤勝信) 후생노동상 순서로 언급하면서 주목받기 시작했다. 아베 총리는 기시다 정조회장이 2016년 외무상 시절에 오바마 당시 미 대통령의 히로시마 방문을 위해 노력한 것을 언급하며 "매우 성실한 분"이라고 했다. "상대방을 존중하기에 기시다와 함께 있으면 편안함을 느끼는 사람이 매우 많다"고도 극찬을 해 '기시다 후계자' 설은 일본 정계에서 기정사실이 됐다.

그런 기시다가 2020년 6월 아베 정권을 지지해온 산케이신문 여론조사에서도 고이즈미 신지로(小泉進次郎) 환경부 장관(8.8%), 고노 다로 방위상(5.0%), 스가 요시히데 관방장관(3%)보다 지지율이 낮게 나왔다. 심지어 제

1야당인 입헌민주당의 에다노 유키오(枝野幸男) 대표보다도 1.6%포인트 낮아 "기시다가 크게 망신당했다"는 평가도 나왔다.

기시다는 약 40명의 의원으로 구성된 '기시다파(派)'를 이끌며 차기에 대비해 왔으나 아베 총리처럼 코로나 사태로 일격을 당했다. 그는 코로나 사태로 경제 상황이 어려워진 이에게 30만엔을 선택적으로 주는 안을 아베 총리에게 제안해 재가받았다. 그러나 그 후 그와 사이가 좋지 않은 니카이 도시히로(二階俊博) 간사장이 연립정당인 공명당과 함께 '10만엔 일률 지급' 정책을 갑자기 들고나와 기시다 안(案)을 뒤집어 버려 정치적 타격을 입었다. 결국 기시다는 2020년에는 지지율이 오르지 않아 무파벌의 스가 요시히데가 1년간 총리를 한 후 2021년 자민당 총재선거에서 승리 후 일본의 제100대 총리에 올랐다.

05
코로나 '정치 스타'로 부상
요시무라 히로후미 오사카부 지사

코로나 사태에 가장 잘 대응한 정치인

일본에서 2020년 코로나 사태에 가장 잘 대응한 정치인으로 요시무라 히로후미(吉村洋文) 오사카부(府) 지사가 꼽혔다. 아사히신문에 따르면 우편 여론조사를 통해 '코로나 대응을 잘한 정치인을 한 명만 적어달라'고 한 결과 1,052명 중 378명(36%)이 요시무라

오사카 발전을 위해서 모든 것을 걸겠다고 말하는 요시무라 히로후미 오사카부 지사의 트위터 사진

지사라고 답변했다. 고이케 유리코 도쿄도지사와 스즈키 나오미치 홋카이도 지사는 각각 160명, 95명의 지지를 받아 2, 3위를 기록했다. 스가 요시히데 총리를 꼽은 이는 59명(5.6%)에 불과했다.

2020년 3월 코로나가 일본을 덮쳤을 때 일본 열도를 발칵 뒤흔든 일이 오사카부에서 발생했다. 요시무라 지사가 아베 내각이 비밀리에 만든 최악의 감염 시나리오를 전격 공개한 것. 이 시나리오는 간사이(關西)의 중심지역인 오사카부와 효고현의 코로나 환자가 2주만에 약 15배인 3,370명까지 늘어나는 것을 시작으로 수만 명에 이를 수 있다고 예측했다. 요시무라 지사는 이를 자신의 트위터에 올려 주민들에게 알렸다. 춘분의 날(3월 20일)부터 시작된 3일 연휴 때 '이동 자제'를 요청했다.

요시무라는 "정부에서 내게 비공개로 설명한 것을 중요한 사실이라고 판단해 공개했다. 이렇게 중요한 정보를 숨기고 갈 수는 없다"고 했다. 당시는 중앙정부 차원에서 '스테이 홈(집에 머무세요)' '자숙(自肅)' 조치가 취해지기 전이었다. 요시무라를 향해 "젊은 지사가 너무 튀는 것 아니냐"는 비판이 많이 나왔다.

하지만 코로나 환자가 3월 말부터 하루에 수백 명씩 쏟아져 나오고 4월 초 아베 총리가 긴급사태를 선포하면서 상황이 달라졌다. 요시무라의 한발 빠른 결정이 옳았다는 것이 전국적으로 알려지기 시작했다. 그 후, 요시무라 지사의 지지율과 인지도는 미사일처럼 하늘로 치솟아 순식간에 그의 트위터 팔로워는 100만명을 넘어섰다.

코로나 사태에서 아베 신조 내각이 무능함을 드러내자 47개

도도부현(都道府県) 지사들은 각자도생에 나섰다. 이 중 요시무라가 가장 선두에 서 있었다. 2021년 니혼게이자이 신문 조사에서도 전국의 지사 중에서 가장 높은 평가를 받았다. 요시무라가 52%로 단연 1위. 2위는 도쿄도의 코이케 유리코 지사(19%), 3위는 홋카이도의 스즈키 나오미치(12%) 지사였다. 요시무라는 모든 연령층에서 40% 이상의 지지를 받았다. 심지어 자민당의 지지층에서도 46%가 요시무라를 꼽았다. 그의 활약으로 그가 속한 오사카지역 야당 일본 유신회는 마이니치 여론조사에서 지지율이 5%에서 11%로 두 배 이상 뛰었다.

"위기 상황에서 조직 움직일 줄 안다"

그가 '코로나 정치스타'로 부상한 배경에 대해선 "위기 상황에서 조직을 움직일 줄 안다"는 평가가 나왔다. 일본 TBS 방송은 "분석력과 행동력이 빠르다"고 분석했다. 이 방송의 보도처럼 오사카부의 대응은 어느 곳보다 빨랐다. 2020년 3월 13일 코로나 환자 입원 팔로업 센터를 설치했다. 감염자의 증상에 대해서 4단계로 나눠서 입원시키고 후속조치를 취했다. 코로나 사태가 시작된 후, 매일 저녁 6시에 환자 수, 가동 가능한 병실 수를 점검했다. 한국을 비롯 코로나 관리를 비교적 잘 하는 외국 사례를 매일같이 연구해 좋은 제도가 있으면 즉각 이를 수용했다. 감염자를 추적하기 위해 공적시설과 식당에서 일반화되고 있는 QR 코드도 오사카부 차원에서 만들어서 활용하기 시작했다.

SNS를 적극 활용해서 주민들과 소통하는 것도 적극적이다. 하루에도 몇 차례씩 주요 사안에 대한 입장을 밝히고 자신의 활동을 발신했다.

　　오사카부 주민들에게 이동자제를 요청하는데도 한발 빨랐던 그는 긴급사태 조치 해제에도 오사카 모델을 앞세워 독자적으로 움직였다. 오사카부 대책본부 회의를 열어 휴업과 외출 자제의 단계적인 해제를 향한 독자적인 기준을 결정했다. 감염경로 불명 비율, 코로나 감염여부 판정하는 PCR 검사 양성 비율, 중증환자의 병상 사용률 등 3가지 지표를 근거로 오는 해제결정을 내릴 수 있다고 발표했다. 긴급사태 조치 해제 기준을 지자체가 만든 건 처음이다. 기회가 있을 때마다 방송에 나와 코로나 극복 방안을 역설했다.

　　요시무라는 위기 상황을 활용해 자신의 체급을 올릴 줄 아는 정치인이라는 평가를 받는다. 중의원 의원을 한 차례 밖에 하지 못했지만 아베 총리에게는 "(정부가) 구체적인 기준을 제시하지 않고 단지 긴급조치를 연장하는 것은 무책임하다"라고 직격탄을 날려 주목받았다. 아베 총리의 정책은 "출구가 없는 터널을 계속 달리라고 하는 것"이라고도 비판했다.

　　코로나 사태 담당 니시무라 야스토시 경제재생상과도 긴급사태 해제 권한 문제로 논쟁을 벌이기도 했다. 아베 총리를 비판하고, 니시무라 경제재생상과 논쟁을 벌이는 모습은 일본 정계에서도 화제가 됐다.

　　1975년생인 요시무라는 오사카부 가와치나가노시 출신. 큐슈대 법학부를 졸업하고 도쿄에서 변호사 생활을 하다가 30세가 되던 2005년 고향으로 돌아왔다. 문예춘추(文藝春秋)에 자신의 정계 진출 배경으로 오사카 지역의 유명 정치인 하시모토 토루(橋下徹) 전 오사카부 지사를 꼽았다. 태어나고 자란 오사카를 개혁하려는 하시모토 전 지사의 취지에 동감해 정치를 시작했다는 것이다.

그는 2011년 오사카시의회 선거에서 당선, 2014년 중의원 진출로 승승장구했다. 2015년에는 오사카 시장에도 당선됐다. 2019년 그와 마쓰이 이치로 오사카부 지사가 서로 바꿔 출마하는 더블 선거를 통해서 오사카부 지사에 취임했다. 코로나 사태를 제외한 그의 목표는 언젠가는 오사카부와 오사카시를 합쳐 오사카도(都)를 만드는 것이다. 그렇게 될 경우, 그의 정치적 체급이 올라가는 것은 물론, 일본 정계에 새로운 바람을 불러 일으킬 수 있다는 전망이 나오고 있다.

06
코로나 팬데믹 예측한 일본의 지성
후나바시 요이치 API 이사장

코로나 사태 7년 전에 일본 최악의 사태 예측

'일본 최악의 시나리오 - 9개의 사각(死角)'이라는 책이 2013년 출간됐다.

2011년 3·11 대지진으로 후쿠시마 제1원전에서 폭발사고가 발생하자 센카쿠 충돌, 국채 폭락, 수도 직하(直下) 지진 등 일본에 닥칠 수 있는 최악의 시나리오 9개를 예측하고 대응책을 제안했다. 이 보고서의 5번째 시나리오는 '팬데믹(전염병 대유행), 의사가 사라진 날'. 초대형 전염병으로 인한 의료진 부족과 의료 붕괴를 정확하게 예측, 2020년 코로나 사태가 발생 후 일본 사회의 주목을 받았다.

이 시나리오에는 팬데믹이 일본을 덮쳐 최악의 상황이 되자 의사가 "(생존 확률이 낮은) 따님의 인공호흡기를 양보해 달라"고 하는 장면이 나온다. 또 "1년 이상 인공호흡기
를 달고 있는 환자는 호흡기를 떼서 신규 환
자에게 제공"하는 상황도 묘사돼 있다. 의료
진 부족으로 인한 의료 붕괴 등 전 세계에서
동시적으로 발발하는 상황도 예측돼 있다.
코로나로 인한 세계적 현상인 인공호흡기,
의료진 부족을 놀랄 만큼 정확하게 내다본
것이다. 이 시나리오를 총괄했던 인물이 후
나바시 요이치(船橋洋一·사진) 아시아·퍼시픽 이니셔티브(API) 이사
장이다.

그는 아사히신문의 베이징 특파원·워싱턴 총국장, 주필을 역
임했다. 시대의 흐름을 꿰뚫는 통찰력과 유려한 문장력으로 일본을
대표하는 국제문제 전문가라는 평가를 받는다. 일본 국내외의 폭넓
은 인맥을 바탕으로 주목받는 논픽션 저작을 출간해왔다. '(미·일)
동맹표류', '페닌슐라 퀘스천' 등의 저작은 영어 한국어로도 번역됐
다. 후나바시 이사장을 2020년 4월부터 수차례 만나 인터뷰했다.

– **코로나가 발생하기 7년 전인 2013년에 팬데믹 시나리오는 왜 만
들었나.**

"2011년 발생한 동일본 대지진이 계기였다. 일본에 닥칠 수
있는 최악의 위기 상황을 가정한 시나리오를 만들어 제안하려고 각
분야 전문가들로 구성된 프로젝트팀을 발족시킨 것이 계기다."

- 예측했던 팬데믹 시나리오가 2020년 코로나 상황과 너무 비슷해 놀랐다.

"유럽에서 인공호흡기를 달고 있던 고령의 환자 가족에게 의사가 울면서 이제는 인공호흡기를 양보해 달라고 한 것이 보도됐다. 코로나로 실제 그런 상황이 나타나는 것이 안타깝다."

- 의료진 부족 문제도 제기했는데.

"일본은 OECD 국가 중에서 의사와 병상 수는 한국의 다음 정도쯤 될 것이다. 문제는 기동력이다. 코로나 감염 여부를 판단하는 유전자 검사(PCR)가 신속하게 이뤄지지 않았다."

- 코로나 같은 대형 전염병에 어떻게 대비해야 하나.

"서로 접촉을 최대한 줄이면서 경제생활해야 한다. 코로나 사태로 화상대화 하는 줌(Zoom)이 급속히 활용되는 줌크라시 (Zoomcracy) 시대로 접어들었다. 당분간 서로 직접 대면접촉하지 않고도 일하고 경제생활하는 것이 '뉴노멀(새로운 규범)'이 될 것이다."

- 당신은 일본이 위기상황에서 기동력이 약하다고 했다. 이것은 아베 총리 집권 이후의 문제인가, 일본 사회의 문제인가.

"일본 사회 전체의 문제인 측면이 크다. 일본 사회 전체가 손타쿠(忖度 · 윗사람 등의 뜻을 읽어서 행동함) 사회인 것이 가장 큰 원인이다. 일본은 다른 사람의 기분을 생각해서 행동하는 경향이 강하다. 공무원뿐만 아니라 일본인 자체가 '손타쿠 민족'이다. 평소 이런 문화는 다른 사람의 기분을 생각해서 하는 것으로 좋은 점도 있다. 그러나 이런 위기사회에서는 잘못된 결과로 연결되기 쉽다. 이게 일본의 약점이다.

일본은 안심사회를 지향한다. 나로 인해 불안을 일으키고 싶지 않다. 이런 경향이 굉장히 강한 사회이다. 그래서 다른 사람과 다른 의견을 잘 언급하지 않는다. 눈에 띄고 싶어 하지 않는다. 모두가 똑같다. 위기의 상황에서는 이런 민족성이 위험하다. 모두가 그냥 (팬데믹 등에) 당해버릴 수 있다.”

- 위기에 약한 일본 사회의 문제는 어떻게 해결이 가능한가.

“일본은 전후(戰後) 인권, 프라이버시를 매우 중시해왔다. (군국주의의 후유증으로) 어떤 정권도 프라이버시를 제한하려 하지 않았다. 그래서 이번에 아베 정권이 코로나 긴급사태를 발령하는데도 신중했다. 그러나 이제는 최악의 시나리오를 고려해서 공(公)적인 것을 고려하는 태세가 돼야 한다.”

후나바시 이사장은 앞으로는 코로나 사태를 계기로 모든 국가가 ‘국가안전’을 지키는 것도 중요하지만 ‘국민안전’을 중시하는 국민중심주의로 가야 한다고 강조했다. 팬데믹이 전기가 돼 국민안전보장국가(國民安全保障國家)를 만들어가야 한다며 “여기엔 국민이 적극적으로 당사자로 참여할 필요가 있다. 그래서 국민의 민도(民度)가 중요하다”고 했다.

- 코로나 사태에서 미국 사망자가 수만 명을 넘기며 충격을 주고 있다.

“트럼프 대통령이 대응에 실패한 측면이 분명히 있다. 자신의 재선을 먼저 생각하다 보니 대응이 늦었다. 그러나 크게 보면 이것은 트럼프만의 문제는 아니다. 미국의 구조적인 문제 탓이다."

– 그 구조적인 문제는 어떤 것을 말하나.

미국은 이번 사태가 나기 전인 2017년부터 3년 연속 미국인 전체의 평균 수명이 줄어들었다. 미국 전 국민의 건강이 약해져 있던 것이다. 이런 상태에서 코로나 바이러스가 덮쳤다. 더욱이 미국은 (한국 일본처럼) 국민건강보험체제도 아니다. PCR검사에는 상당히 돈이 많이 든다. 미국 사회는 임금, 교육, 건강 등 모든 면에서 빈부 격차가 더 벌어져 가난한 사람들이 많이 희생됐다. 지금의 문제는 지난 30년간 누적된 것 때문이다."

– 이번 사태를 계기로 중국 문제가 다시 부상하고 있는데.

"중국의 양면성이 드러났다고 할 수 있다. 중국의 약점과 강점, 두 가지 모두 급격하고 나타났다. 이번 사태 초기에 젊은 의사가 바이러스의 심각성을 경고했지만, 중국 정부가 헛소리라고 이를 치부해버렸다. 공산당 일당 독재의 위험성이 모두 나왔다. 이제 와서 중국은 코로나 사태를 진압했다며 '대성공이다', '시진핑 주석의 업적이다'라고 크게 선전하고 있다. 중국의 문화혁명 당시를 떠올리게 된다. 중국 정부와 미디어는 진실을 알리지 않는다. 그러니 국민은 진실에 기반한 이성적인 판단을 할 수 없다. 이는 중국의 약점이다.

– 중국의 체제 유지 측면에서 강점은 무엇인가.

"국민 한 명, 한 명을 리얼타임으로 파악해서 견제하는 것이 가능하다는 것이 드러났다. 즉 바이오 컨트롤(Bio-control·생물학적 통제), 역사상 바이오 서베일런스(Bio-surveillance·생물감시)가 처음으로 가능한 사회가 나타났다. 이런 전 국민감시체제가 가능한 나라는 중국밖에 없다."

– 한·일은 어떤 관계를 추구해야 하나.

"나는 한·일 모두가 최근의 상황 악화에 대해 비난받아야 한다고 생각한다. 그런데 한·일 관계와 일·중 관계를 보면, 매우 다른 게 있다. 적어도 중국은 게임 플랜이 있다. 예를 들어 야스쿠니(靖国) 신사 문제와 관련, 중·일 간에는 이제 최소한 총리와 외상은 참배하지 않는다는 '신사협정(gentlemen's agreement)'에 도달했다. 그런데 한국은 어떤 정치인도 야스쿠니에 가는 것을 혐오하고 있다. 게임 플랜이 보이지 않는다."

– 한국에 조언한다면.

"한국 사회는 자신들이 이룬 업적에 대해서 자랑스러워하고, 자신감을 가져야 한다. 세계에서 이렇게 훌륭하게 민주화를 이룬 나라가 없다. 한국의 정치적 리더십이, 국민이 자부심을 갖게 하고 통합시키기를 바란다."

– 한국이 북한을 비핵화로 유도하기 위해서는 무엇을 해야 하나.

"결국은 북한을 중국처럼 변화시켜야 한다. 캐시리스(cashless·

전자결제), 모바일 플랫폼 사회…. 결국은 이런 시스템이 북한을 변화시킬 수 있을 것이다. 북한 주민들이 스마트폰을 갖게 해줘야 한다. '스마트 피플'이 그 사회 내부에서 변화를 시키도록 해야 한다."

이하원(李河遠) 조선일보 논설위원

1993년 조선일보 입사 후 한나라당 취재반장, 외교안보팀장과 워싱턴·도쿄 특파원, 국제부장을 역임했다. TV조선에서 <정치부장 이하원의 시사Q>와 <뉴스 9(메인뉴스)> 앵커로 활동했다.

2000년대 말 워싱턴 특파원에 이어 2018년부터 2021년까지 한일관계의 격동기에 도쿄 특파원으로 일하면서 일본 사회의 구조, 일본인들의 심리에 주목해 '레이와 시대 일본 탐험'을 출간하게 됐다. 일본 4대 일간지 중 하나인 마이니치신문 요청으로 1개 면에 걸쳐 일본 사회를 분석했으며 NHK 방송이 한국을 대표하는 기자로 인터뷰하기도 했다.

고려대 정치외교학과, 하버드대 케네디 행정대학원 졸업 후 하버드대 벨퍼과학국제문제연구소(BCSIA) research fellow를 지냈다. 2006년 한중일 차세대 지도자 포럼의 한국 대표단 멤버로 선정되기도 했다.

'서울-워싱턴 포럼', '맨스필드 재단 한미관계 포럼', 'CSIS 퍼시픽 포럼', '한일미래 포럼' 등이 주최하는 국제회의에 참가, 미국, 중국, 일본, 러시아의 전문가들과 국제정세에 대해 논의해왔다.

저서

사무라이와 양키의 퀀텀점프(박영사)
시진핑과 오바마(김영사)
세계를 알려면 워싱턴을 읽어라(21세기북스)
조용한 열정, 반기문(공저·기파랑)
남북한과 미국, 변화하는 3각 관계(나남출판)

레이와令和 시대 일본 탐험

초판발행	2023년 9월 5일
지은이	이하원
펴낸이	안종만 · 안상준
편 집	전채린
기획/마케팅	조성호
표지디자인	이영경
제 작	고철민 · 조영환
펴낸곳	(주) **박영시**
	서울특별시 금천구 가산디지털2로 53, 210호
	(가산동, 한라시그마밸리)
	등록 1959. 3. 11. 제300-1959-1호(倫)
전 화	02)733-6771
f a x	02)736-4818
e-mail	pys@pybook.co.kr
homepage	www.pybook.co.kr
ISBN	979-11-303-1838-7 93340

정 가   19,000원